KRITA 2.9 Perfect Master

KRITA 2.9 完全マスター

デジタルペイントに必要なすべて
のツールを習得しましょう

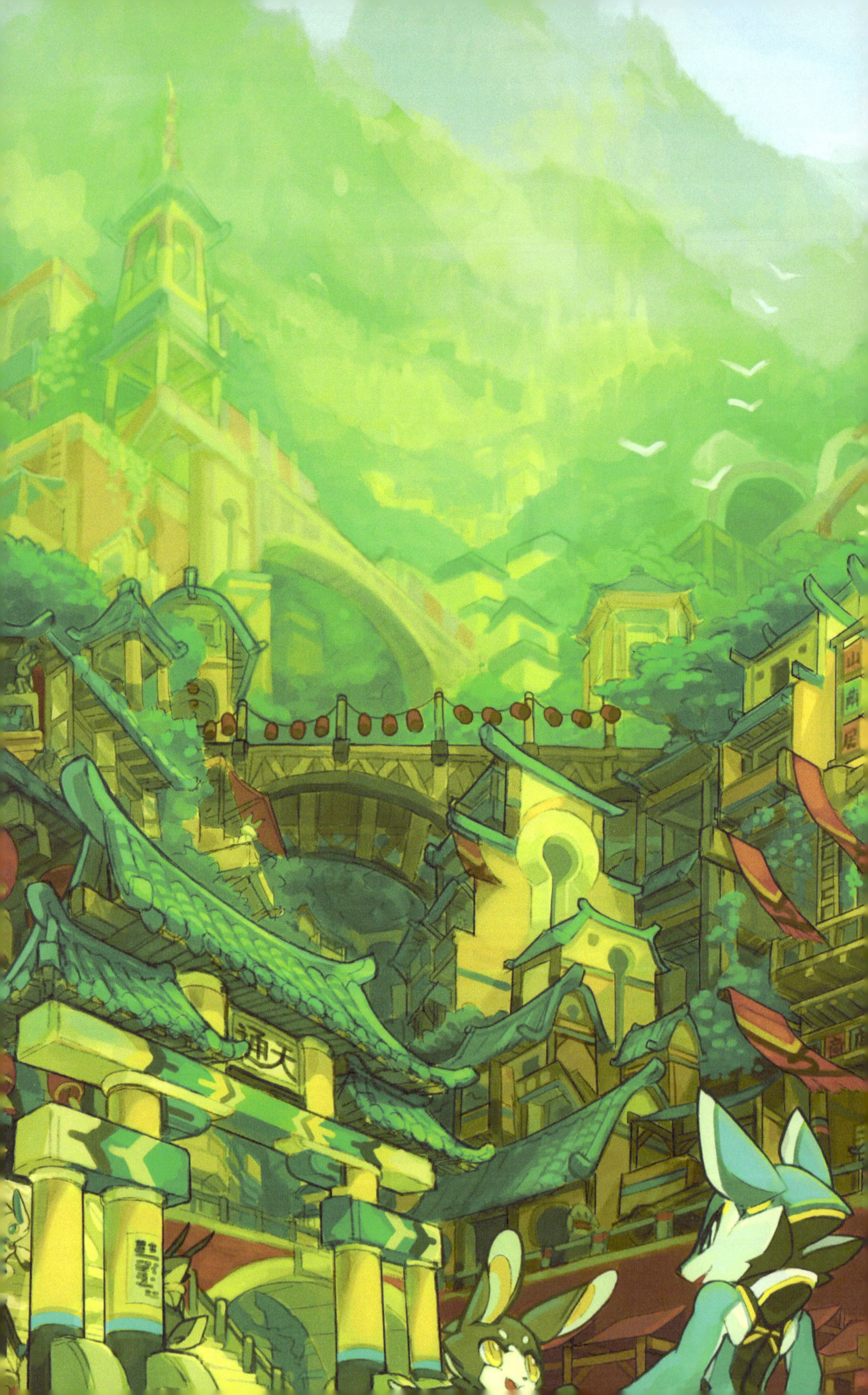
通天

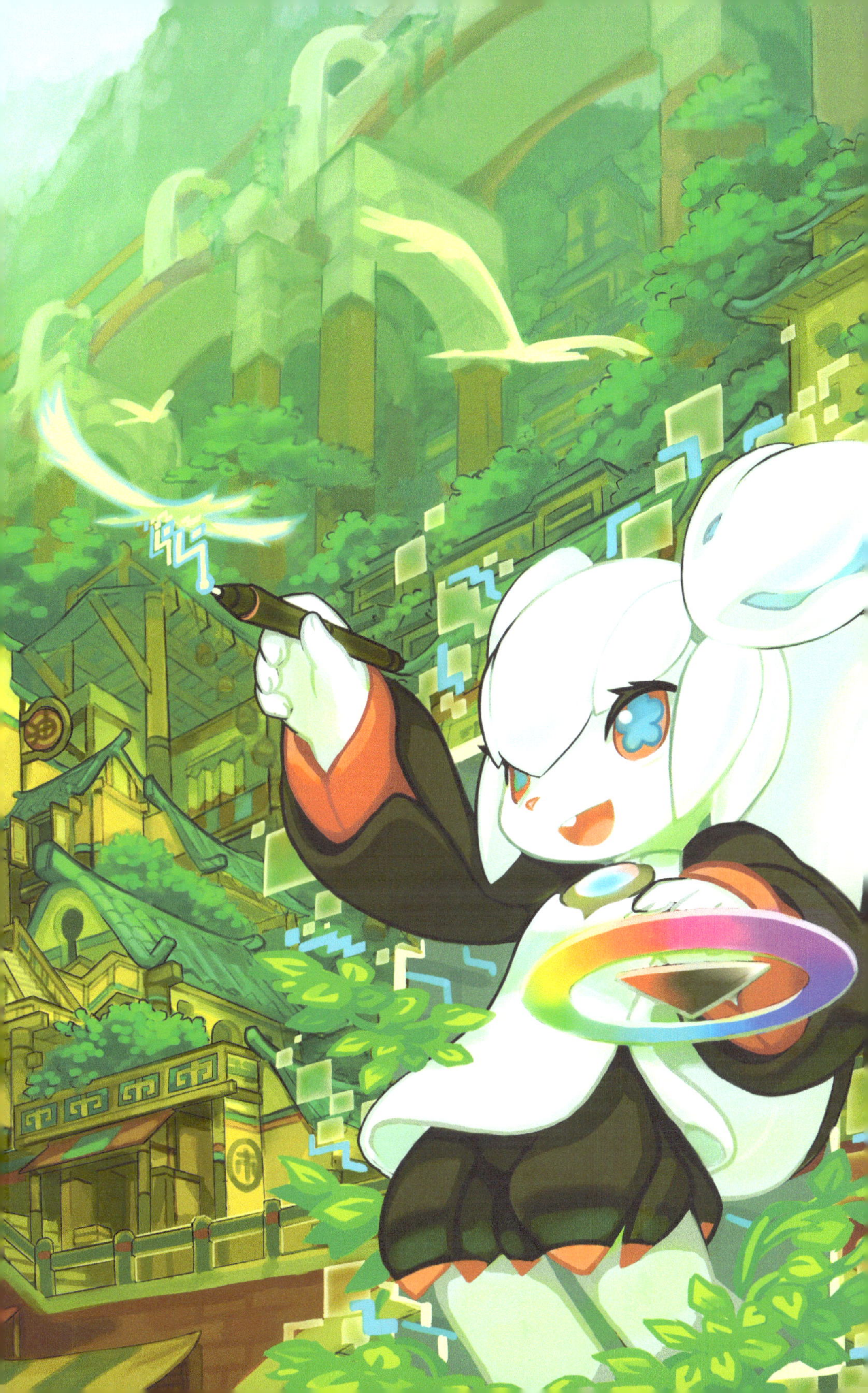

ISBN-10: 0-9968517-2-0
ISBN-13: 978-0-9968517-2-5

Published by:
Louvus Media
P.O. Box 29454
St. Louis, MO 63126-8454
http://www.louvus.com

カバーアート:
Tyson Tan

日本語翻訳:
ぐるぐる

編集者:
Karen L. Tucker

レビュワー:
Wolthera van Hövell tot Westerflier
David Revoy
Raghukamath

感謝

両親のフランクとジルと、兄弟のポールとジョンのサポートと励ましに感謝します。今の私がいるのは家族の努力と愛のおかげです。こんなに素敵な家族を持った私は幸せ者です。

謝辞

Boudewijn Rempt. さん。Kritaを今の状態にするために10年以上も貢献しています。Kritaが皆が誇りに思うツールになっているのは、あなたのリーダシップ、忍耐と、姿勢のおかげです。

Wolthera van Hövell tot Westerflier. さん。私の質問への回答にこれほどまで時間を使ってくれたことに感謝しています。あなたは素晴らしいコミュニティリーダーであるだけではなく、素晴らしいアーティスト、プログラマー、そして教育者でもあります。

David Revoy. さん。あなたの方向性とアート的な影響がKritaの中核に埋め込まれています。素晴らしいロールモデル、アーティストにして尊敬すべき個人です。

Tyson Tan. さん。時間をかけてこの素晴らしいカバーアートを描いて、Krita Foundationの支援もしています。私はKikiが大好きです。

Kritaに貢献するすべての開発者。どんな貢献であってもお金の対価を求める人が多い時代において、あなたたちの時間とエネルギーは次世代のアーティストと開発者を助けています。

本に参加したすべてのアーティスト。あなたたちの創造的エネルギーがなければ、この本はもっと退屈なものになっていたでしょう。

Saint Louis Bread Co.(パネラ)執筆の大部分はこのチェーン店で行いました。食べ物が用意された場所で、急がされる心配がなく執筆できるというのは喜ばしいことです。私のような人向けの環境を作ってくれたことに感謝します。

Karen L. Tucker. さん。素晴らしい編集者です。この本の共同作業の中で、まだまだ英語という言語について学ぶべきことが多くあると私は気が付きました。

Contents

はじめに

貴重な時間を割いてくださってありがとうございます。Kritaはすべてのタイプのデジタルアーティストのためにデザインされたアプリケーションです。何年もの開発が行われてきていて、独自の機能も備えています。Kritaはフリーのオープンソースアプリケーションであることを誇りに思っています。他のアートアプリケーションと違って、手元のお金を気にする株主や事業主がKritaの方向性を決めることはありません。Kritaはアーティストコミュニティによって育てられたアプリケーションで、目まぐるしい速度で進化を続けています。

デジタルペイントについての教本は多くありますが、Kritaについての本はほとんどありません。オンラインにはリソースやWikiの記事もありますが、様々な著者がそれぞれに記事を書いているので読み進むのが大変かもしれません。

この一年、私はKritaコミュニティに没入にしていました。フォーラム、Kritaチャットルーム、YouTube動画、ソーシャルメディアなど様々です。私の目標は、Kritaの提供する機能を独学するということでした。ただ、インターネット上に役立つコンテンツも多くあるとはいえ、まとまってはいない状態で、時には正確ではない情報もありました。最新の情報を見つけるのも難しい状況を体験しました。

各章では、Kritaの特定のトピックを説明します。表紙から順番で読むことも可能ですが、想定している読み方は違います。目次から、興味のあるトピックを見つけて読むことを想定しています。もし、Kritaを使ったことがないのなら、まず基本を掴むために最初の数章分から読むことをおすすめします。基本を理解したら、この本を特定のトピックについて学ぶリファレンスとして活用してください。

あなたのこれからのアート的な挑戦が素晴らしいものになりますように。

ダウンロードとインストール

Kritaをダウンロードする一番安全な場所は、Kritaプロジェクトのウェブサイトのkrita.orgです。(訳注：日本語サイトjp.krita.orgも用意されています。)ダウンロードページに行くと、数タイプのKritaがあることに気が付くかもしれません。それぞれ異なるユーザを想定しています。ただ、おそらくあなたが欲しいのはデスクトップコンピュータおよびラップトップコンピュータで動くKrita Desktopでしょう。この本は**Krita 2.9.11**までの情報を含んでいます。

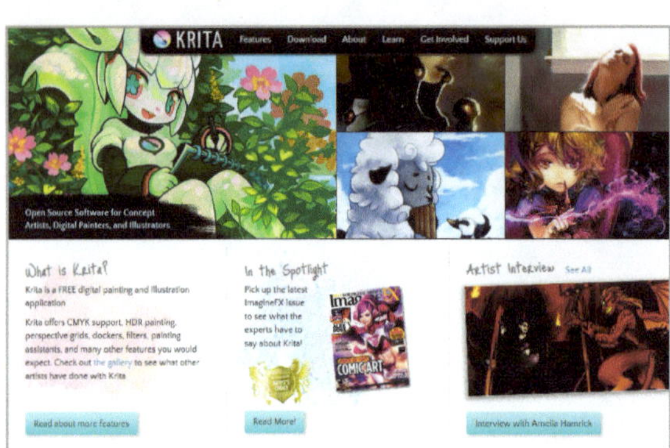

Krita.org: 最新のニュースはブログ形式で更新されています。最新リリースのお知らせが欲しい場合はメーリングリストに登録することも可能です。

- **Krita Desktop** – タッチパネル以外のデバイス向けのバージョンです。大部分の人はこれを使用しています。
- **Krita Gemini** – タッチスクリーンデバイス向けのバージョンで、タッチスクリーン向けのUIと通常のUIを切り替えることができます。Steamプラットフォームで有償ソフトとして配信しています。
- **Krita Studio** – 有償サポート付で販売されているバージョンです。優先的なバグ修正、新機能実装という対応を行います。このバージョンだけの追加機能はありません。このバージョンの主なターゲットOSはCentOSです。

使用しているOS向けの正しいバージョンのKritaをダウンロードしましょう。64bitのOSを使用している時は、64bitバージョンをダウンロードしてください。

Mac OSXユーザへの注意

Mac OSXの場合、Kritaの機能の一部が削除されていたり、機能しないことに気が付くはずです。KritaはWindowsとLinuxではよく機能していますが、Macでは残念ながら完全に機能する状態ではありません。KritaのMac版は正式サポートされていないという状況ですが、コミュニティで改善のために作業を行っている人は存在しています。

Windowsを使っていてMSIファイルをダウンロードした場合、インストーラーからインストール作業が行えます。インストールが必要ないポータブル版のZipファイルも配布されています。この場合はインストール作業は必要なく、bin(バイナリ)フォルダからKrita.exeを起動することができます。USBスティックといったポータブルデバイスからの起動に適しています。

よくある問題と解決方法

Kritaを実行しようとした時に、時々起こる一般的な問題があります。一番よくある問題は、キャンバスについてのものです。筆圧が効かなかったり、キャンバスが黒一色になることが起こるかもしれません。こうした場合では、まずOpenGL設定をオフにしてみてください。メインメニューの **設定 > Kritaを設定 > 表示**の設定です。OpenGLのチェックボックスのチェックを外すことでOpenGL設定をオフにすることができます。OpenGLはKritaが使用しているグラフィック技術です。OpenGLはキャンバス回転やズームで使用されていますが、古いコンピュータではOpenGL周りの問題が起こりやすい傾向があります。グラフィックドライバを更新することでOpenGLの問題が解決することもあります。

もう一つのよくある問題は、ユーザインタフェースの一部が行方不明になるという現象です。こうした場合では、ワークスペースを変更してレイアウトをリセットするのが一番簡単な解決方法です。ツールバーの右端にあるアイコンからワークスペースを変更することができます。

グラフィックタブレットの使用

デジタルアートで最大限の力を発揮するには、グラフィックタブレットを使うのが適しています。使用には慣れが必要ですが、とても強力です。Kritaは多くのタブレットで機能します。開発者は様々なハードウェアやスタイラスをサポートしようと尽力しています。タブレットを既に別のアプリケーションで使ったことがあるなら、おそらくKritaでも機能するはずです。

ドライバのセットアップと設定

タブレットがうまく動作しない場合、ドライバに関連した問題が原因が考えられます。グラフィックタブレットとコンピュータ間の通信はドライバによって制御されています。タブレットメーカーのサイトから最新のドライバをダウンロードしてインストールするようにしましょう。ドライバのインストール、更新で、多くの場合タブレットペンがうまく動作しない問題が解決します。

タブレットドライバの設定

タブレットドライバをダウンロードすると、通常の場合、設定のためのソフトウェアもついてきます。Wacomタブレットにはワコムタブレットのプロパティというプログラムが付属しています。タブレットのショートカット設定や筆圧設定の変更がこのプログラムから可能です。

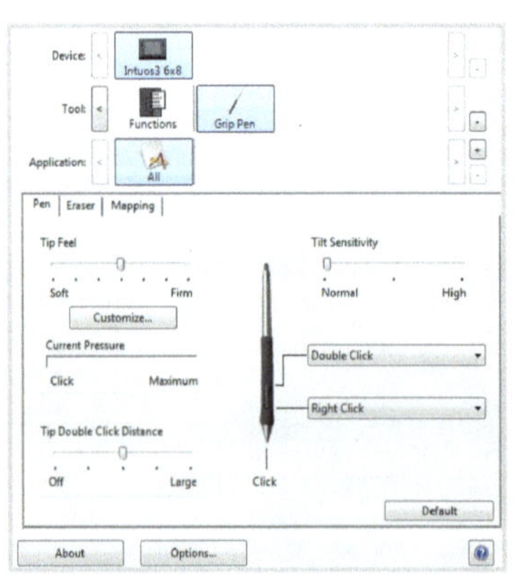

Wacom Intuosの設定画面例です。タブレット種類によっては表示が異なる可能性があります。このインタフェースからショートカットや筆圧の設定が行えます。

上の画像は、Wacomタブレットの設定画面です。MacやLinuxでも似たような見た目です。操作エリア設定、スタイラスの設定などを好きに行えます。設定で使用すると思われる項目について説明します。

- **タブレット操作エリア** – 描画エリアを設定します。複数台のモニタがある場合や、モニタとタブレットの縦横比率が違う時の設定などを行います。
- **ツール** – ペンやボタンの設定です。タブレットの消しゴム、先端、ボタン、本体のボタンなどの設定やショートカットの割り当てを行えます。
- **アプリケーション** – 特定のアプリケーションのみで使用するショートカット設定などを追加できます。

Kritaを起動する前にタブレットが接続されていることを確認してください。Kritaを起動した後にタブレットを接続すると、タブレットがうまく認識されないことがあります。

追加資料

Krita.orgのLearn(学ぶ)セクションには数多くのチュートリアルビデオやトレーニング教材があります。トレーニングDVD、Wikiページ、動画などがあります。この本で理解できない内容があれば、そうしたリソースが役立つかもしれません。大部分は無料です。コミュニティに参加して質問することもできます。Kritaを起動した状態で**F1**キーを押すとユーザガイドが表示されます。

コミュニティからのヘルプ

この本はKritaの動作の大部分を扱いますが、それでも本にでていない領域に踏み込んでしまうことはあるでしょう。新機能や、動作が変更された機能もあるかもしれません。Kritaのヘルプを探す場合、主に以下の3つの場所があります。(訳注:基本的にコミュニティは英語ですが、チャットルームに日本語がわかる参加者がいる場合もあります。掲示板の日本語化トピックでは日本語での書き込みも歓迎です。https://forum.kde.org/viewtopic.php?t=125904）

チャットルームは、質問を聞く場合、一番速いかもしれません。インストールの問題、ハードウェアの問題、コンパイル方法といった探しにくい情報について直接人に聞くことができます。チャットルームにアクセスするにはKritaのウェブサイトの「**参加する**」メニューのページから、連絡方法セクションのチャットルームのリンクをたどってください。ただし、チャットルームではいつでも即座に返答が得られるわけではありません。開発者やボランティアがPCの前にいつでもいて返答するとは限りません。数分から数十分返答を待って、返事がないようなら別の方法も試してください。

フォーラムは、チャットルームに比べて対話が数日、数週間にわたって続けることができます。Kritaフォーラムを検索して、同じ問題が報告されていないか探すこともできます。解決方法が見つからなかったら、自分の質問を新しくフォーラムに投稿してみましょう。フォーラムは**https://forum.kde.org**です。Graphics & MultimediaカテゴリーのなかにKritaのフォーラムがあります。Kritaのニュース投稿を見たり、作品を投稿したり、一般的なヘルプトピックを読んだりすることもできます。

メーリングリストはKritaの開発状況をメールで追うための方法です。メーリングリストは2つあります。krita.orgのメーリングリストと、開発者メーリングリストです。krita.orgのメーリングリストは新しいリリースが出た時のアナウンス用です。新しいバージョンの更新についてウェブサイトをチェックすることを面倒に思うなら、メーリングリストに参加することをおすすめします。Kritaのホームページから参加が可能です。リリースの変更内容とダウンロード方法の情報も合わせて送られます。

もう一つのメーリングリストはkimageshopと呼ばれていて、アプリケーションの開発に参加したい人向けのメーリングリストです。過去にKritaは「kimageshop」という名前だったことがあり、メーリングリストではその名前が残っています。開発者メーリングリストに参加するのが合っているかについては、チャットルームで開発者と相談してみることも可能です。

UIの日本語表示設定について

Krita 2.9はUIの日本語表示に対応しています。最初に起動した時には英語でUIが表示されますが、言語切り替えの設定(メニューのSettings > Switch Application LanguageからJapaneseを選択して再起動)を行うと日本語表示が可能です。詳しくはKrita日本語サイトのダウンロードページ(https://jp.krita.org/download/kritadesktop/)の説明を参照してください。

エラッタ

この本の執筆編集には多大な時間をかけ、フィードバックも反映していますが、それでも本文に間違いが存在することはあるでしょう。エラーやフィードバックがあればscott@louvus.comまで連絡をお願いします。

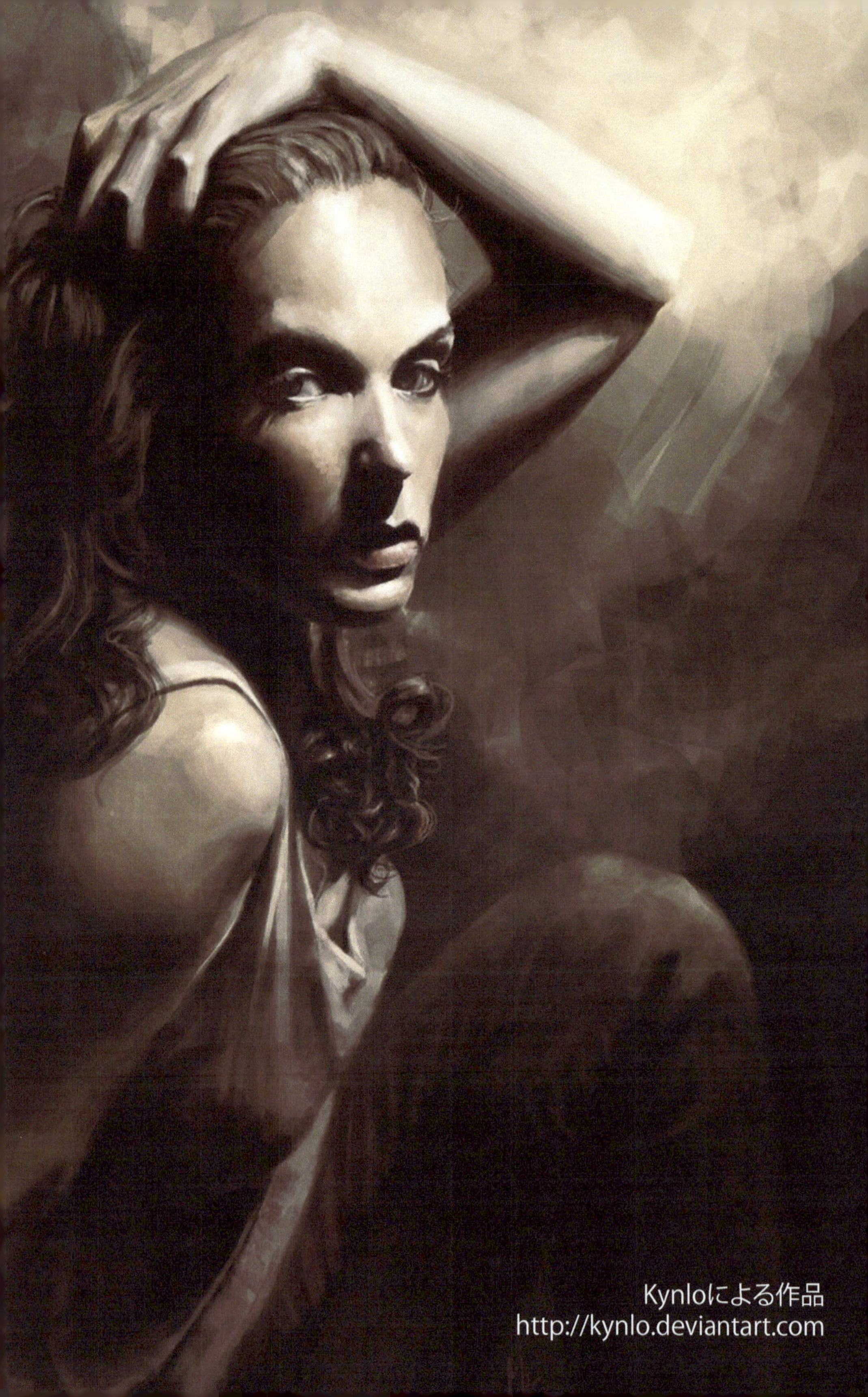
Kynloによる作品
http://kynlo.deviantart.com

第1章

ユーザインタフェース

アプリケーションの使い方を知れば知るほど、自由を得ることが出来ます。使いたい機能を探し回る必要がなくなります。インタフェースを理解するほど、生産性は高まります。Kritaのインタフェースは柔軟で強力です。インタフェースの配置を変更することも、ショートカットを変更することも、自分にとって大事ではないものを隠すこともできます。さらに、不要な表示をすべて隠して作業できる特別なモードもあります。

この章で説明する内容は、ただKritaを使い始める上に必要な情報というには盛りだくさんかもしれません。自分のとっては十分な情報が得られたと思ったら、この章をスキップして、実際のペイントについて説明する第2章に移動しても構いません。また情報を得たいと思った時に、いつでも戻ってくればいいのです。

まず、新しいドキュメントの作成と、キャンバスのナビゲーションから説明します。次に、ドッキングパネルやユーザインタフェース要素のカスタマイズを見てみます。その他のUI要素については少しずつ説明していきます。この章を読み終えるころには、Kritaが用意しているUIのコンセプトと機能のすべてについて理解できるはずです。また、一般的なワークフローについても理解できるはずです。

インタフェースの基本

インタフェースは複数の機能エリアから構成されています。中央の空白エリアはキャンバスエリアです。ドキュメントを開いたり作成すると、キャンバス部分に作業しているドキュメントが表示されます。

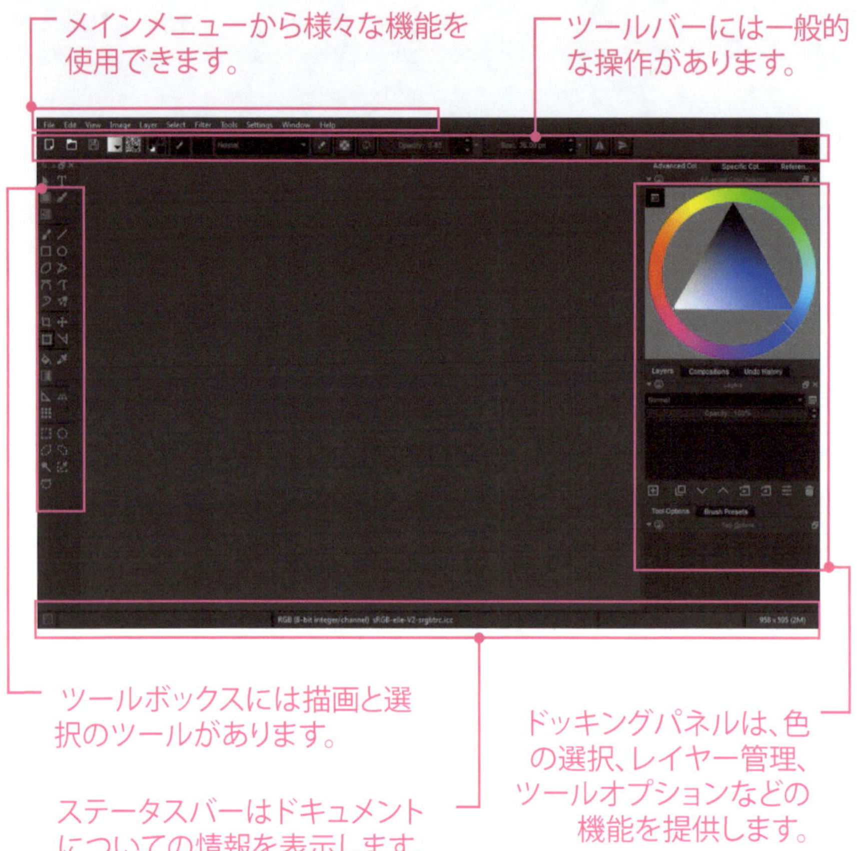

新しいドキュメントの作成

起動直後のKritaでは、大部分のボタンとオプションがグレーアウトして使用できません。これらのツールを使用するにはドキュメントを開く必要があります。新しいドキュメントを作成するには、メインメニューから**ファイル > 新規**を選択します。ショートカットは**Ctrl + N**です。ダイアログが表示されて、オプションを選択できます。

ドキュメント新規作成ダイアログでは、左のパネルに新規作成するドキュメントのタイプが表示されます。

- **最近開いたドキュメント** – 以前に開いたドキュメントを開きます。
- **クリップボードより新規作成** – 現在のクリップボードのデータを使って新しいドキュメントを作成します。
- **コミックテンプレート** – コミックやマンガ向けのテンプレートです。
- **デザインテンプレート** – 映画やウェブデザイン向けのテンプレートです。
- **DSLRテンプレート** – カメラ向けのテンプレートです。
- **テクスチャテンプレート** – テクスチャアーティスト向けのテンプレートです。

様々なテンプレート、クリップボード、最近開いたドキュメントから選択できます。

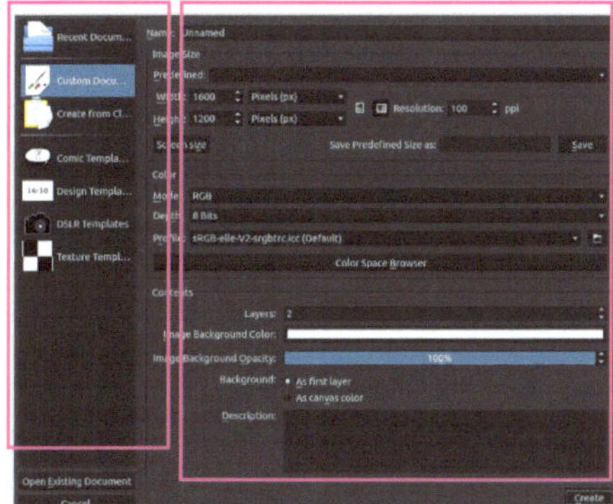

ドキュメントタイプのオプションが右側に表示されます。

各テンプレートには、レイヤー構造、マスク、ページ設定が含まれています。

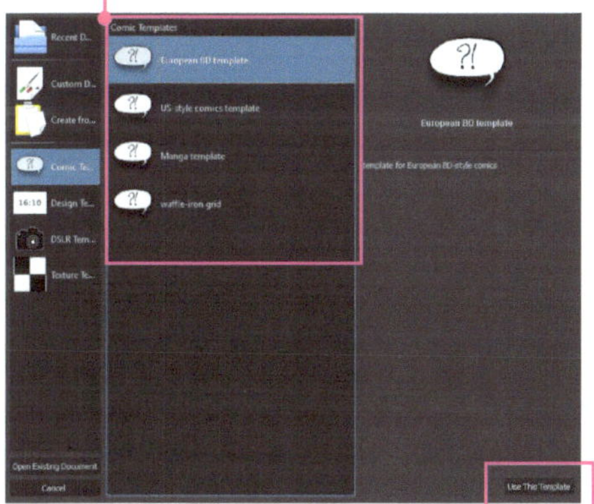

頻繁に使うテンプレートをこのボタンでデフォルトに設定し、新規作成時にKritaに表示させることができます。

ここでは、**カスタムドキュメント**を選択してみましょう。残りの設定はそのままにします。すべての設定は後から変更可能です。右下の**新規作成**ボタンをクリックします。これで様々なボタンやメニューが使える状態になります。それぞれのボタンの説明に深入りする前に、キャンバスのナビゲーション方法を学びましょう。

キャンバスの操作

絵を描く時には、キャンバス内での移動を頻繁に行うことになります。ショートカットを覚えておけば簡単に移動できます。

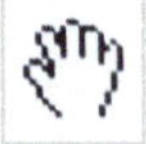

平行移動 - スペースキーを押したままにすると、カーソルが手の形に変化します。この状態でのドラッグでキャンバスを上下左右に移動できます。

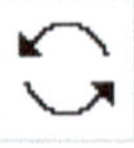

回転 - スペースキーとShiftを押したままにすると、カーソルが回転アイコンに変化します。ドラッグでキャンバスが回転します。描きやすい角度に変更できます。回転している時には、画面左上に角度情報が表示されます。キャンバスを0度にリセットするには、キーボードの5キーを押します。4キーと6キーで15度単位の回転が可能です。

ズームイン/ズームアウト – スペースキーとCtrlを押したままにすると、カーソルが拡大鏡アイコンに変化します。上下にドラッグすると、キャンバスがズームイン、ズームアウトします。100%表示にリセットするには1キーを押します。

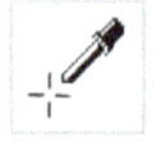

カラーセレクタ – Ctrlを押したままにすると、カーソルがスポイトに変化します。キャンバスをタッチすると、タッチした箇所の色がピックされます。

ブラシサイズの変更 – フリーハンドブラシツールを使用している時に可能な操作です。Shiftを押した状態で、左右にドラッグすると、ブラシサイズを変更できます。ツールバーのサイズスライダーからもサイズ変更ができますが、この操作の方が早く、直感的にブラシサイズを変更できます。

これらのショートカットに加えて、キャンバスとインタフェースの特別なモードが存在します。

キャンバスのみを表示モード

キャンバス以外のユーザインタフェースが非表示になります。**Tab**キーでこのキャンバスのみを表示モードに切り替えが可能です。また、特定のユーザインタフェース要素を選択的に表示したい場合は、メインメニューの設定 > **Krita**を設定 > **キャンバスのみ設定**から設定可能です。デフォルトではキャンバスのみを表示モードにすると、ウィンドウは強制的にフルスクリーンになります。フルスクリーンではなくウィンドウのままにしたい場合は、キャンバスのみ設定で、タイトルバーオプションのチェックをはずします。

フルスクリーンモード

フルスクリーンモードではキャンバスのみを表示モードとは違い、OSのウィンドウコントロールのみを隠します。メインメニューの**表示 > フルスクリーンモード**からこのモードにアクセス可能です。ショートカットは**Ctrl + Shift + F**です。

擬似無限キャンバス

Kritaでは簡単にキャンバスを拡張できます。ドキュメントの外側にスクロールしていくと、矢印のUI要素が表示されます。その矢印をクリックすると、その方向にキャンバスを拡張できます。

ポップアップパレット

キャンバス上で右クリックをすると、ポップアップパレットが表示されます。このパレットから手早く、色の選択、ブラシの変更が行えます。使っているブラシが多くない場合には、ポップアップパレットだけでブラシの切り替えをすると手軽です。リング状に表示されているカラースウォッチは、最近選択した色の履歴です。色を選択すると前景色に設定されます。

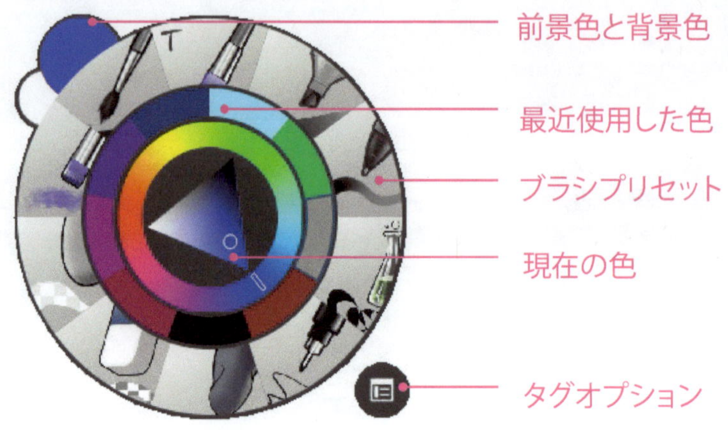

メモ

ブラシを選択するかキャンバスをクリックするまでポップアップパレットは消えません。ポップアップパレットを表示したまま他のツールを使ったり、メニューを選択したりした場合、ポップアップパレットは画面に残ります。

ポップアップパレットの設定

ポップアップパレットのタグオプションアイコンから、円形メニューに表示されるブラシを変更できます。Kritaはタグシステムでブラシを整理します。タグを作成して、自分の好きなブラシをタグに登録してまとめることができます。デフォルトでは、お気に入りタグのブラシが表示されます。自分でタグを作成すると、タグオプションアイコンのドロップダウンリストに追加されます。選択したタグに登録されているブラシがポップアップパレットに表示されます。タグについての詳細はペイント操作の基本の章で説明します。

また、円形メニューに表示するブラシ数の設定も可能です。デフォルトではポップアップパレットには10個のブラシが表示されます。表示するブラシプリセットの数を変更するには以下の操作を行います:

1. メインメニューの**設定 > Kritaを設定 > 一般**を選択。
2. **その他**のタブで**お気に入りのプリセット**の数を変更。
3. **OK**ボタンをクリック

円形メニューに表示するブラシ数を増やすと、個々のブラシの表示面積が減ってしまうことに注意してください。ポップアップパレット全体の大きさは一定です。

ドッキングパネル

ドッキングパネルには、カラーセレクター、ツール設定、ブラシプリセット選択といった、絵を描くために必要となる機能があります。すべてのドッキングパネルを画面上に表示するにはスペースが足りないので、デフォルトではKritaは一部のドッキングパネルのみを表示しています。ドッキングパネルは表示非表示切り替え、移動、サイズ変更など、様々に整理することができます。モニターサイズによっては見た目が違うように見えるかもしれません。

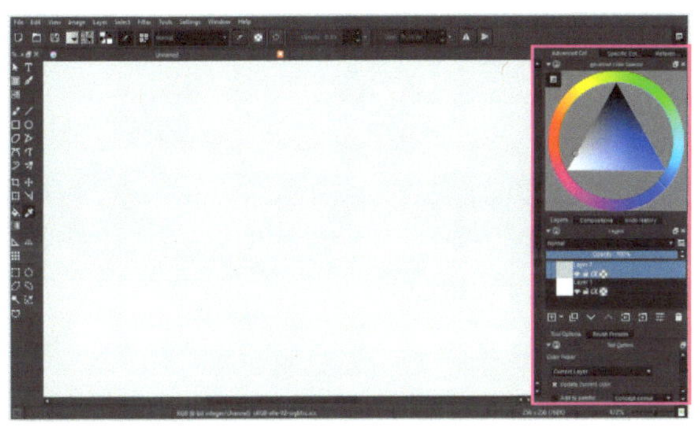

ここでは8個のドッキングパネルが存在しています。ドッキングパネルはタブで表示されることもあります。

ドッキングパネルはウィンドウから切り離してフロート状態にすることもできます。フロート状態のドッキングパネルはアプリケーションより前面に表示されます。アプリケーションウィンドウを移動してもフロート状態のドッキングパネルは移動しません。

ドッキングパネルは様々に移動できます。ドッキングパネルは、他の要素の上下左右、もしくは他のドッキングパネルの内側にドッキングすることが可能です。他のドッキングパネルの内側に移動させせると、タブが作成されて、複数のドッキングパネルをタブで切り替えられるようになります。このタブを使ってユーザインタフェースをすっきりとまとめることができます。

ドッキングパネルのヘッダーをドラッグすると、ドッキングパネルは分離します。分離したドッキングパネルを移動させせると、どこに配置されることになるかプレビュー表示がされます。

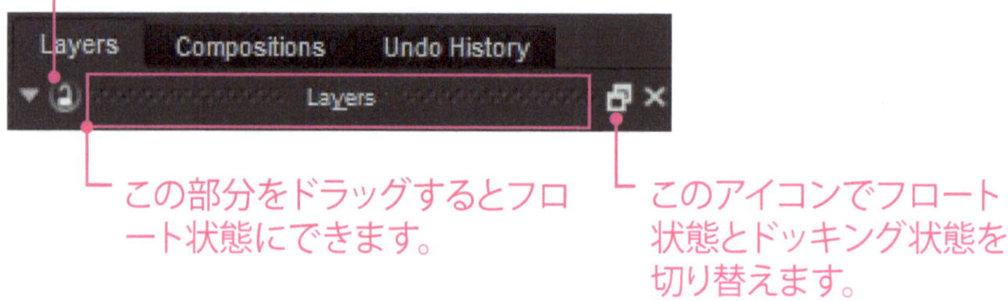

ヘッダーにはフローティングオプションに加えて、他にもドッキングパネルを管理する機能が用意されています。アイコンを左から順番に説明します。

- 最小化(三角アイコン)
- ドッキングパネルのロック
- ドッキングパネルのフロート化(2つの重なった四角)
- ドッキングパネルを閉じる(Xアイコン)

ドッキングパネルをロックすると、移動を禁止します。ドッキングパネルは通常、他のドッキングパネルとグループ化されるか、フロート状態で存在します。ドッキングパネルがロックされると、ヘッダーに表示されている他のアイコンは無効になるか非表示になります。これはうっかりロックしたパネルを移動してしまうことを避けるためです。フロート状態のドッキングパネルをロックすることはできません。

ドッキングパネルの閉じるアイコンをクリックすると、ドッキングパネルが閉じられます。閉じたドッキングパネルをまた表示したい時にはメインメニューの設定 > ドッキングパネルから開きたいものを選択します。ドッキングパネルは前回に配置された位置を覚えていて、その記憶していた位置に配置されます。

メモ

もしインタフェース配置がおかしくなってしまったら、ツールバーからワークスペースを選択して、インタフェース配置をリセットすることが可能です。

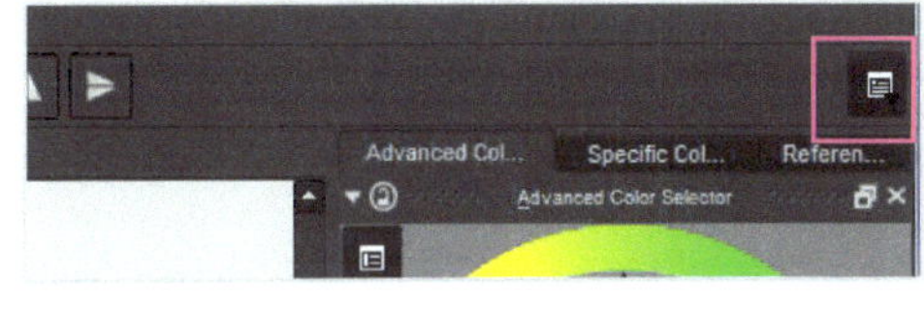

KritaのUI要素の大部分はドッキングパネルで構成されています。ドッキングパネルの使い方を覚えることは、Kritaを完全に好きなようにカスタマイズする上でとても役立ちます。

ツールボックス

Kritaでドキュメント作成すると、フリーハンドブラシツールがデフォルトで選択されます。インタフェース上のそれぞれのツールがどのようなものかわからない時には、ツールアイコンの上にカーソルを持っていくことで、ツールチップを表示させることができます。ツールにショートカットが設定されている場合は、ツールチップにショートカット設定も表示されます。すべてのツールをまだ理解できなくても、まだ心配する必要はありません。本の中で、それぞれのツールについて詳細を説明していきます。ツールボックスのサイズを変えると、表示の行数を変更できます。ツールボックス内で右クリックすると、アイコンサイズの変更ができます。

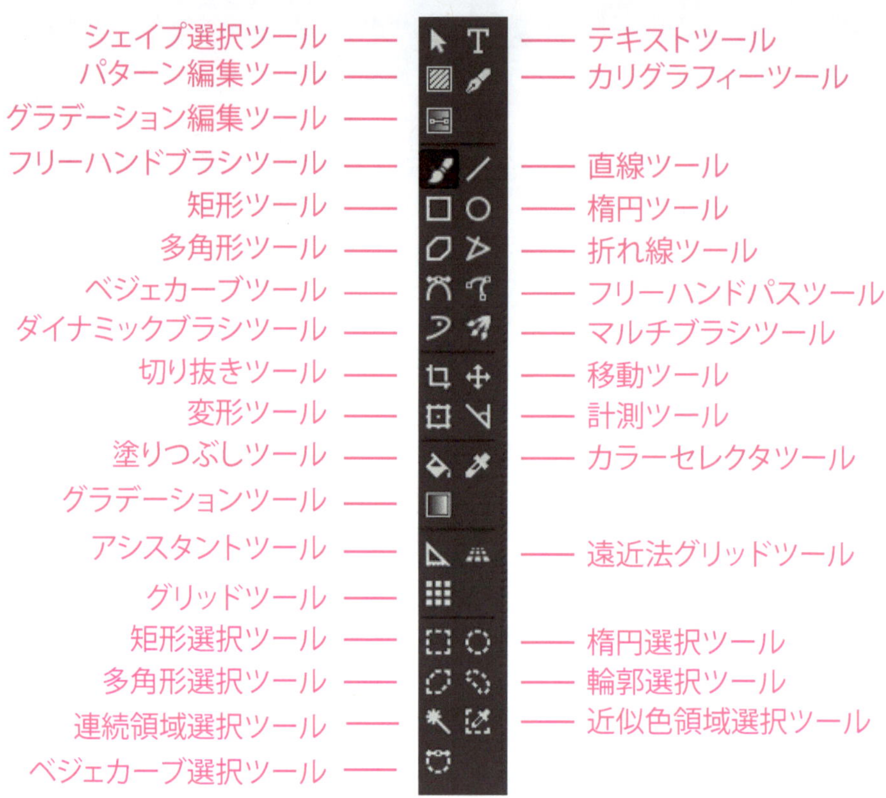

ツールのオプション

ツールボックスに存在するツールの大部分には、追加のオプションが存在します。そうしたオプションはツールのオプションドッキングパネルに表示されます。Kritaを最初に起動した状態では、このドッキングパネルはタブの中に隠れているかもしれません。使用しているワークスペース設定によりますが、レイヤードッキングパネルのタブに入っているかもしれません。

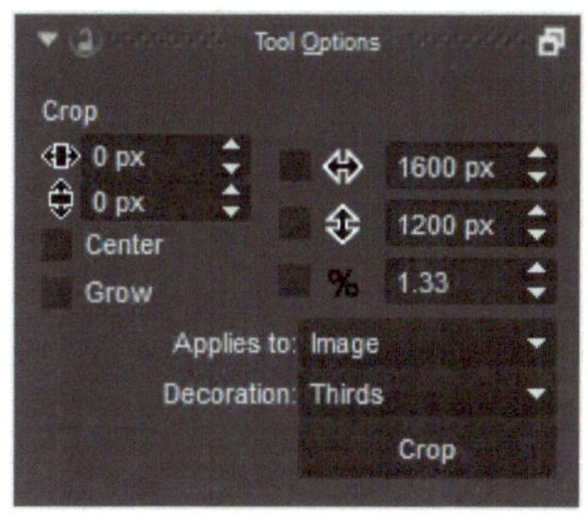

ほぼすべてのツールには、ツール固有のオプションが存在します。ツールによってオプションの量は違います。上図の例は切り抜きツールのオプションです。

このスクリーンショットでは、切り抜き操作のサイズ指定、中央からの切り抜きの四角を作成、比率を維持、といった操作のためのオプションが示されています。オプションの中には文字がなくアイコンだけが表示されているものがあります。アイコンだけで内容がわからない場合は、カーソルをアイコンの上に移動させると、ツールチップで説明を確認できます。マルチブラシツールのようなツールには多くのオプションがあります。ツールの動作が思った通りではなかった時には、ツールのオプションを確認してみてください。

ツールバー

ツールバーはインタフェース上部に左右に伸びているバーです。普段からよく使うであろう操作が含まれています。ツールバーの内容は、ツールバーの右クリックメニューの**ツールバーを設定**から変更することができます。

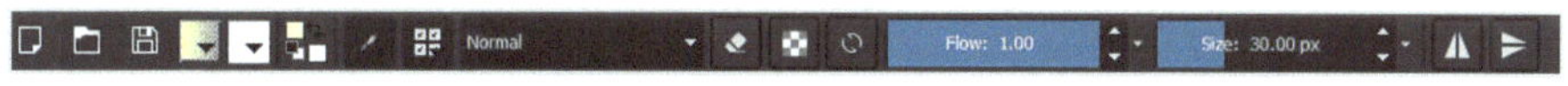

ドキュメント操作

ドキュメントの新規作成、既存のドキュメントを開く、ドキュメントの保存が行えます。これらの操作にはショートカットも用意されていますが、タブレットでKritaを使用する際にはこのアイコンが便利です。

グラデーションとパターンの選択と編集

グラデーションとパターンの、作成、編集、管理が行えます。ここで設定した内容を塗りつぶしツールや、グラデーションツールが使用します。

前景色と背景色

カラーセレクタツールや詳細色選択ドッキングパネルなどで色を選択すると、前景色と背景色の設定が更新されます。左下の、黒と白のスウォッチアイコンをクリックすると、前景色と背景色が黒と白にリセットされます。右上の双方向の矢印をクリックすると前景色と背景色を入れ替えます。

ブラシ設定編集

現在選択しているブラシ設定を編集するブラシエディタを表示します。ブラシツールが選択されている時だけ編集が可能です。ブラシエディタは複雑ですがとても強力です。ブラシのカスタマイズの詳細については、ブラシエディタとブラシエンジンの章でじっくりと説明します。

ブラシプリセット

Kritaにインストールされたすべてのブラシプリセットを表示します。ブラシの整理や管理もここから行うことができます。

ペイント合成モード

Normal

ペイント時の合成モードを変更できます。合成モードは、ブラシによるペイントがレイヤーの内容にどのように影響を与えるかを決定します。レイヤーの合成モードとは独立しています。

消しゴムモード

ペイントと消しゴムを切り替えます。ツールボックスを見て気が付いたかもしれませんが、Kritaには消しゴムツールというものは。その代わりに、消しゴムモードという概念があり、消しゴムモードが何かを消す際の第一選択肢です。このボタンを押すと、合成モードは消しゴムモードと、通常モードの間で切り替わります。ショートカットはEキーです。

アルファを保護

どの領域に描きこむことができるかを制御します。アルファを保護をオンにすると、レイヤーの透明部分に描画ができなくなります。マスクの手法として使うことができます。ここでの設定は、レイヤー側のアルファをロック機能とは独立して機能します。

元のプリセットを再読み込み

ブラシに対して行った編集をリセットします。これは、後で詳細を説明するダーティプリセットの機能と関係しています。

メモ

ドッキングパネルのタイトル部分を右クリックすると、ドッキングパネルの一覧が表示されて、それぞれの表示、非表示の設定が可能です。メインメニューから操作するより簡単に操作ができます。ロックされたドッキングパネルは表示状態の切り替えができません。

ブラシ不透明度 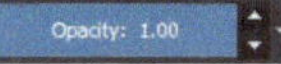

ブラシの不透明度を決定します。1だと不透明で、0に近づくほど透明になります。

ブラシサイズ

ブラシサイズを変更します。ショートカットは**Shift** + 左クリックで、クリックしたまま左右にドラッグすることでサイズを変更できます。

流量

隠れているスライダーです。ブラシ不透明度、ブラシサイズのスライダーの右側にはドロップダウンの矢印が表示されていて、この矢印をクリックすると、3つ目のパラメータである流量が表示されます。

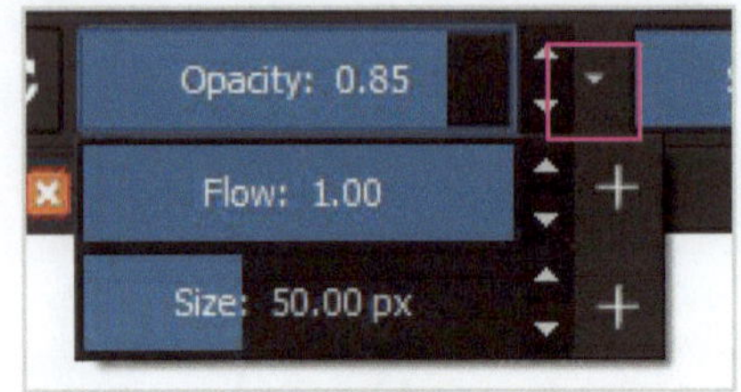

スライダースロットに表示される内容を変更したい場合は、表示したいパラメータの横の追加ボタン(+)をクリックします。

結果が似ている面もあるので、流量の設定は不透明度の設定と混同されがちです。一番大きな違いは、流量はブラシの描点の不透明度に影響するということにあります。一方で、不透明度は、ブラシのストローク全体の不透明度に影響します。次に示す例では、流量を減らすことで、色の変化がゆるやかに現れます。これは、インクが切れかかったマーカーで絵を描くことに似ています。マーカーから色が出続けていても、インクの量は減って薄くなるのです。描いた線を重ねると濃くなる効果が出ます。

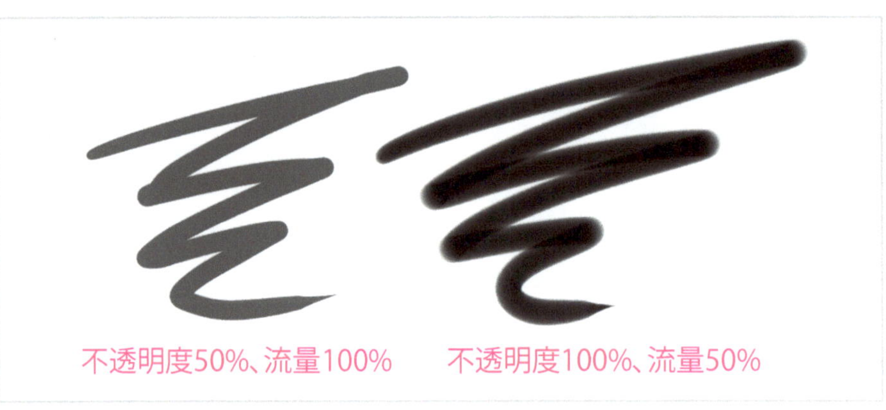

不透明度50%、流量100%　不透明度100%、流量50%

水平方向の鏡像反転、垂直方向の鏡像反転

鏡像反転のボタンを使うと、対称な絵を描くことができます。対称軸は軸上の円形のアイコンをドラッグすることで移動できます。角度は水平と垂直に固定されています。角度のついた対称描画を行いたい場合は、マルチブラシツールを使う必要があります。

ワークスペースを選択

ワークスペースは、ユーザインタフェースのレイアウト設定です。ワークスペースは、開いているドッキングパネルとその位置を保存します。ツールバーからワークスペースを選択すると、ワークスペースに保存されたレイアウトが適用されます。自分の気に入ったレイアウトを作成したら、ワークスペースのドロップダウンメニューから保存が可能です。ドロップダウンメニューを開いて、一番下のフィールドで名前を入力し、保存することができます。

Tip

スライダーの上で右クリックをすると、数値入力が可能です。例えば、ブラシのサイズをぴったり83 pxにしたい場合は、サイズのスライダーの上で右クリックします。するとスライダーが値を入力できるテキストボックスになります。数値を入力したらEnterキーを押します。Krita内のどの数値スライダーでもこうした数値入力が可能です。

複数ドキュメントでの作業

2つ以上のドキュメントを同時に開いて作業をすることもできます。デフォルトでは複数ドキュメントの表示に、タブインタフェースが使用されます。タブを見るとどのドキュメントを開いているかの確認が簡単で、ドキュメントを閉じるのも単純です。

もう一つの複数ドキュメントの表示方法として、サブウィンドウがあります。複数のドキュメントを同時表示できます。次の図のように、同じドキュメントを複数のウィンドウで開き、ズームレベルを変えた状態で表示することもできます。

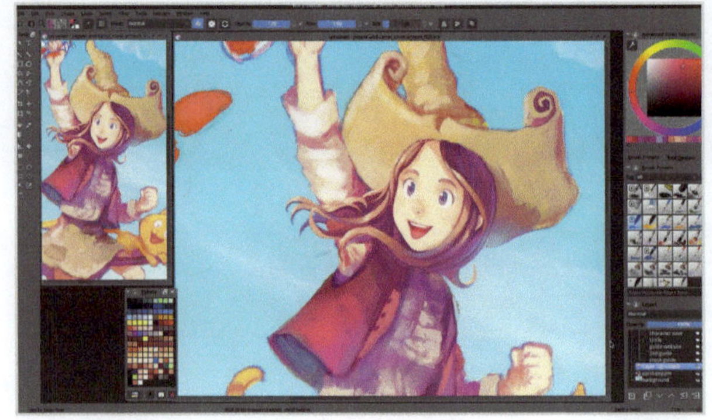

サブウィンドウモードで1つのドキュメントを表示方法を変えて表示することができます。

David Revoyによる作品

ショートカットの**Ctrl + Tab**で次のドキュメントに切り替えることができます。前のドキュメントに戻るには**Ctrl + Shift + Tab**を使います。

複数ドキュメントの表示モードの変更

デフォルトでは、Kritaは複数のドキュメントをタブで表示します。この設定を変更するには、メインメニューの設定 > Kritaを設定 > 一般から、Windowタブをクリックし、マルチドキュメントモード設定を確認します。設定を変更したらOKをクリックします。Kritaは設定した表示モードに合わせて表示を更新します。

メインメニュー

メインメニューは機能によってカテゴリー分けされています。Kritaに存在する機能の大部分はメインメニューからアクセス可能です。よく使う操作の多くには、ショートカットも割り当てられています。

ただ、メニューシステムは、何かをする上では一番早く、便利な方法というわけではありません。早い操作を可能にするより、アプリケーションで提供している機能の一覧を提供するのがメニューの役目です。メニューではどのような機能が存在し、そしてどのようなショートカットが設定されているかを確認できます。

では、メニューの項目にざっと目を通してみましょう。内容がすぐにわかるものもあれば、分かりにくいものもあるかもしれません。現時点ですべてを理解できなくても心配する必要はありません。この本を読み終えるころにはメニューのアクションのすべての説明を見ることになるでしょう。

Tip

メインメニューの項目は、どれでもショートカットに割り当てることが可能です。割り当てたショートカットはメインメニューの項目に表示されます。

ステータスバー

アプリケーションの一番下には、ステータスバーといくつかの要素があります。開いているドキュメントについての情報の表示と、ドキュメントの管理を助ける機能があります。

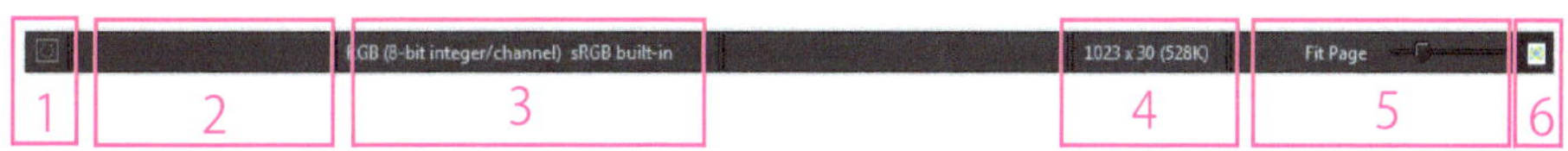

1. **選択範囲表示モード** – 選択を行うと、選択範囲が図形として表示されます。デフォルトでは、選択のアウトラインが点線で表示されます。選択範囲表示モードのボタンをクリックすると、選択範囲の表示方法が点線と色マスク表示の間で切り替わります。点線から色マスク表示に切り替えると、選択マスクが色で表示されます。Kritaの設定で使用する色を変更できます。詳細については選択の章(第4章)で説明します。

2. **現在のブラシ名** – Kritaを起動した時には空白です。ブラシプリセットからブラシを選択すると、選択されたブラシ名がこの領域に表示されます。

3. **ドキュメント情報** – 開いているドキュメントのカラーモデルとカラープロファイル情報を表示します。

4. **ドキュメントサイズ** – ドキュメントのピクセル幅と高さを表示します。常にピクセル単位での表示になります。ドキュメントの大きさの後に、カッコの中にKritaが使用しているメモリ量が表示されます。このエリアをクリックすると、診断に使える詳細な情報が表示されます。メモリ管理に興味がある場合は、付録の説明を参照してください。

5. **ズーム情報** – ドキュメントのズームレベルを表示します。ドロップダウンメニューを開くと、定義済みのズームレベルに変更できます。ドロップダウンメニューに数値入力を行うことも可能です。スライダーでズームレベルを変更することも可能です。

6. **ピクセルアスペクト比(PAR)** - 画面上のピクセル表示の方法を切り替えます。デフォルトではピクセルは正方形です。ドキュメントによってはピクセルが正方形ではないケースがあります。テレビなどでは正方形ではないピクセルが使われることが多くありました。現在は、正方形ではないピクセルは珍しくなっています。そのため、このボタンを使う必要はほとんどないかもしれません。

テーマ

Kritaには複数のインタフェース配色テーマが用意されています。デフォルトではダークカラーのテーマが使用されています。ダークカラーを好むアーティストも、明るいテーマを好むアーティストもいます

テーマの変更

定義済みのテーマがいくつか用意されています。テーマを変更するには、メインメニューで**設定 > テーマ**に移動して、使用したいテーマを選択します。テーマを選択すると配色が即座に適用されます。

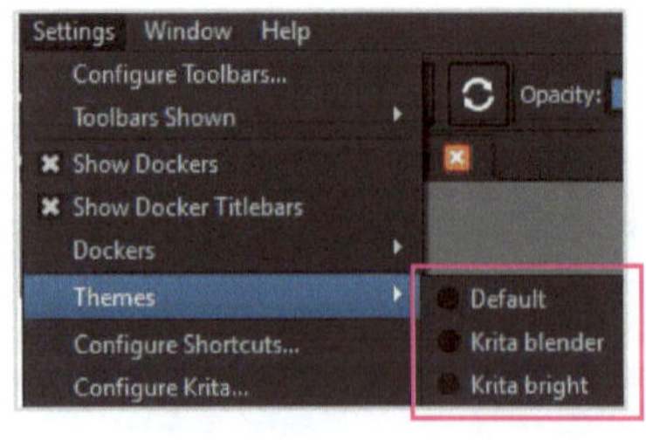

インタフェースの配色テーマから使用したいものを選択できます。

ショートカットの設定

デフォルトのショートカットも機能豊富ですが、ショートカットを変更したいと思うこともあるでしょう。タブレットにツールを割り当てたいのに、そのツールのショートカットがデフォルトではないこともあります。

ショートカットとして割り当てられる操作や機能は様々なものがあります。

ショートカットの設定はメインメニューの設定 >　ショートカットを設定から行えます。ショートカット設定ウィンドウの上部にはフィルタボックスがあります。フィルタボックスに入力することで名前やアクション名、ショートカットキーでリアルタイム検索が行えます。

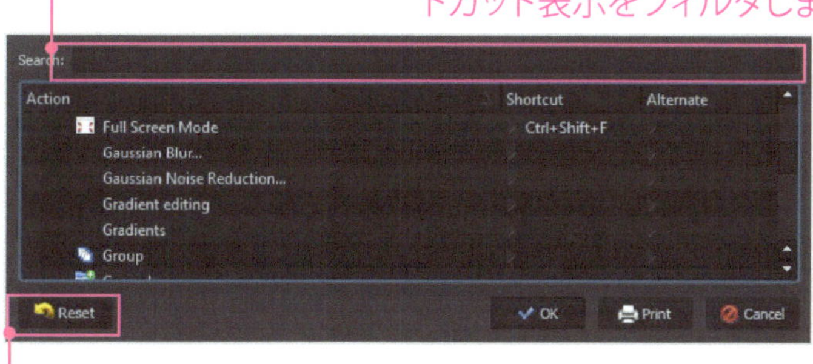

ショートカットオプション

設定できるショートカットには2種類のものがあります。ショートカットと代替です。既に存在しているアクションのショートカットを編集するには、変更したいセルを選択します。アクションの名前をクリックすることでも、通常のショートカットオプション選択できます。

ショートカットの名前をクリックすると、オプションが表示されます。

- **標準** - デフォルトで設定されたショートカット設定です。これを選択すると、元々設定された内容にリセットします。
- **カスタム** - 好きなショートカットキーを割り当てます。右側の×印のアイコンは選択をクリアします。

カスタムショートカットの工具ボタンをクリックすると、キー入力を受け付ける状態になります。ここでは数字、文字キーの他に、Shiftキー、Altキー、Ctrlキー、そしてメタキー(Windowsキー、Appleキー)を使うことができます。

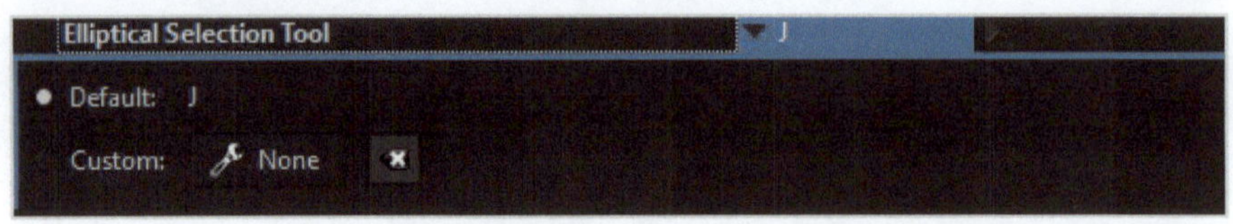

ショートカットを単独のキーに割り当てることもできますが、連続のキー操作に割り当てることもできます。例えば、フリーハンドブラシツールを**B**キー、**B**キーと設定すると、**B**キーを一度押したときには何も起こりません。**B**キーを2度連続して押した時だけフリーハンドブラシツールが選択されます。ただし、1つのキーに対して割り当てられるショートカットは1つだけということに注意する必要があります。言い換えると、**M**キーのショートカットと、**M**キー、**M**キーのショートカットは共存できません。**M**キー、**M**キーというショートカットを設定すると、単独の**M**キーのショートカットは削除されてしまいます。

また、代替ショートカットを設定する前には、通常のショートカットを設定する必要があります。通常のショートカットを設定せずに代替ショートカットを設定しようとすると、設定内容は通常のショートカットに適用されます。

ショートカットの設定内容は印刷することもできます。印刷ボタンを押すと、印刷可能な**PDF**ファイルが出力されます。残念ながら、**2.9.11**時点で**Windows**ではショートカット印刷機能は正しく機能していません。

やり直し履歴

やり直し履歴ドッキングパネルには、変更履歴が記録されます。使用しているワークスペースによっては、やり直し履歴ドッキングパネルが表示されていなことも、レイヤードッキングパネルとタブでまとめられていることもあります。

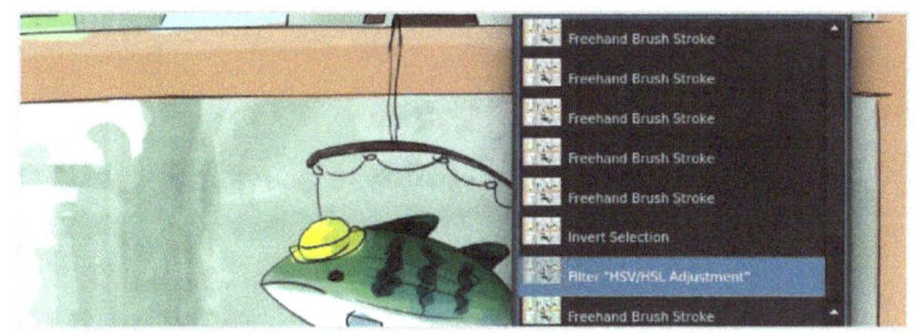

やり直し履歴ドッキングパネルには今まで行ったアクションが表示されます。

やり直し履歴をドッキングパネルから、**Ctrl + Z**より早く元の状態に戻ることができます。戻りたい状態をクリックするだけでキャンバスが更新されます。

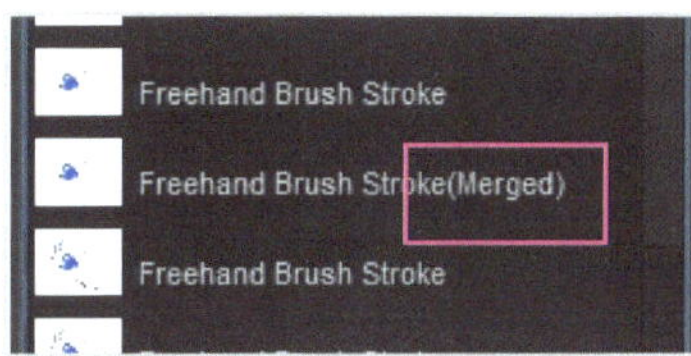

やり直し履歴に表示される履歴に(Merged)と追記されている場合、複数のペイントストロークが累積やり直し機能によって一つの履歴としてまとめられていることを示しています。

多くのペイントを行うと、Kritaはブラシストロークの履歴をまとめる処理を行います。これは累積やり直し機能と呼ばれるものです。この機能の設定はやり直し履歴ドッキングパネルの右クリックから行います。この機能はデフォルトではオフです。オンに設定すると、次にやり直し履歴ドッキングパネルで右クリックすると設定オプションが表示されます。

- **Start merging time(マージ開始時間)** - 指定した秒数以上の時間同じアクションを行うとまとめる処理が行われます。
- **Group time(グループ時間)** - ストローク開始から指定した時間以降に起こったストロークは次のアイテムとしてまとめられます。短い時間を設定すると、多くのまとめたストロークが作成されます。
- **Split Strokes(ストロークの分割数)** – 指定した回数以上のストロークを行うとアクションをまとめる処理を開始します。

コピー、貼り付け

他のアプリケーションからKritaへのコピー、Krita内でのコピーを行いたいと思うかもしれません。Krita内部でのコピーと貼り付けは、メインメニューの**編集 > コピー**(ショートカットは**Ctrl + C**)と**編集 > 貼り付け**(ショートカットは**Ctrl + V**)から実行できます。

Kritaの外からの画像の貼り付け

Kritaの外から画像を取り込みたい場合には、**Printscreen**キー(Windows)または**Command + Shift + 4**(OSX)でモニターの表示内容をクリップボードに取り込むことができます。インターネット上の画像の場合は、画像の右クリックからコピーを行います。クリップボード内容を新しい画像として開きたい場合は、メインメニューから**編集 > 新しい画像に貼り付け**(ショートカットは**Ctrl + Shift +N**)をクリックします。

シャープに切り取りとシャープにコピー

画像の切り取り、コピーアクションには特別な仲間がいます。デフォルトではKritaは切り取り、コピーをした際に、端をソフトにします。Sharp(シャープ)とついている切り取りとコピーアクションでは、アンチエイリアシングをせず、端をシャープにしたままにします。この2つのアクションはメインメニューの**編集 > Cut (sharp)**と**編集 > Copy (sharp)**から利用できます。

結合部分をコピー

デフォルトではKritaはアクティブなレイヤーの中身のみをコピーします。一方で、結合部分をコピーを使うと、選択範囲ですべてのレイヤーの表示されている中身がクリップボードにコピーされます。多くのレイヤーで作業をしている場合に便利です。メインメニューの**編集 > 結合部分をコピー**から利用できます。

一般的な設定内容

Kritaを使い始めるにはここまでの機能説明で十分でしょう。ただ、他にも便利な設定がKritaには存在しています。設定変更のすべてを説明するとそれだけで一つの章が必要になってしまうので、ここでは代表的な、私が便利だと思う機能をのみを紹介します。これらの設定はメインメニューの**設定 > Kritaを設定**から変更できます。

やり直し履歴サイズ

失敗した時に何回くらいやり直しを行いたいですか?デフォルトではKritaは最新の30アクションをやり直し履歴に保存します。つまり31個前のアクションは**編集 > やり直し**でやり直すことができません。PCの搭載メモリ(RAM)サイズが大きい場合は、履歴サイズを増やしても大丈夫です。大きい画像を扱う時は、履歴サイズを増やすと履歴がメモリを多く消費するようになり、消費メモリの問題が起こる可能性があります。この設定は、全般セクションの、その他タブにあります。

自動保存

これまでデジタルお絵描きをしたことがあるのなら、一度はアプリケーションがフリーズしたりクラッシュしたりして作品の途中経過を失ったことがあるのではないかと思います。自動保存を使用すると、一定間隔で作業中の画像を保存して、作業内容を完全に失うことを防いでくれます。大きい画像を扱う場合は、保存に少し時間がかかるため、自動保存の頻度設定を調整したくなるかもしれません。デフォルトでは、5分ごとに自動保存がされます。自動保存をオフにすることも可能です。この設定は、全般セクションの、その他タブにあります。

ブラシカーソル形状

ブラシでペイントする際には、ブラシ形状のプレビューがカーソルとして表示されます。カーソルの形、アウトラインの形の表示設定も変更可能です。ブラシ形状をアウトライン表示させる代わりに、単純な円形のみを表示させることも可能です。この設定は全般セクションの、Cursor(カーソル)タブにあります。

キャンバスのみ設定

キャンバスのみ表示モードでの作業が好きなら、キャンバスのみ表示モードの時に表示するUI要素を設定したいと思うかもしれません。キャンバスのみ設定のセクションから設定が可能です。デフォルトではすべての要素が隠されます。ステータスバーを隠したり表示したりすることもできます。開いたドキュメントのタブ表示を隠すオプションはありません。タブ表示が気になる人は、全般セクションのWindowタブで、マルチドキュメントモードの設定をタブからサブウィンドウに変更すると、タブを消すことができます。

他のアプリケーションからKritaに貼り付けた時の挙動

クリップボードから画像を貼りつけた時に、Kritaはカラーマネージメントでの扱いを確認するダイアログを出すことがあります。毎回指定するのが面倒という場合は、Kritaの設定のカラーマネジメントのセクションで、他のアプリケーションからKritaに貼り付けた時の挙動をあらかじめ指定することが可能です。

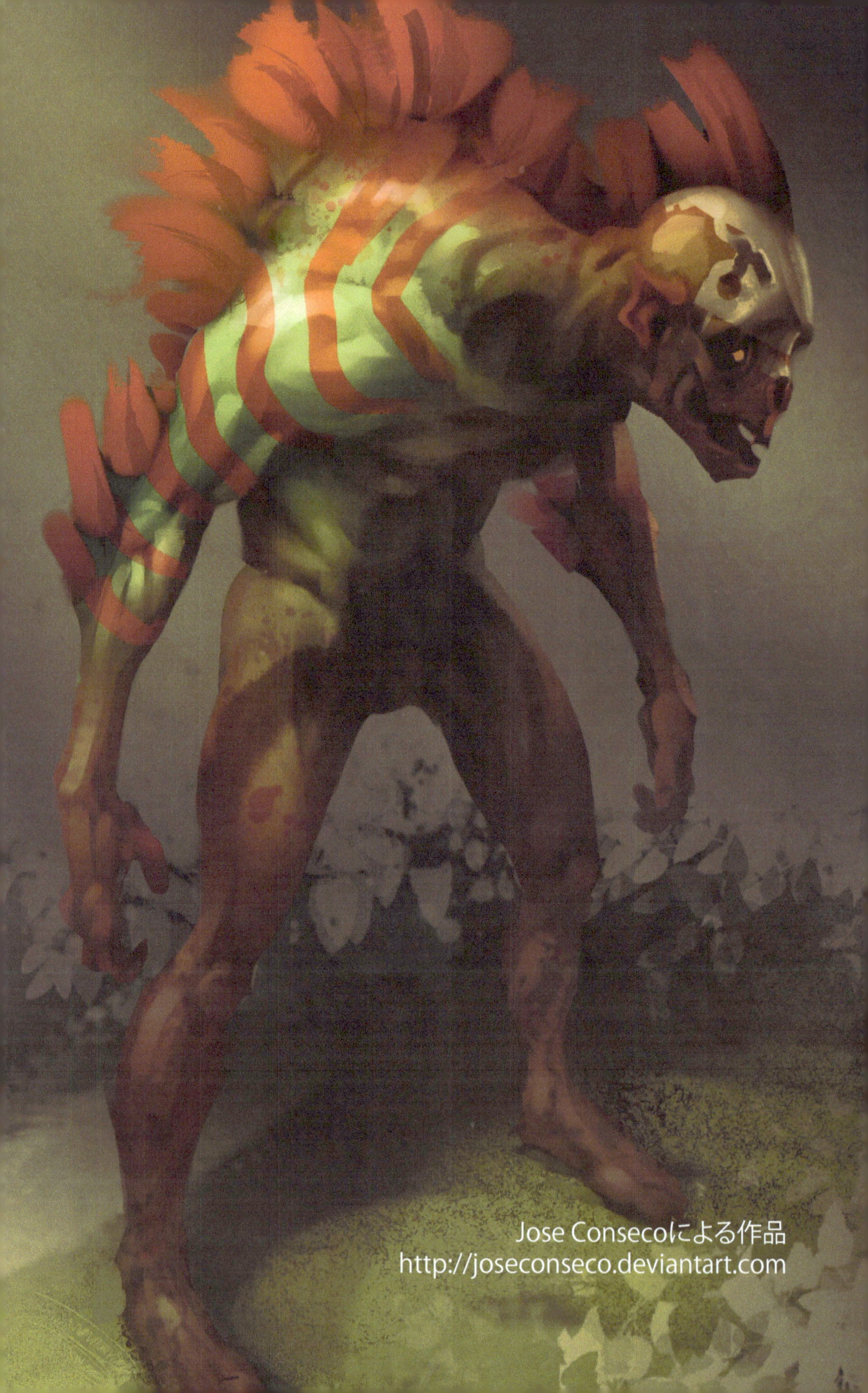
Jose Consecoによる作品
http://joseconseco.deviantart.com

第2章

ペイント操作の基本

Kritaはペイントアプリケーションであることを他の何より大事にしています。画像編集の機能も多く備えていますが、その部分を売りにしているわけではありません。この本を手に取ったということは、あなたはおそらくアーティストで、自分のアートスキルを上げたいと思っているのでしょう。

この章では、Kritaのペイントシステムについて説明します。まず、ブラシが用意されている場所について説明します。ブラシを見つけ出し、選択する方法はワークフローに合わせて複数用意されています。ブラシの整理を助けるタグシステムもあります。

Kritaと一緒にインストールされるブラシもよいものではありますが、内容は限られています。ペイント体験をさらに豊富にするために、オンラインで追加のブラシを探す方法、追加のブラシをKritaのリソースマネージャを使って読み込む方法についても学びます。

ブラシ以外については、グラデーション、パターン、キャンバスのサイズ変更についても学びます。これで基本的なペイント作業のための基礎が身に付きます。

プリセットブラシ

Kritaには多数のブラシがプリインストールされています。様々なアーティストが長年をかけて、すぐに絵を描きはじめられるようにデフォルトブラシセットを作り上げました。ブラシは、アプリケーション内ではプリセットと呼ばれることもあります。リソースや*paintoppresets*と呼ばれるケースもあります。

ブラシでのペイントを始める前には、フリーハンドブラシツールを選択していることを確認してください。

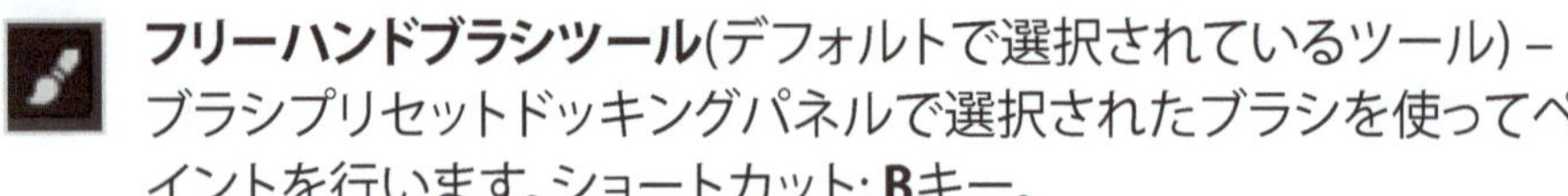

フリーハンドブラシツール(デフォルトで選択されているツール) – ブラシプリセットドッキングパネルで選択されたブラシを使ってペイントを行います。ショートカット: **B**キー。

キャンバス上に、タブレットペンで線を描いてみましょう。デフォルトのブラシ*Basic_tip_default*では筆圧によって透明度が変化します。もし筆圧で変化がなければ、タブレットが正しく設定されていない可能性があります。タブレットドライバがインストールされていて正しく設定されているかを確認してください。

デフォルトのブラシは*Basic_tip_default*です。基本的な機能はありますが、あまり絵画的な特性はありません。では、別のブラシをブラシプリセットドッキングパネルから選択してみましょう。上部のツールバーのブラシプリセットアイコンをクリックして、用意されているブラシを見てみましょう。

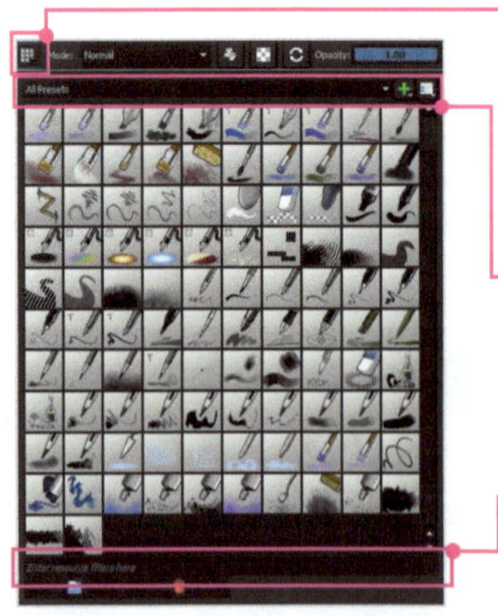

ツールバーのブラシプリセットアイコンからもブラシを変更できます。

表示するブラシをタグでフィルタリングします。右側の+アイコンからタグの管理が行えます。

名前で表示するブラシをフィルタリングします。

見てわかるように、Kritaには様々なブラシプリセットが用意されています。ブラシ表示の上にあるドロップダウンボックスはタグシステムです。タグシステムによって、好きなブラシにタグをつけて整理することができます。例えば、線画向けのブラシのためのタグや、スケッチ向けブラシのタグ、エフェクトのタグ、といったものを作成できます。

タグフィルタの右側には、プリセットの表示を変更するビューアイコンがあります。

- **サムネイル** (デフォルト) – ブラシのサムネイルを表示します。
- **詳細表示** – ブラシをリストとして表示します。ブラシ名が右側に表示されます。

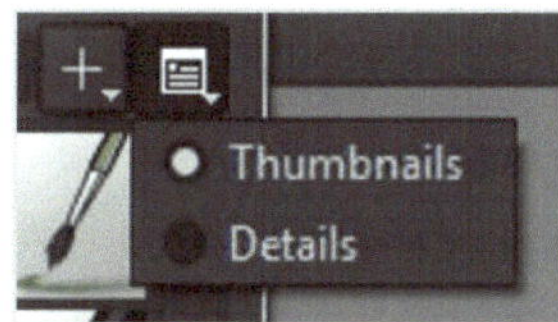

プリセットの表示方法を変更できます。

サムネイルモードでは、プリセットサムネイルの上にカーソルを持っていくと、ブラシ名がツールチップとして表示されます。ブラシ名でもどのようなブラシなのか推測できますが、理解するには実際に描いてみるのがいいでしょう。

では、*basic_wet*ブラシを選択してみてください。数ストローク描いてみて、前のブラシと比べてみましょう。少し柔らかい感じで、挙動が違っているのがわかるはずです。wetブラシは、デフォルトのBasic_tip_defaultとは違うブラシエンジンを使っています。Basic_tip_defaultはピクセルエンジンを、wetブラシは色ぼかしエンジンを使っています。

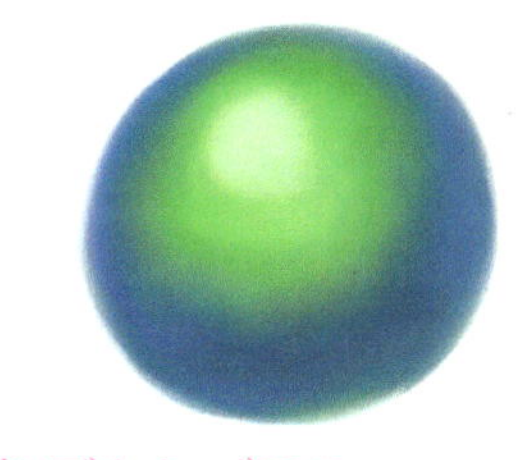

色ぼかしブラシ

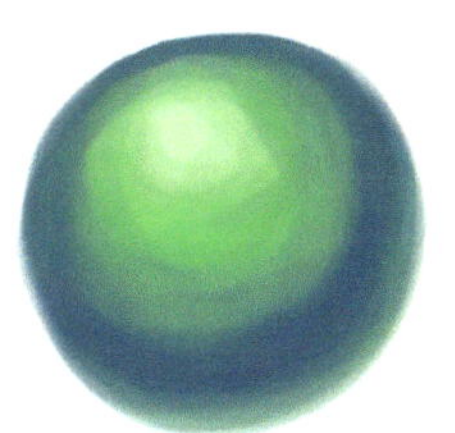

基本のピクセルブラシ

消しゴムの力

Kritaでの消しゴムの扱いは、他のアプリケーションとは少し違っています。最初は奇妙に思うかもしれませんが、これによって素晴らしい操作が可能になります。Kritaには独立した消しゴムツールの代わりに、ツールバーに消しゴムモードへの切り替えボタンが用意されています。ショートカットは**E**キーです。

ペイントと消しゴムを手早く切り替えられます。

この切り替えシステムの利点は、消しゴムも、ブラシのプロパティを引き継ぐということにあります。消しゴムに切り替えても、使用していたブラシのサイズと先端形状は保持されます。ブラシと同じように自然に消しゴムを操ることができるのです。ブラシのサイズを変えると消しゴムのサイズも変わります。サイズが連動しないような設定にすることも可能ですが、このデフォルトの挙動も便利です。

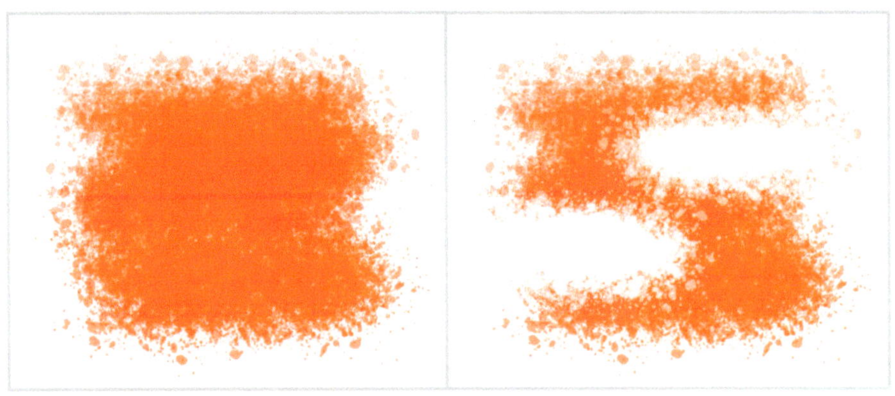

消しゴムモードに切り替えてもブラシ形状は維持されます。

領域を消したい場合は、レイヤーの合成モードを使うこともできます。レイヤーの合成モードはレイヤードッキングパネルから選択できますが、消しゴムの合成モードも用意されています。デフォルトの合成モードは通常です。合成モードはドロップダウンメニューで変更できます。領域をマスキングして消すといった、様々な目的に使うことができます。

消しゴムの合成モードはさらに活用できます。様々なツールと併用が可能です。グラデーションツールと一緒に使えば、グラデーションで消すことが可能です。シェイプツールと合わせれば、四角や丸の形に消すことができます。パターンで消すこともできます。こうした柔軟性に慣れると、他のアプリケーションに戻るのが苦痛になるかもしれません。

タグシステム

タグシステムを使って、ツールの整理とフィルタリングが行えます。タグは、ブラシ、グラデーション、パターンといったものに存在します。一番頻繁にタグが使用されるのはブラシの整理です。いろいろなブラシを触ってみると、お気に入りのブラシがいくつか出来るかもしれません。毎回全体のブラシリストから探し出すのは大変なので、タグにまとめてみましょう。

タグの管理ができる場所の一つは、ブラシプリセットエディタです。画面上部のツールバーに、格子のようなアイコンとして存在しています。一方で、ブラシプリセットドッキングパネルからもタグの管理が可能です。

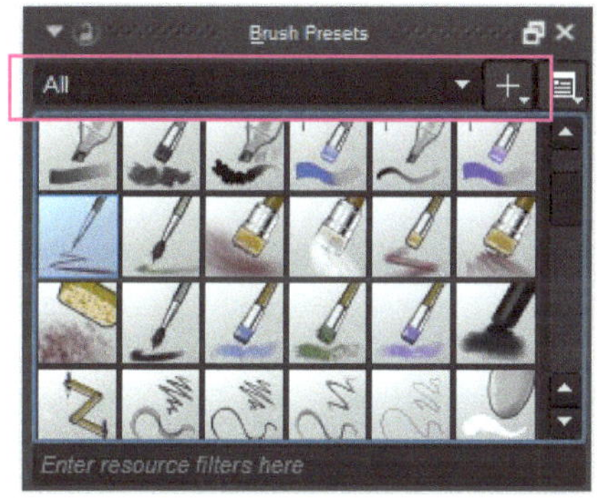

プリセットの表示とタグの管理。ブラシプリセットドッキングパネルからもタグ管理が行えます。

画面上に常にブラシの一覧を表示しておきたい場合には、ブラシプリセットドッキングパネルが便利です。ブラシプリセットドッキングパネルを開くと、「All」のタグが最初に選択されています。このデフォルトのタグでは、すべてのブラシプリセットが表示されます。

ドロップダウンメニューをクリックして、**お気に入りプリセット**を選択してみましょう。表示されるブラシの数が減るはずです。このドロップダウンはタグのリストです。お気に入りプリセットタグを選択すると、お気に入りプリセットタグが付いたブラシだけが表示されます。ブラシへのタグの追加と削除についてこれから説明します。

ブラシからのタグの削除

まず、お気に入りプリセットのリストからブラシをひとつ削除してみましょう。ブラシのサムネイル上で右クリックするとメニューが表示されます。

メニューの最初の項目はブラシ名です。クリックできるアイテムのように見えますが、これは何も行いません。2つ目の項目のタグに登録からは、更に既に存在するタグを表示して新しいタグの追加もできるメニューが展開します。最後の項目は、このタグからブラシを削除するものです。**このタグから削除**、を選択して、ブラシがお気に入りプリセットで表示されなくなることを確認してみてください。

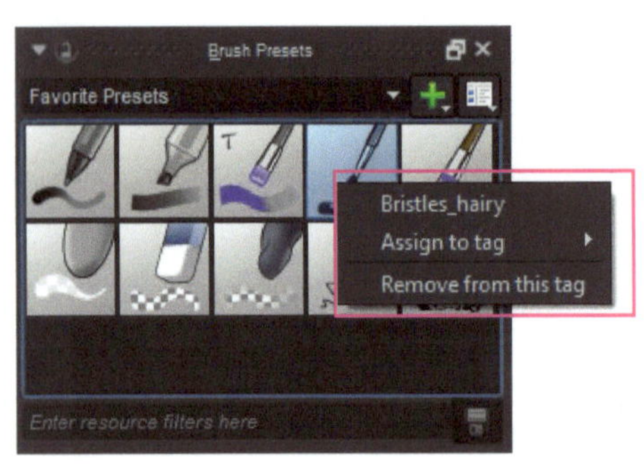

ブラシサムネイルの上で右クリックするとタグ操作のメニューが表示されます。

タグドロップダウンでの選択をお気に入りから**All**に戻して、次はお気に入りプリセットタグに新しいブラシを追加してみましょう。*block_bristles*ブラシを追加してみます。ブラシのサムネイルを右クリックして、タグに登録、のメニューから**お気に入りプリセット**タグを選択します。またAllからお気に入りプリセットタグの表示に戻すと、*block_bristles*ブラシが表示されているはずです。

Tip

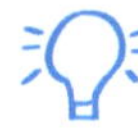

すべてのブラシはABC順に並んでいます。探しているブラシがある場合は、下部の名前フィルタを使ってみましょう。

ポップアップパレットでのタグの使用

ユーザインタフェースについての章で、ポップアップパレットについて説明しました。ポップアップパレットでは指定したタグのブラシを表示することができます。ポップアップパレットの設定アイコンをクリックすると、リストからタグの指定ができます。Kritaにはデフォルトでいくつものタグが用意されています。ドッキングパネルが非表示になっているキャンバスのみモードで作業をする時には、ポップアップパレットでのブラシ表示が便利です。

ポップアップパレットでブラシを選択している時には、<キーと>キーでプリセットの切り替えができます。このショートカットの欠点は、ブラシはアルファベット順で切り替わるということです。また、タグに多くのブラシがある場合には、切り替えるのも大変です。

タグの追加と削除

ここまででタグへのブラシの追加と削除について説明しました。次はタグ自体の追加について説明します。

1.　タグのドロップダウンメニューの右側にあるプラスアイコンをクリックします。
2.　新しいタグ、と書いてあるフィールドに新しく追加したいタグの名前を入力します。
3.　Enterキーを押します。

タグが追加された後は、既に紹介したようにブラシプリセットの右クリックメニュー、タグへの追加、から新しいタグにブラシを追加していくことができます。

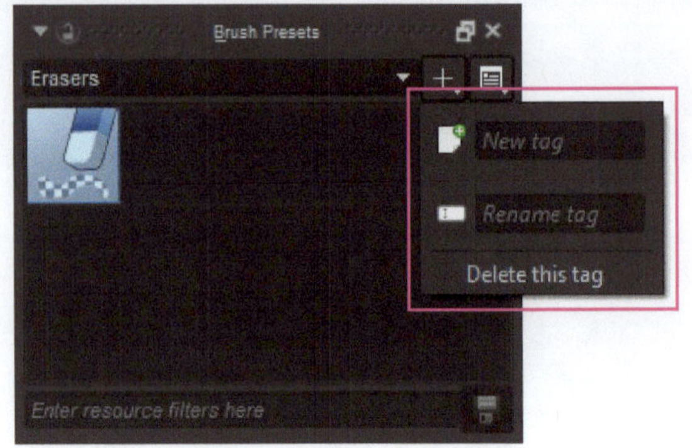

新しいタグの作成。現在選択しているタグの名前変更、削除もここから可能です。変更を適用するには**Enter**キーを押す必要があることに注意してください。

新しいタグを作成すると、新しいタグによるフィルタリング表示に自動的に切り替わります。新しいタグにはブラシが登録されていないので常に空のリストになってしまい、新しいブラシを追加するのには少し不便です。タグをAllに戻してから、ブラシの追加を行いましょう。

プラスアイコンのメニューから、現在選択しているタグの名前変更と削除も行うことができます。Kritaは一番最近削除したタグの記録を保持しています。タグの削除後には、このメニューに削除の取り消しの項目が表示されるようになります。

ブラシのインポート

Kritaでは元々用意されているブラシ以外にも、他のアーティストが作成したブラシを使うことも可能です。Kritaがデフォルトで提供しているブラシは絵を描きはじめるための試供品のようなものです。新しいブラシは新しいおもちゃのようなものです。手に入れると、新しい世界が開けるかもしれません。外部のブラシセットには、炎、植物、星といったものの描画を補助するものもあります。インターネットでの新しいブラシの探し方と、そのインポート方法について簡潔に説明します。

インターネットで入手したブラシの使用

krita.orgにアクセスしてリソースエリアを見てください。「学ぶ」セクションのタブメニューから「リソース」をクリックしてアクセスします。アーティストが作り上げた様々なブラシセットがリストされています。

Tip

ブラシやテクスチャがTarファイルとしてパッケージされている場合があります。これはファイル圧縮する形式の一つです。そうしたファイルを開けなくて困った場合は、7-zipなどのファイル展開のフリーソフトウェアを試してみてください。http://www.7-zip.org

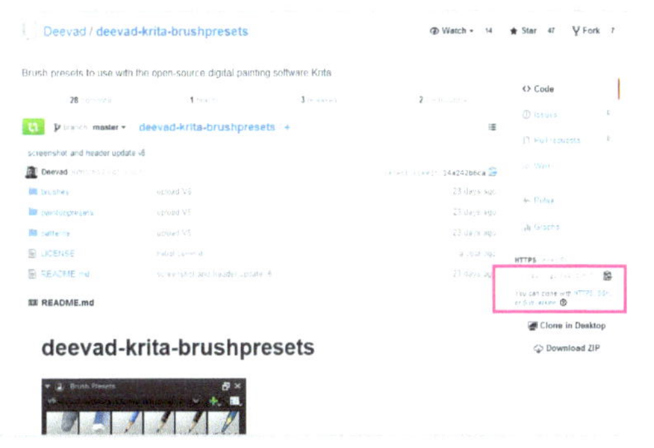

David RevoyさんのブラシセットのGitHub説明ページです。Download ZIPボタンからZipファイルをダウンロードできます。

David Revoyさんのブラシセットのサムネイルをクリックしてみましょう。Davidさんがブラシの更新をしているGitHubサイトに移動します。GitHubはプログラマがコードを共有するのに使うサイトですが、Davidさんはブラシを頻繁に更新するために使用しています。では、ブラシをダウンロードしてみましょう!右側のDownload ZIP(ZIPをダウンロード)のボタンからダウンロードができます。

注意

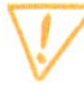

Kritaは時に、ブラシシステムのアップデートを行うことがあります。新しい機能が追加された時に、古いブラシパックが正しく機能しなくなる場合もあります。インターネット上でKritaのブラシを探す際には、ブラシがどのバージョン向けに作成されたものかを確認してください。そして、常に一番新しいブラシセットをダウンロードするようにしてください。そうすれば正しく機能する可能性が高くなります。

Zipファイルを展開し、作成された2つのフォルダ、**brushes**と**paintoppresets**を選択します。これらのフォルダを、Kritaがリソースを読み込む場所に移動する必要があります。Kritaのリソースフォルダに移動する一番簡単な方法は、起動しているKritaからリソースフォルダを開くことです。まず、メインメニューから　**設定**　>　**リソースを管理** を選びます。

すると、リソースマネージャャのウィンドウが開きます。ここから、右側にある、**リソースフォルダを開く**ボタンをクリックします。Kritaがブラシ、パターン、ワークスペースなどの情報を保存しているリソースフォルダが新しいウィンドウで開きます。

既にリソースフォルダにはbrushesフォルダとpaintoppresetsフォルダが存在しているはずです。Davidさんのブラシの2つのフォルダを移動して上書きしましょう。Linuxではフォルダ移動時にmergeするかreplaceするか聞かれた場合、mergeを選択してください。

これで、次にKritaを起動した時には、新しいブラシプリセットが追加されます。こうした追加ブラシパックはいろいろなサイトで見つけることができます。

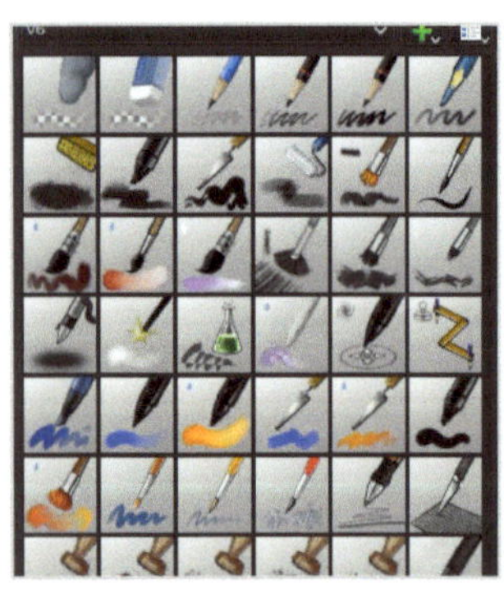

新しいブラシはKritaの再起動後に表示されるようになります。

リソースマネージャーからのブラシのインポート

リソースマネージャを使ってKritaにプリセットを追加することも可能です。インターネットからダウンロードしたリソースバンドルを、リソースマネージャからインポートすることもできます。Kritaのリソースバンドルは.bundleという拡張子を持っています。

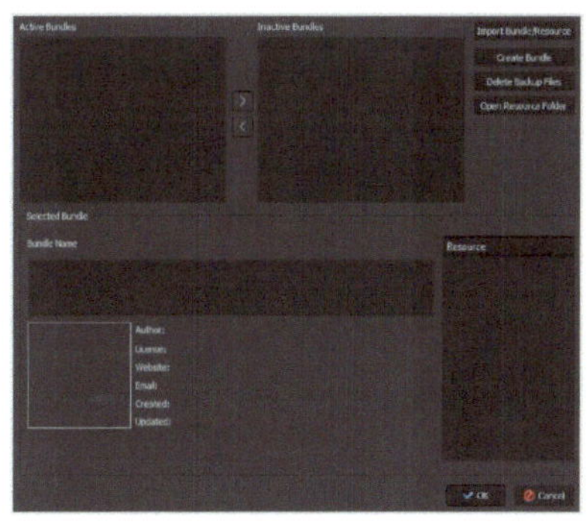

リソースマネージャーでは、ブラシ、パターン、ワークスペース、GIMPブラシ、Photoshopブラシの管理ができます。

リソースマネージャーを開くには、メインメニューから **設定 > リソースを管理** を選択します。

インターネットからダウンロードしたリソース**バンドルは、バンドル/リソースをインポート**ボタンから読み込むことができます。それから、アクティブにしたいリソースを選択します。アクティブなリソースがプリセットエディタに表示され、アクティブではないリソースは表示されません。設定が終わったら、**OK**をクリックします。

リソースマネージャーでは、パターンやブラシ先端に使用するために、個々の画像をインポートすることもできます。**バンドル/リソースをインポート**ボタンをクリックすると、ファイルダイアログから対応しているファイル形式を確認することができます。

ブラシスムージングとダイナミックブラシ

絵を描く時には、ブラシの線が流れるようにスムーズであってほしいと思うかもしれません。そのために、ブラシスムージング機能とダイナミックブラシは作られました。手ぶれを取り除き、滑らかな線を描くことを可能にするものです。ブラシスムージング機能はフリーハンドブラシツールのツールオプションからアクセスできます。ダイナミックブラシはダイナミックブラシツールという独立したツールとして存在しています。

ブラシスムージング

フリーハンドブラシツールを使用している時には、ツールのオプションドッキングパネルに、スムージングのオプションを選択するドロップダウンメニューが表示されます。スムージングを使うとブラシストロークを滑らかにすることができます。
デフォルトでは、ブラシストロークにはスムージングは適用されていません。スムージングのタイプによっては追加のオプションが用意されています。

- **平滑化なし**(デフォルト) – ペンからの入力は追加処理なしにそのままキャンバスに反映されます。手早く描画すると少しギザギザの線になることがあります。
- **基本平滑化** – 手早く描画したときの線をスムーズ化します。私自身も普段はこのスムーズ化オプションを使っています。
- **重みづけ平滑化** - 基本平滑化に似ていますが、スムーズの重みや、ズームレベルに合わせた設定などパラメータが追加されています。
- **安定化** – カーソルのまわりに円形のバッファを作ることでストロークをスムーズにします。ストロークがバッファ範囲外に出た時にストロークを開始します。

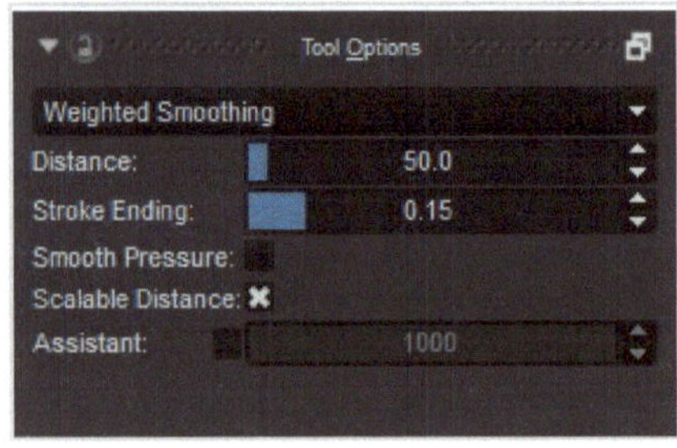

重みづけ平滑化などのスムーズタイプでは追加のオプションが表示されます。

ダイナミックブラシツール

ブラシストロークに重みと抵抗力を与えることでブラシの手ぶれを減らすツールです。フリーハンドブラシツールの安定化と似たような効果があります。らせんのような形状を描く場合によい結果が得られます。重みを低く設定するとフリーハンドブラシツールの代わりとして使うこともできます。

ダイナミックブラシツール – 重みと抵抗力の物理的な挙動によってブラシストロークをスムーズにします。

ブラシエンジンにはダイナミックブラシエンジンも存在していて、同様のパラメータが用意されています。ダイナミックブラシツールには数個のオプションがあります。

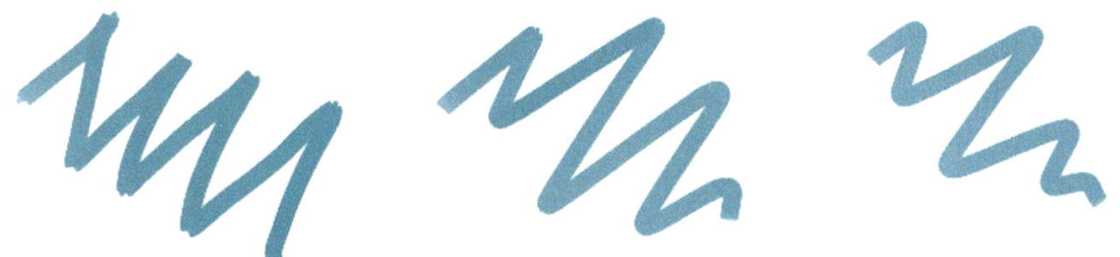

ダイナミックブラシの重みを増加させると、よりスムーズな結果になります。

- **重み** - ブラシストロークの重みをコントロールします。重みを増やすと、ブラシが移動しにくくなりますが、スムーズな結果になります。
- **ドラッグ** - 動きと反対の方向にかかる抵抗力をコントロールします。高い値を設定すると、抵抗力によって予測がつきやすい軌道になります。低い値を設定すると、重みの設定にもよりますが輪ゴムのように勢いがついて飛び回るような挙動になります。
- **固定角** - このオプションは常に使用できない状態なので、無視して構いません。

塗りつぶし、グラデーションとパターン

大きな領域を手で塗りつぶすのは手間です。そのため、塗りつぶしを高速化するためのツールがあります。塗りつぶし、グラデーションとパターンが使用できます。ツールの設定を理解していないと、後で不必要なクリンナップ作業が増えてしまいます。まず基本的な塗りつぶしツールのオプションから見ていきましょう。

塗りつぶしツール – 選択したエリアを前景色で塗りつぶします。

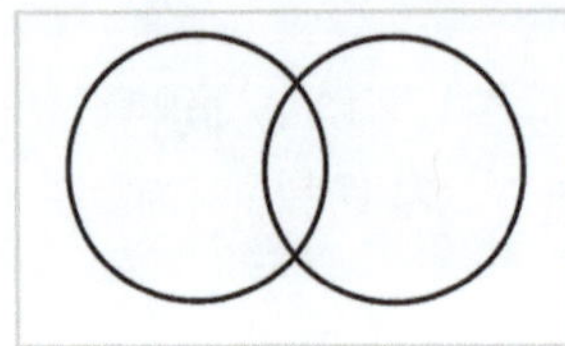

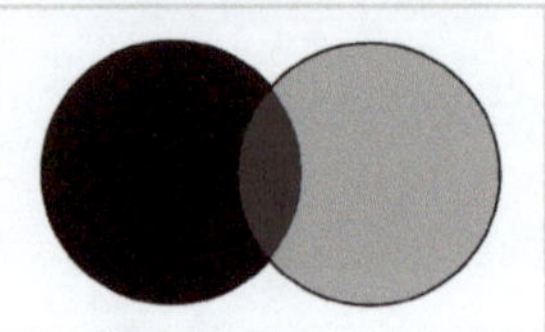

上の図は、左が塗りつぶしツールを使う前の2つの円で、右が使った後の結果です。明度の違う灰色を選んで、3回塗りつぶしツールを使用しました。塗りつぶしツールにはいくつかのオプションが用意されています。

- **高速モード** – 塗りつぶしを行う時に高速アルゴリズムを使います。最適化によって、塗りつぶし処理は高速になりますが、正確性は落ちます 。使用できるオプションはしきい値のみになり、選択領域は無視し、現在のレイヤーのみを対象とします。
- **しきい値** – どの程度の色の差がある領域まで塗りつぶすかを決定します。高い値に設定するとより広い領域が塗りつぶされます。
- **選択範囲を広げる** – ベースの塗りつぶし領域を拡張します。線画の塗りつぶしの時に、塗り残しがでないようにする時に役立ちます。
- **塗りの半径** – 塗りつぶし範囲のエッジをどの程度スムーズにぼかすかを決定します。
- **選択範囲全体を塗りつぶす** – 選択領域内のすべてを塗りつぶします。選択を行っていない場合は、キャンバス全体を塗りつぶします。
- **現在のレイヤー**に制限 – 塗りつぶしの境界判定に現在のレイヤーの中身だけを使用します。
- **パターンを使用する** – 前景色の代わりに、選択されたパターン(ツールバーから選択します)を使って塗りつぶしを行います。

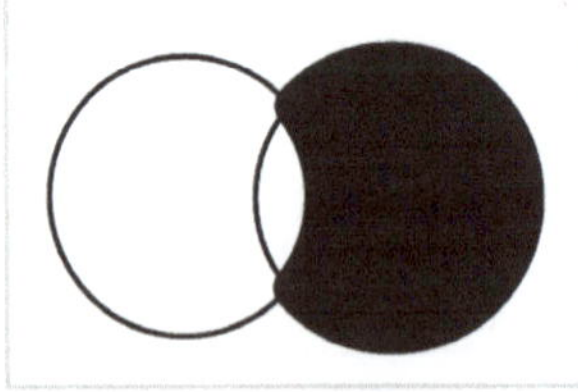

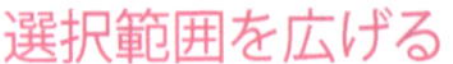
選択範囲を広げる

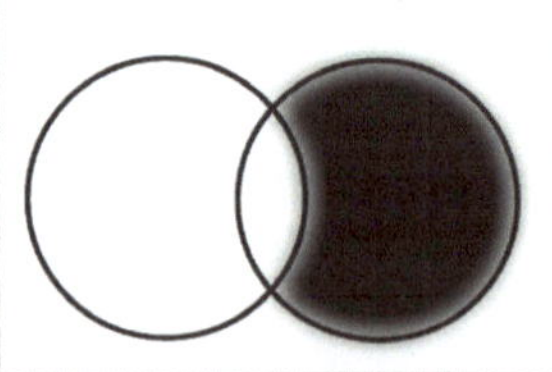

塗りの半径

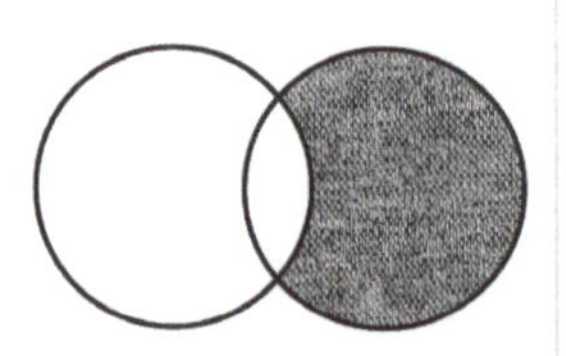

パターンを使用する

線画を塗り分けする時には、選択範囲を広げるオプションが役立ちます。パターンを使用するチェックボックスも見落とさないようにしてください。パターンの塗りつぶしも塗りつぶしツールでできることは忘れてしまいがちです。

パターンの作成と使用

パターンに使用したい256×256ピクセルの画像を用意したとしましょう。この保存した画像をパターンとして読み込む一番簡単な方法は、ツールバーの左端近くにあるパターンオプションを開いてリソースのインポートを行う方法です。パターンをインポートして読み込むと、パターンの一覧に追加されて、新しいパターンの選択が可能になります。パターンを使用する場合は、塗りつぶしツールの、パターンを使用するオプションがオンになっていることを確認してください。このオプションがオフになっていると塗りつぶしツールはパターンではなく前景色を使用します。

繰り返し画像をパターンにすることができます。

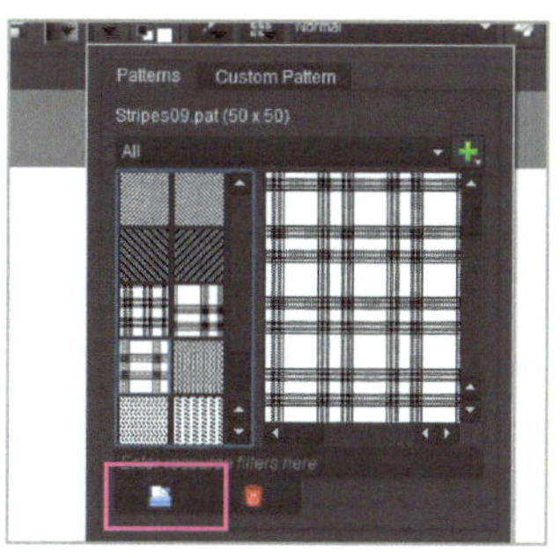

好きなパターン画像をインポートすることができます。

パターンでの塗りつぶしでの制限として、パターンのスケールや回転ができない、というものがあります。パターンを縮小するオプションはありません。パターンの画像を縮小して、縮小した画像を新しいパターンとしてインポートする方法しかありません。

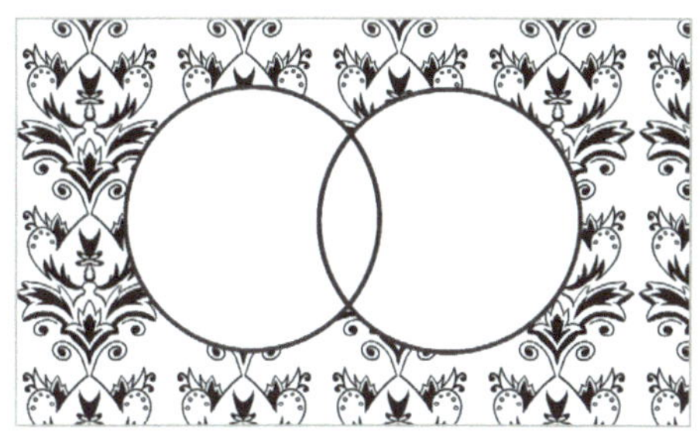

先ほどのパターンを塗りつぶしツールで適用した結果です。

パターンを拡大縮小するためのテクニックとしては、レイヤースタイルを使ったトリックがあります。レイヤースタイルのパターンオーバーレイでは拡大縮小のオプションを使用できます。レイヤースタイルの詳細については、調整、フィルターとエフェクトの章で紹介します。

グラデーションツール

グラデーションツールは、2つ以上の色の組み合わせによるグラデーションで塗りつぶしを行います。このツールでは、色の開始点と終了点の指定ができます。ツールで引いた線が、開始点と終了点の距離を決定します。線の距離が短いと色の移り変わりが急激になり、長いと緩やかな色の遷移になります。

グラデーションツール – 領域を選択したグラデーションで塗りつぶします。グラデーションはレイヤーの描画内容に関係なく塗りつぶしを行います。グラデーションの適用範囲を制限したい場合は、グラデーションツールを使う前に領域を選択しておく必要があります。ショートカット: Gキー。

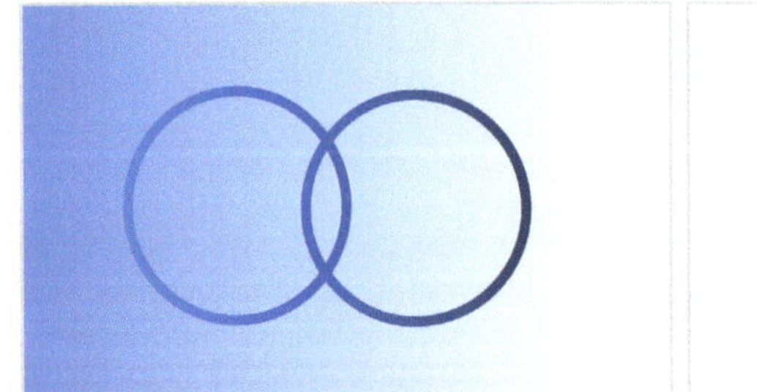

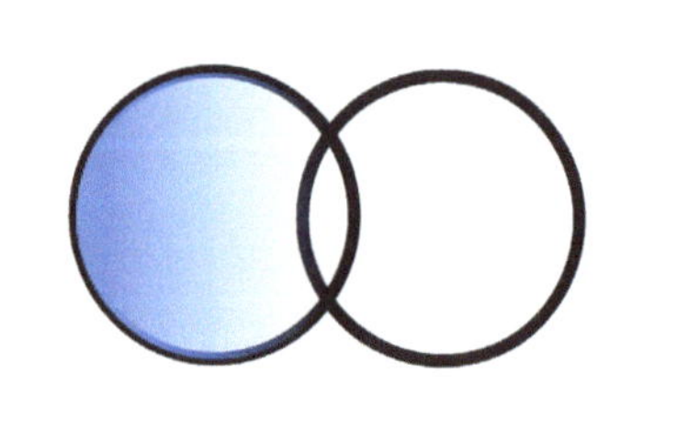

グラデーションの適用。右側では、円の領域をあらかじめ選択することで、グラデーションの適用範囲を制限しています。

左側は、選択を行っていない場合でのグラデーション塗りつぶしの結果です。ツールを使う時に、キャンバス全体を左から右に横切る線を指定しました。右側では、円の1つを含むように円形の選択領域を指定してから、グラデーションツールを使用しました。ツールバーにあるグラデーションエディタを使ってグラデーションの色を変更できます。

グラデーションオプション

数種類のグラデーションタイプが用意されています。バイリニアと線形は、ほぼ同じような見た目の結果です。放射状では円形の効果が得られます。グラデーションでよく使われるタイプは、線形と、放射状です。

線形　バイリニア　放射状　四角

円錐形　円錐形対称　形状

グラデーションオプションの中で、形状タイプは賢い挙動をします。形状タイプでは、選択領域のエッジ形状にあわせたグラデーションが作成されます。複雑な形を選択しても、エッジから内側にスムーズなグラデーションが作成されます。オブジェクトに立体感を出したい場合などに有効です。

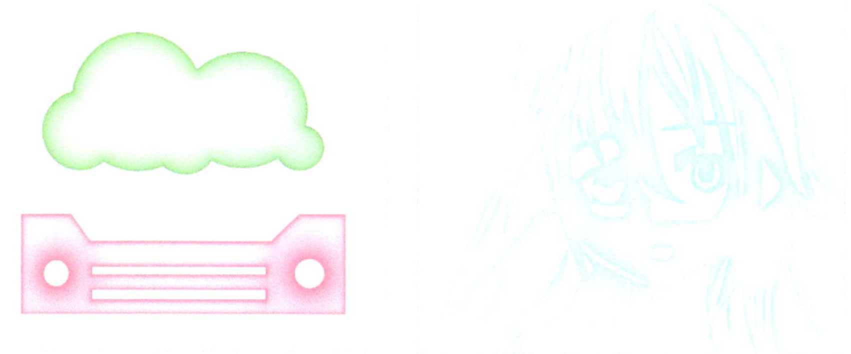

形状グラデーションの例

グラデーションの作成

既に用意されているグラデーションでは満足できない場合、自分で新しいグラデーションを作成することができます。グラデーションエディタは上部のツールバーにあります。ツールバーを開いたら、**追加**アイコンをクリックすると、カスタムグラデーションエディタが表示されます。

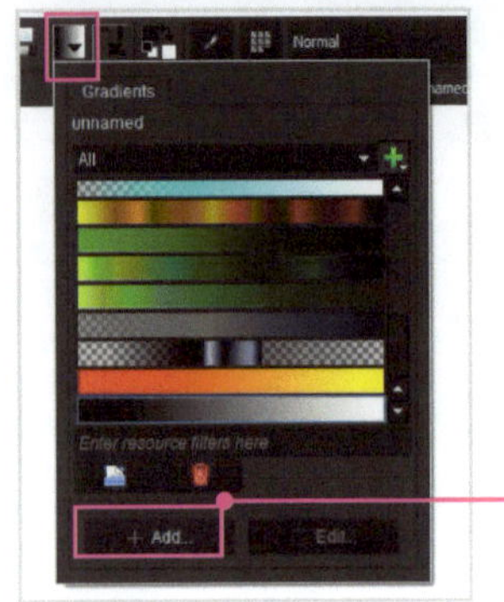

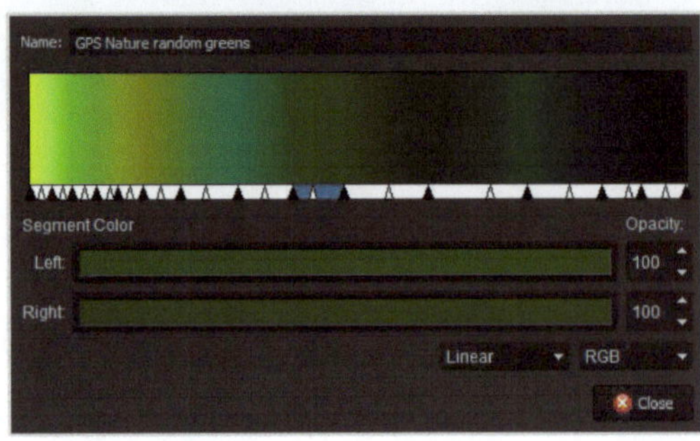

グラデーションエディタでは、既にある色の編集、色の遷移の設定も可能です。グラデーションスライダー上で右クリックすると、セグメントの削除、分割、複製、鏡像反転のメニューが表示されます。

注意

ツールボックス上にはパターン編集ツールがありますが、これはベクターオブジェクト用です。ペイントレイヤーでは、一度配置されたパターンを編集する方法はありません。グラデーションに関しても、ツールボックスのグラデーション編集ツールはベクター図形用です。

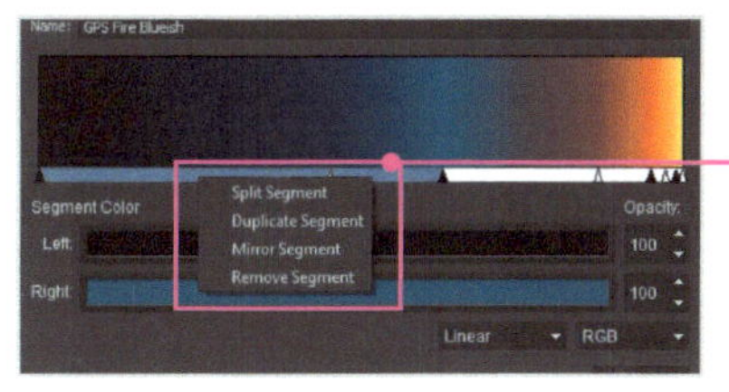

グラデーションスライダー上を右クリックすると追加オプションが表示されます。

グラデーションやパターンを非破壊的に適用したい場合は、調整、フィルターとエフェクトの章のレイヤースタイルセクションを参照してみてください。画像にグラデーションやパターンをレイヤースタイルとして追加すると、後からの編集が可能になります。

ブラシ描点とブラシストロークの違い

ブラシストロークは、最初から最後までのブラシの動きを含んだものです。一方で、ブラシ描点は、ストローク中の個々のブラシ先端形状のサンプルを指す言葉です。ブラシのプロパティでのブラシ間隔の設定は、ブラシ描点同士がどれだけ近く描画されるかを制御するものです。間隔の値を大きくするとパフォーマンスが大幅に向上します。特定のブラシ描画が遅い場合は、間隔の設定によって低速化しているというケースがよくあります。

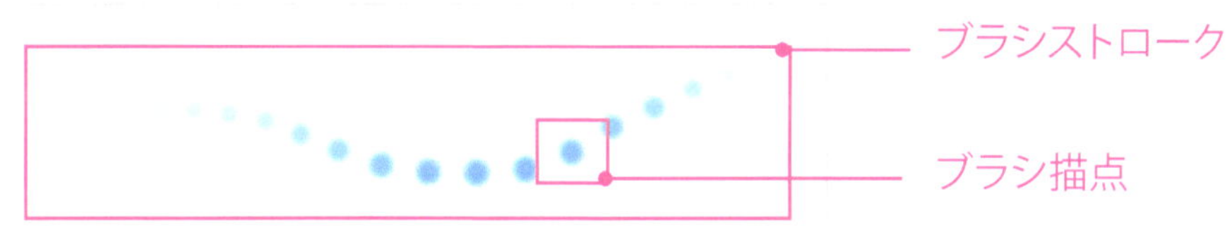

画像のリサイズ

画像サイズを拡大縮小することができます。画像サイズを変更すると、キャンバスを含むすべてのレイヤーの大きさが変更されます。画像のリサイズを行うには、メインメニューから **画像 > 新しいサイズにスケール** を選択します。

ダイアログの上部にはピクセル単位での画像の情報が表示されます。下側には、印刷した場合の画像サイズが表示されます。

ピクセルの大きさを変更すると、自動的に印刷時のサイズも更新されます。印刷サイズを個別に設定する場合は、印刷サイズを個々に調整オプションにチェックを入れてください。比率を保つ設定にしないと、画像の比率が変更される恐れがあります。

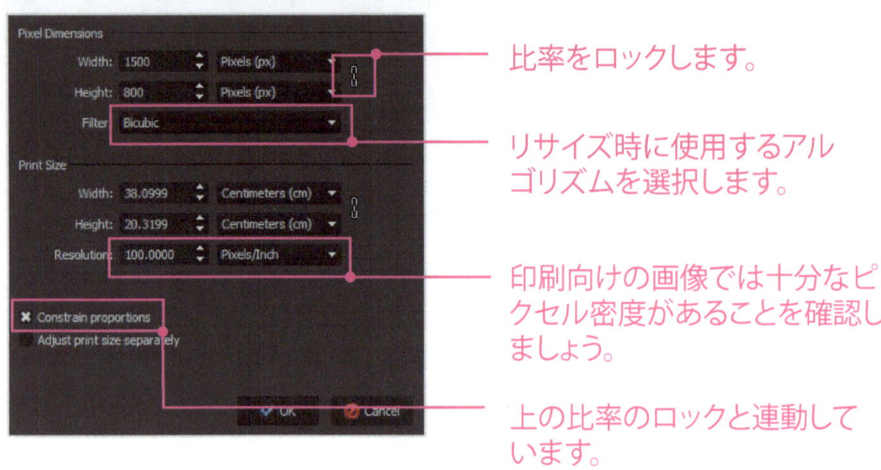

キャンバスサイズの変更

キャンバスサイズの変更では、レイヤーの中身は変更せずに、画像ドキュメントのサイズを変更します。**画像 >　キャンバスの大きさを変える** からキャンバスサイズの変更が可能です。ダイアログから新しいサイズの指定を行います。オフセット設定で、コンテント位置を固定したままキャンバス境界を変更することが可能で、画像を平行移動してシフトさせたような効果が得られます。

アンカーポイントを設定することで、キャンバスの拡大縮小の方向を決めることができます。アンカーポイントを右矢印に設定してキャンバスを大きくすると、キャンバスは左方向に拡大します。アンカーを下側にすると、キャンバスは上方向に拡大します。

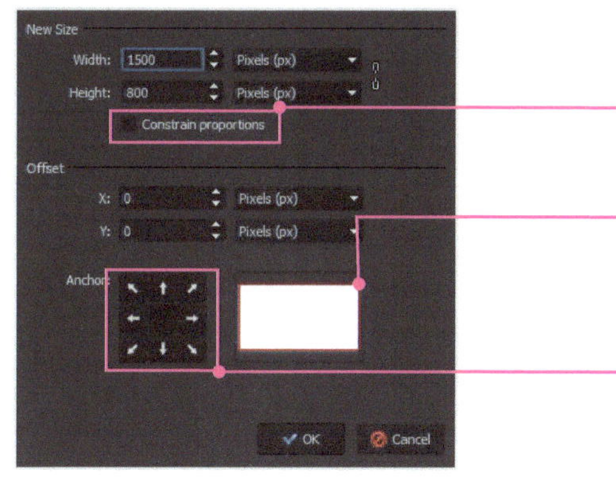

キャンバスサイズ変更の別の方法としては、ユーザインタフェースの章で説明した疑似無限キャンバスの機能があります。

切り抜きツール

画面を見ながらキャンバスサイズを変更するためのツールです。ドキュメントサイズを小さくすることも大きくすることも可能です。ツールのオプションで広げるチェックボックスをオンにすると、キャンバスを現在のサイズより大きいものにリサイズすることもできます。幅、高さ、比率の横にあるチェックボックスで値をロックできます。装飾の設定で、クロップツールの表示を変更することができます。三分割法といった構図チェックのための追加表示も用意されています。

切り抜きツール – キャンバスサイズを変更します。拡大も、縮小も可能です。ショートカット: **C**キー。

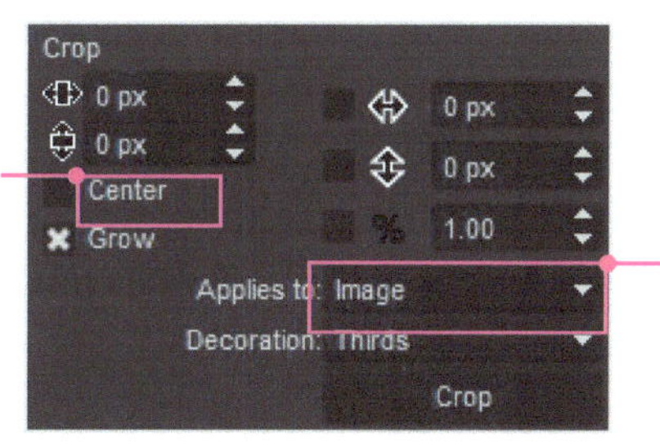

切り抜きサイズの設定ができたら、切り取りボタンを押すか、Enterキーで確定します。

Tip

Krita以外で作成した画像を、ドラッグアンドドロップでキャンバスに持ってくることも可能です。ドキュメントが開いていない場合は、新しいドキュメントが作成されます。ドキュメントが既に開いている場合は、新しいレイヤーとして挿入するか、新しいドキュメントとして開くか、を聞く選択肢が表示されます。PC上で複数のドキュメントを選択してキャンバスにドラッグした場合には、すべてを追加するかどうかの選択も表示されます。

画像のトリミング

画像のトリミングは、特定の方法でキャンバスサイズを変更する機能です。メインメニューの**画像**メニューにトリミングの項目が用意されています。それぞれ使用目的が違います。

Trim to Image Size(画像サイズへのトリミング)

画像サイズの外側の領域にあるレイヤー内容を除去します。例えば、画像領域より大きい画像をインポートした場合、外側にあるデータによってPCが遅くなることがあります。画像サイズへのトリミングを行うと、キャンバスの外側にあるデータは削除されます。

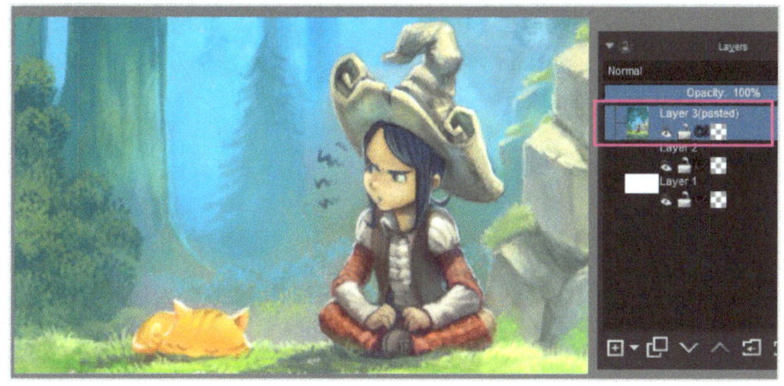

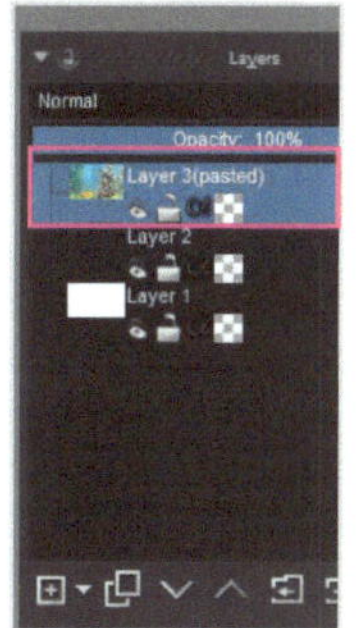

David Revoyによる作品　トリミング前　トリミング後

この例では、キャンバスに作品をインポートしました。左側では、レイヤープレビューは縦長です。画像サイズへのトリミングを行った後の右側では、レイヤープレビューはキャンバスサイズと同じ比率になっています。この操作は、選択したレイヤーだけではなくすべてのレイヤーに作用します。通常、これを適用するのはパフォーマンスのためです。上の例では、画像は36MBから14MBになりました。

現在のレイヤーに合わせてトリミング

キャンバスサイズをアクティブなレイヤーの中身に合わせて変更します。複数のオブジェクトが存在し、それぞれを別にエクスポートしたい場合などに役立ちます。

選択範囲にトリミング

選択範囲に合わせてキャンバスサイズをリサイズします。選択範囲があるときだけ、このメニュー項目を使用できます。切り抜きツールを使う代わりに選択範囲を指定しまった場合には、この機能を使えば簡単に切り抜きのトリミング操作が行えます。

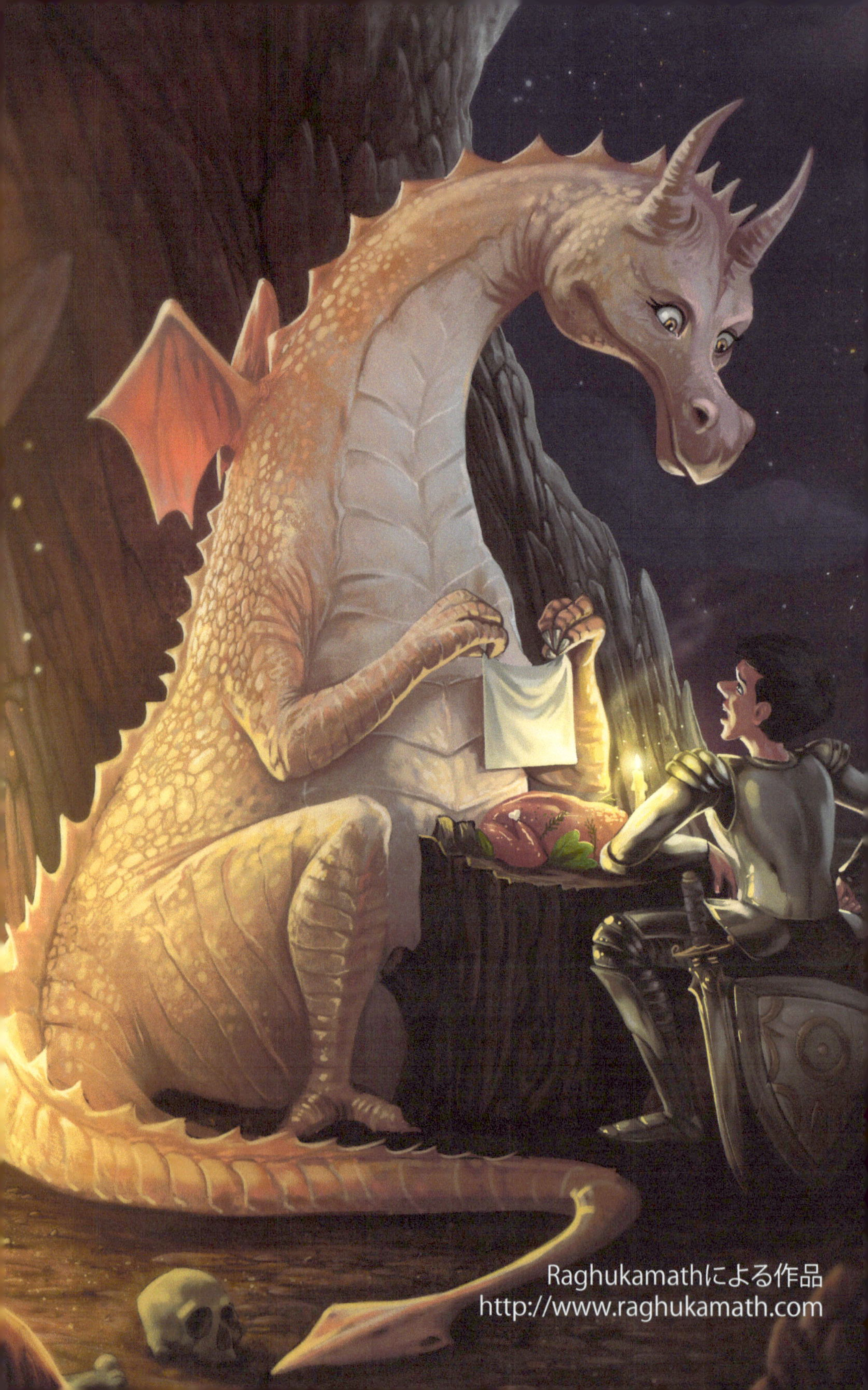
Raghukamathによる作品
http://www.raghukamath.com

第3章

レイヤー

現実世界でのドローイング、ペイントでは、鉛筆のスケッチからはじめて、線をペン入れし、それから上に色をつけていきます。このアプローチはシンプルですが、柔軟性に欠け、一方通行で後戻りができないというところに困難があります。鉛筆のスケッチを確認しようとしても、絵の具の下に埋もれてしまいます。また、色を一度つけてしまうと、その後から変更するのが難しくなります。デジタルペインティングでは、レイヤーがこうした問題を解決します。

レイヤーは作品の要素を整理するための方法です。あるレイヤーにはラフスケッチを、別のレイヤーには背景を置くことができます。陰影のレイヤーも、ハイライトのレイヤーも作ることができます。レイヤーは透明なプラスティック板の上のペイントのようなものです。こうしたプラスティック板が重なって最終的な作品を作ります。レイヤーを使うことで、他のレイヤー内容を台無しにすることなしに、操作したいレイヤーの中身だけを変更できます。

レイヤーは強力ですが、危険な面もあります。レイヤー数が増えすぎると負荷となり、動作が遅くなります。レイヤーが増えるほど、管理の手間がかかります。レイヤーの整理に時間を取られて、ペイントする時間が減ってしまうかもしれません。有用性と負荷の丁度いいバランスは、あなた自身で見つける必要があります。レイヤーの管理整頓はレイヤードッキングパネルで行います。まず、その部分から見てみましょう。

レイヤードッキングパネル

レイヤーはデジタルペイントで最もよく使用される機能の一つなので、Kritaを起動した時にデフォルトでレイヤードッキングパネルは表示されます。以下のスクリーンショットは、レイヤードッキングパネルの基本的な内容を紹介したものです:

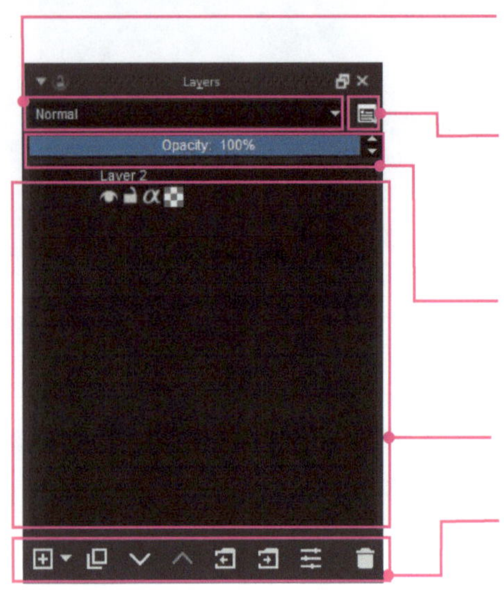

合成モード – レイヤーのピクセル情報が他のレイヤーにどのように影響するかを決定します。

表示設定 – レイヤーリスト表示を切り替えます。簡易、詳細、サムネイル表示の切り替えができます。

不透明度 – 選択したレイヤーの不透明度です。0%は透明になります。

レイヤーリスト – すべてのレイヤーのツリー構造を表示します。

レイヤーアクション – 現在のレイヤーに対して行う操作です。

レイヤー上で右クリックすると、よく使用されるレイヤー機能へのショートカットメニューが表示されます。

新しいドキュメントを作成すると通常2つのレイヤーが作成されます。レイヤーリストのレイヤーの名前をダブルクリックすると名前を変更できます。レイヤーの上にカーソルを置くと、レイヤープレビューが表示されます。レイヤーの属性も表示されます。私自身はレイヤープレビューが役立つケースを見つけていませんが、アーティストの中には多少大きいサムネイル表示を好んでいる人もいるようです。

メモ

合成モードの変更、不透明度の変更は、一度に1レイヤーに対してのみ可能です。複数のレイヤーを選択した状態で操作をすると、最後に選択したレイヤーのみに作用します。

キャンバスは、おそらく白い表示のはずです。つまり、レイヤーにはすでに白がペイントされています。例えば、ここで、何も描画されていないレイヤー2を削除してみます。残ったレイヤー1にペイントしてみましょう。次に、消しゴムモード(Eキー)に切り替えて、描いたものを消してみます。すると、消した部分の背景が、灰色と白のチェッカーボードパターン表示になり、以前の白い背景ではなくなってしまいました。何が起こったのでしょうか?

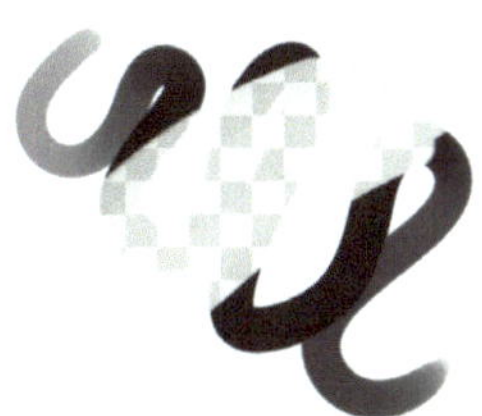

キャンバスで消しゴムを使うと、下に存在する透明パターンが表示されます。

Kritaはドキュメントを作成時に、一番下のレイヤーを白で塗りつぶしていました。一方、通常のレイヤーは、塗りつぶされていない透明な状態で作成されます。紙の上に描くことに慣れている多くの人を考慮して、Kritaはキャンバスを最初に白で塗りつぶします。なにも描画されていないレイヤーは透明です。白いレイヤーで消しゴムを使うと、描画した部分の線の他に、Kritaが最初に追加していた白の塗りつぶし部分も消されることになります。消しゴムはレイヤー上の色をすべて削除されます。表示する色がない透明な部分に対して、Kritaは先ほどの例のように白と灰色のチェッカーボードパターンを表示します。

透明パターンではなく、元の白いキャンバスに戻すには、レイヤーを背景色で塗りつぶすショートカットを使用します。**Backspace**キーを押してみましょう。デフォルトでは、Kritaでは背景色に白が設定されています。そして、Backspaceで元の白で塗りつぶされた状態に戻ります。または、やり直し(**Ctrl + Z**)を繰り返して元の状態に戻ることもできます。元の状態に戻ったら、レイヤー名を「キャンバス」に変えてみましょう。レイヤー名をダブルクリックすると、レイヤー名の入力ができるようになります。

背景色のことを考えずに、線を描き、消すには、背景となるキャンバスレイヤーの上に新しいレイヤーを作成して作業を行う必要があります。新しいレイヤーを作れば、キャンバスの色を削除することなしに、ペイントと削除が行えます。レイヤードッキングパネルで、「+」アイコンをクリックすると、新しいレイヤーがレイヤーリストに追加されます。このレイヤーを「ペイント」という名前に変更してみましょう。このレイヤーにペイントすることになるからです。新しいレイヤーを選択した状態で、先ほどと同じように何か描いてから、消しゴムで消してみましょう。今度は、消しゴムを使っても、白い背景はそのままです。こうした理由があるので、Kritaはデフォルトで2つのレイヤーを作成しています。

次に、レイヤーの順番が正しいかどうか確認しましょう。ペイントレイヤーを移動して、一番下にある状態で描きはじめると、描いたものは何も表示されません。

Tip

Page Upキーと**Page Down**キーでレイヤー構造での上のレイヤー、下のレイヤーに手早く移動できます。キャンバスのみを表示モードが有効な時は、どのレイヤーに移動したかのお知らせ表示が出ます。

ペイントのレイヤーはもともとは空であることに注意しましょう。透明なのでその下の白の背景が見えていました。順番を変えた今は、背景レイヤーを非表示にすることで、重なりを確認できます。レイヤーを非表示にするには、レイヤー名の下の目のアイコンをクリックします。

透明部分がわかれば、ペイントした要素の合成操作がわかりやすくなります。ただ、透明パターン表示の上でペイントをするのは気が散ります。「キャンバス」レイヤーの下の目のアイコンを再びクリックしてキャンバスレイヤーを再び表示しましょう。

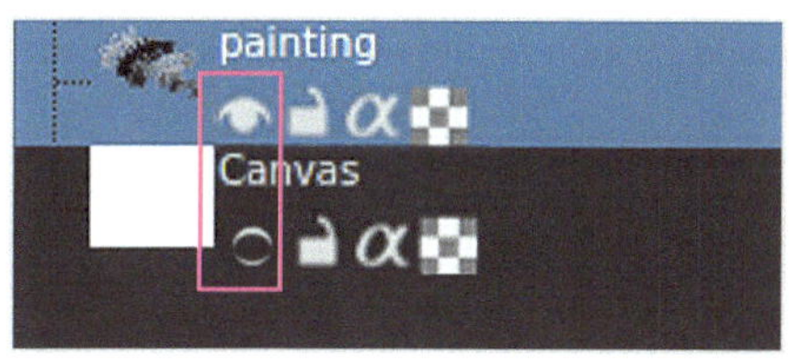

キャンバスレイヤーを非表示にした状態でペイントレイヤーを表示。

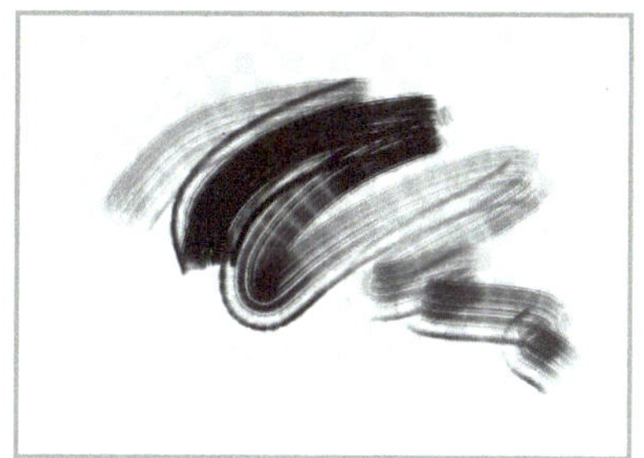

各レイヤーには他にも共通で使用されるアイコンがあります。クリックでオンオフが可能です。それぞれのアイコンの機能概要は以下になります。

可視性 - レイヤー内容の表示、非表示を切り替えます。

ロック - レイヤーの移動、編集を禁止します。レイヤー内容をうっかり変更したくない場合に有用です。

アルファをロック - オンにするとこのレイヤーの透明部分にペイントできなくなります。

アルファを相続 – このレイヤーのアルファチャンネルをオフにして、下側にあるレイヤー群を統合したアルファを使用します。理解が難しいかもしれませんが、詳細については、すぐ後で説明します。

可視性

レイヤーの表示、非表示を切り替えます。非表示状態のレイヤーの編集、移動はできません。レイヤーに対する操作も非表示時には使用できないものがあります。非表示状態のレイヤーの合成モードの変更、不透明度の変更は可能です。

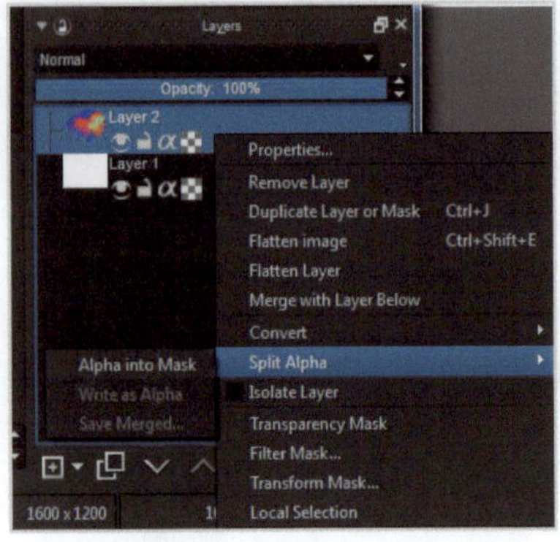

レイヤーの右クリックからさらに多くの操作が可能です。レイヤー操作の多くは、メインメニューのレイヤーメニューからも利用できます。

レイヤーのロック

レイヤーがロックされていると、レイヤーに対する編集権限が凍結されます。不透明度の変更、合成モードの変更、ロックされたレイヤーの複製の作成は可能ですが、それ以外の操作は不可能です。多くのアーティストは、うっかり内容変更を行いたくはないリファレンス画像のレイヤーでロック機能を使用します。ロックすることでレイヤーの編集、移動ができなくなります。キャンバスレイヤーをロックするのも有用です。キャンバスレイヤーに描いてしまうことを避けられるからです。レイヤーを頻繁に切り替えながら作業をしていて、どのレイヤーにいるかわからなくなってしまう時に便利です。

Tip

手早くレイヤー選択を切り替えるには、**R**キーを押しながら、キャンバスをクリックします。カーソルの下にある要素を含むレイヤーを選択することができます。

アルファをロック

はみ出しを防ぐ際に役立ちます。キャラクタの存在する範囲をまず塗ってからアルファをロックをオンにしてみましょう。オンにすると、ペイントもエアブラシも他の効果も、既に塗った範囲の外には出ません。境界付近や、エアブラシのような範囲のブラシを吹きかける時にとても便利です。効果について以下の図を参照してください。

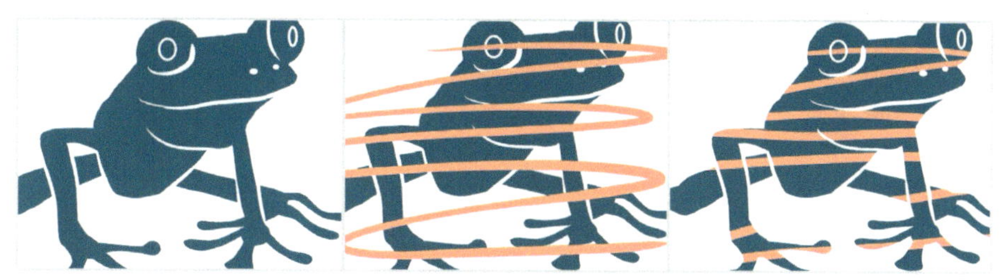

ベースレイヤー　アルファをロックをオフ　アルファをロックをオン

Tip

Kritaでは複数のレイヤーを選択することが可能ですが、複数のレイヤーに対して同時に行える操作は削除などに限られています。

アルファを相続

アルファを相続をオンにすると、このレイヤーの同じ階層の下側に存在するすべてのレイヤーのアルファを参照して、ペイントを表示する範囲を決定します。例を見てみましょう。

以下のイラストを見てください。まずキャンバスレイヤーがありますが、このレイヤーは非表示にしています。次に人物(figure)と洋服(outfit)のレイヤーでキャラクタが描かれています。その上に**アルファを相続**をオンにした、シェーディング(shading)レイヤーがあります。シェーディングレイヤーでペイントすると、その下に存在する人物と洋服レイヤーの中身がある部分にのみペイントすることができます。ここではキャンバスレイヤーを非表示にしていることが重要です。キャンバスレイヤーを表示すると、シェーディングレイヤーの内容すべてが表示されてしまいます。通常**アルファを相続**を使用するときは、**アルファを相続**を使用したいレイヤー群をグループレイヤーにまとめます。こうすることで階層を分けて、キャンバスレイヤーの表示によるアルファへの影響を避けることができます。

キャンバスを見てください。色が存在するエリアはどこで、どのエリアが透明でしょうか？色がある部分だけペイントが表示されます。もっと技術的に言えば、すべての下側の表示レイヤーをマージした時の内容を、透明度マスクとして使用していることになります。

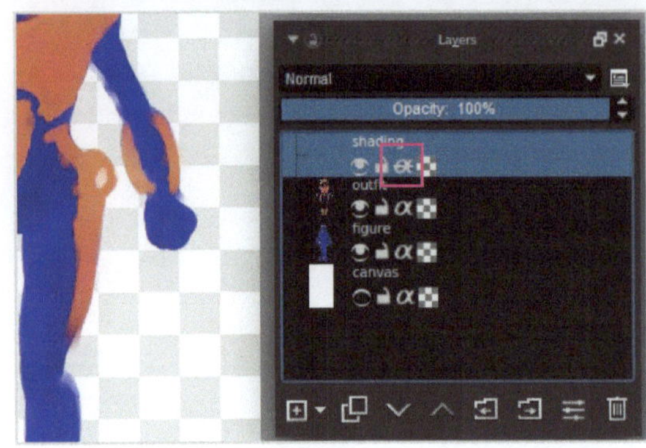

アルファを相続をオンにしたレイヤーの下にある3つのレイヤーの中身で、ペイントできる範囲が決まります。

この機能で重要なのは、このマスク効果は、**アルファを相続**をオンにしたレイヤーの下側のレイヤー内容のみを考慮するということです。シェーディングレイヤーを洋服レイヤーの下に移動すると、シェーディングは洋服レイヤーの中身を考慮しなくなります。

不透明度

不透明度はレイヤーがどれだけ透明であるかを決めます。スライダー範囲は0%から100%です。不透明度を使うよくある場面は以下になります。

1. **スケッチの上にペイントを行う** – 色を塗る前にラフスケッチを用意するのはよくあることです。スケッチのレイヤーの下にペイントのレイヤーを置いた場合に、スケッチレイヤーで不透明度を調整することはよくあることです。こうすると、ペイントをするときにスケッチ線を見ながら行えます。ペイントをしていると、段々スケッチ線が邪魔になってくるかもしれません。スケッチのレイヤーの不透明度を下げて、線を薄く表示させることができます。詳細を描きこむにつれて下書きレイヤーを少しずつフェードアウトすることができます。
2. **重ねた配置** – 複数の画像を重ねる時に、配置する画像の透明度を下げれば、下の画像も確認しつつ正確な配置が行えます。Kritaの移動ツールは、この配置時の半透明化に似たようなことを自動で行います。

他にも不透明度の使い道はありますが、これらがよくある使い方だと思います。合成テクニックの多くは次に説明する合成モードを使用します。

合成モード

合成モードはレイヤードッキングパネルの上部にあるドロップダウンリストから選択することができます。ラベルで説明がついているわけではないので、合成モードに慣れていないアーティストには内容がわかりにくいかもしれません。合成モードは、そのレイヤーの中身が、下のレイヤーに対してどのように合成されるかを決定します。単純な絵を描いている場合は、合成モードについて心配する必要はないかもしれません。ただ、合成モードを使うことで良い効果を得たり、ワークフローを向上させたりすることができます。合成モードは使用するアルゴリズムによってカテゴリーに分類されています。最初のカテゴリーはお気に入りカテゴリーです。各カテゴリーの合成モードの左側にあるチェックボックスをクリックすると、その合成モードはお気に入りカテゴリーに表示されるようになります。一番よく使用される合成モードとその用途について、以下に説明します:

通常(デフォルト) – このレイヤーにペイントしたものが、下のレイヤーの内容を置き換えます。普通に上に色を塗るのと同じです。上に描いたもので下のものが置き換えられます。

乗算 – 下のレイヤーに暗さを追加します。既にあるレイヤーの中身を暗くする計算をします。乗算合成モードのレイヤーに白でペイントしても、何も起こりません。白には暗さが含まれていないからです。乗算レイヤーは、人物へのタトゥーの追加や、影の追加などで使用されます。また、鉛筆スケッチレイヤーを乗算にすることもよくあります。白い背景部分が隠れて、鉛筆スケッチ部分だけが表示されるようになるからです。

スクリーン – 乗算の逆のような合成モードです。明るくするモードのようなものです。スクリーンに設定したレイヤーに完全な黒をペイントしても何も効果がありません。

オーバーレイ – 乗算とスクリーンを合わせたような合成モードです。下にある画像を明るくすることも暗くすることもできます。

合成モードでは複雑な効果を得ることもできます。David RevoyさんのYoutubeチャンネルをフォローしているなら、合成モードを説明したチュートリアル*Painting with Blending-modes*がおすすめです。(訳注:日本語翻訳http://sp-cute.hatenablog.com/entry/2015/07/18/231738)

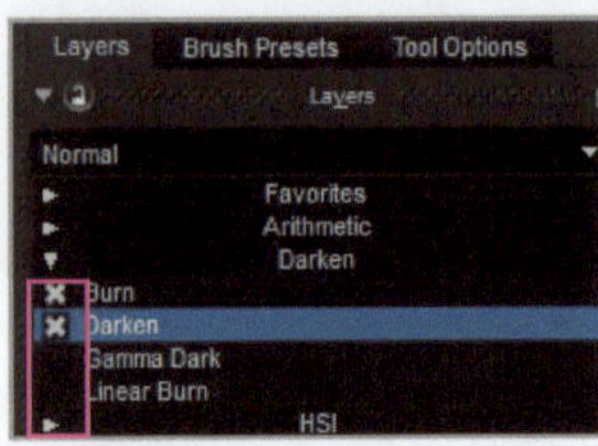

合成モードをお気に入りに追加するためにチェックを追加しました。お気に入りは一番上のカテゴリーに表示されます。

メモ

合成モードを変更しても、レイヤーに含まれる色情報は変化しません。他のレイヤーに対して色がどのように合成されるかということだけを変更します。

レイヤーの操作

レイヤードッキングパネルの下側には、レイヤーに対してよく行う操作が用意されています。レイヤーの追加、移動、削除などの操作が行えます。内容を左側から見てみましょう。

レイヤー管理の一般的な操作。

- **レイヤー作成** - ＋アイコンをクリックすると新しいペイントレイヤーが追加されます。右側の三角をクリックするとペイントレイヤー以外のレイヤー種類を作成できるドロップダウンリストが表示されます。
- **レイヤーを複製** – 選択したレイヤーのコピーを作成します。レイヤードッキングパネル内でレイヤーをCtrl + ドラッグすることでもレイヤーの複製は行えます。
- **下に移動** – 選択しているレイヤーをレイヤー順で下側に移動します。
- **上に移動** – 選択しているレイヤーをレイヤー順で上側に移動します。
- **グループから出す** - グループレイヤーがある時に使います。選択しているレイヤーがグループレイヤーに含まれている時、この操作を使うとレイヤーはグループの外に移動します。

- **グループに移動** – グループレイヤーがある時に使います。レイヤーがグループレイヤーのすぐ上、もしくは下にある場合、隣接しているグループレイヤーの中にレイヤーを移動させます。
- **プロパティ** - レイヤーの情報を変更します。フィルタレイヤーの場合、使用しているフィルタの変更が可能です。
- **削除** – 選択しているレイヤーを削除します。

レイヤーの作成

レイヤーの作成には、ドロップダウンリストのオプションが用意されています。プラスアイコンをクリックすると新しいペイントレイヤーが追加されます。プラスアイコンの右側にある三角アイコンからドロップダウンリストを表示すると、ペイントレイヤー以外のタイプのレイヤーも作成できます。それぞれのレイヤータイプには異なるアイコンが用意されています。

様々なレイヤータイプに加えて、レイヤーマスクというものも存在します。レイヤーマスクは他のレイヤーの子として表示されて、他のレイヤーには作用しません。レイヤーマスクの適用は非破壊的な操作で、適用を行ってもピクセル情報は失われません。1つのレイヤーに複数のマスクの適用は可能ですが、レイヤーマスクに対してさらに子のレイヤーマスクを適用することはできません。レイヤーマスクの詳細については後述します。

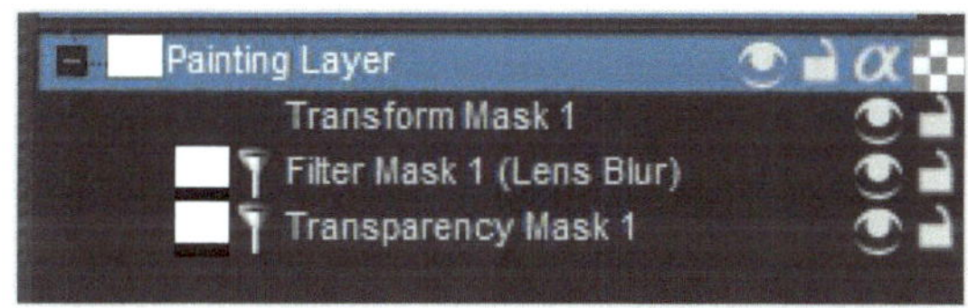

ペイントレイヤーに複数のマスクを追加した状態です。レイヤーマスクは子のように表示されています。

グループレイヤー

多くのレイヤーを使うようになると、レイヤーをグループにまとめて整理したいと思うかもしれません。グループレイヤーは通常のレイヤーと同じ設定の多くを持っています。グループレイヤーをさらに階層にすることもできます。レイヤードッキングパネルの下のアクションにある、グループの中に移動、グループから出す操作でレイヤーをグループから出し入れすることも可能です。

Tip

レイヤーグループにもロックとアルファを相続のプロパティが用意されています。同じ設定を共有するレイヤーをグループにまとめるのも便利です。

クローンレイヤー

クローンレイヤーは既に存在するレイヤーの参照コピーを作成します。以下に使用例を説明します。

1. レイヤーに簡単な絵を描いてみます。マルチブラシツールでシンメトリの描画をしてみました。

2. レイヤー追加のドロップダウンメニュー(＋アイコンの右の三角)から新しい**クローンレイヤー**を選択して、現在選択しているレイヤーのクローンを作成します。クローンされたレイヤーを移動ツールで重ならないように移動させます。レイヤー名の横にクローンレイヤーのアイコンが表示されていることを確認してください。(画像参照)

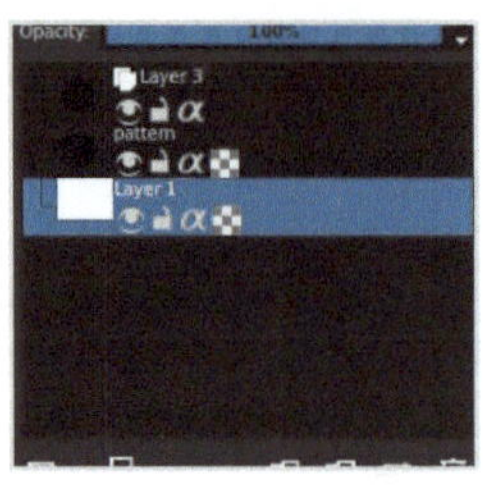

3. オリジナルのレイヤーを選択して、さらに追加描画を行います。クローンしたレイヤーにも同じ内容が追加されます。繰り返しデザインの場合にクローンレイヤーは役立ちます。

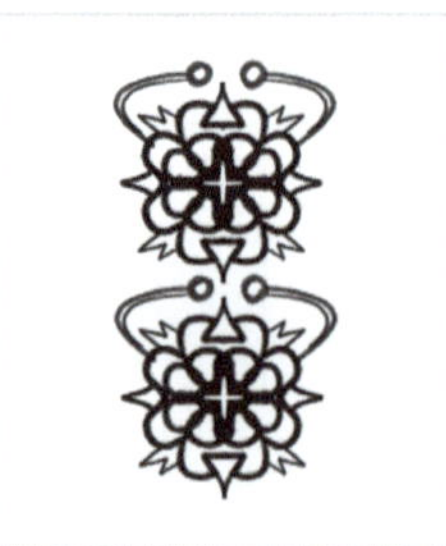

メモ

クローンされたレイヤーの名前は、特別な名前ではなく、普通のレイヤーのように「レイヤーn」(nは数字)という名前になります。多くのクローンレイヤーを使う場合、グループレイヤーにまとめて整理するのもよいかもしれません。

フィルタレイヤー

画像に対して、エフェクトや調整を加えます。レイヤーにフィルタを適用するのではなく、フィルタをレイヤーとして作成することができます。フィルタレイヤーの利点は、後からプロパティを変更して非破壊的に作業ができるということです。フィルタのシャープ化が強すぎるとおもったら、レイヤーのプロパティから変更することができます。

フィルレイヤー

キャンバス全体を指定した色やパターンで塗りつぶします。フィルタレイヤー同様、後から色やパターンをプロパティから変更できます。絵全体に微妙なタッチや上塗りを加えることにも使用できます。上塗りは絵にまとまりを持たせるために、絵に特定の色調を重ねるテクニックです。

ファイルレイヤー

ファイルレイヤーは、他のアプリケーションでは「スマートオブジェクト」と呼ばれることがある機能です。ファイルレイヤーは外部の画像ファイルを参照します。ファイルレイヤーの一番の利点は、サイズが変わっても画像の質が落ちないというところにあります。ファイルレイヤーの場合、一度縮小しても、また元の大きさに戻せばピクセル化は起こりません。普通のペイントレイヤーではいちど縮小すると、ピクセル情報が破壊されてしまいます。

ファイルレイヤーの中身はドキュメントに保存されません。ファイルレイヤーを使っている時は、オリジナル画像を削除しないようにしましょう。

レイヤーマスクの種類

マスクは表示したくない部分を隠す、一部だけにフィルタを適用する、変形情報を記憶するといったことが行える非破壊のツールです。マスクの適用範囲は、選択領域と似ています。選択領域ではすべてのピクセルに0から255の値が割り当てられます。白は透明で、黒は不透明、その間は灰色です。色ドッキングパネルで白を選ぶと、消しゴムモードと併用してマスクに簡単に追加と削除が行えます。**Delete**キーでマスク全体をリセットすることもできます。以下に使用できるマスクの種類を説明します。

透過マスク

レイヤーのどの部分を表示し、どの部分を非表示にしたいかを設定できるマスクです。透過マスク上にペイントすることで、ペイントした部分が元のレイヤーから削除されたかのような表示になります。

以下の例では、ペイントレイヤーに透過マスクを追加しました。マスクはレイヤー構造の子のように表示されます。マスク横のサムネイルでマスク情報をプレビューできます。マスクを選択してペイントを行うと、サムネイルも更新されます。透過マスクは元のレイヤーのデータを保持したまま、一時的に非表示にしたい部分を隠すのに便利です。

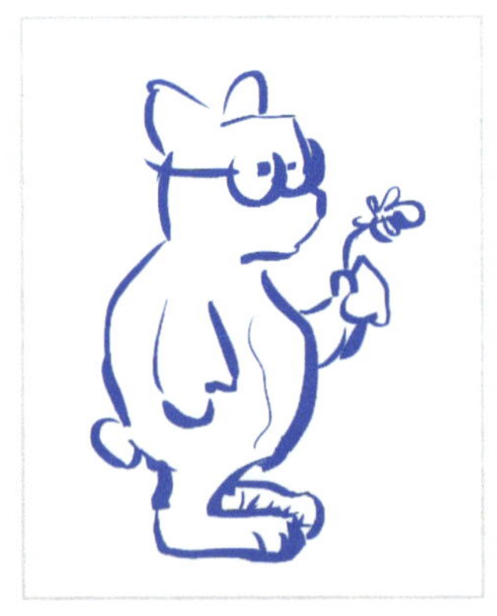

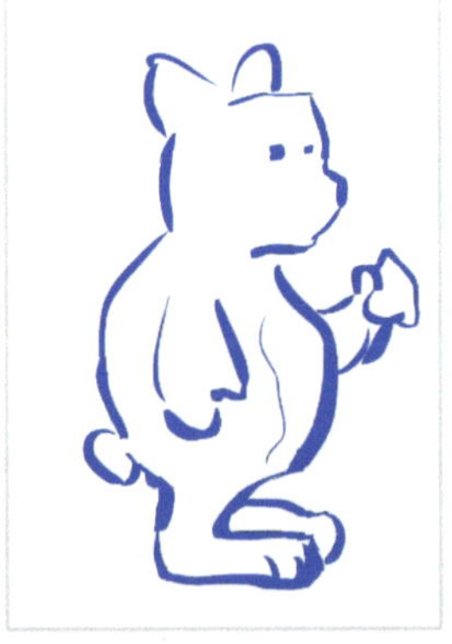

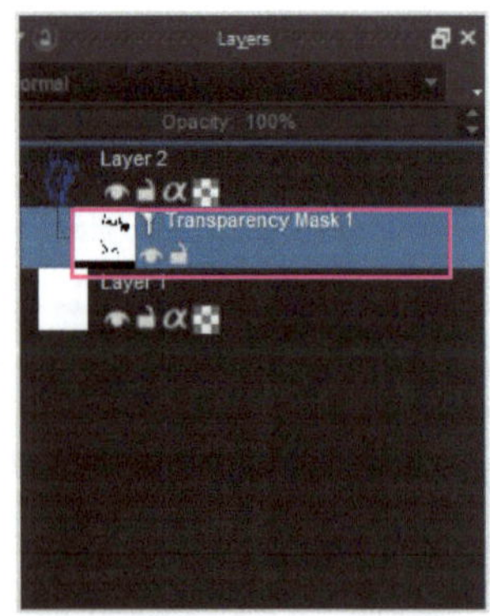

オリジナルの画像　　透過マスクを使用して一部を非表示に変更

フィルタマスク

レイヤーにフィルタを適用します。レイヤー設定から後から使用フィルタを変更することも可能です。マスクを使うことで、フィルタを適用したくない部分を指定できます。フィルタマスクはフィルタレイヤーより賢いので、私はフィルタマスクの方を好んで使っています。ただし、**フィルタ**メニューの中でG'MICのフィルタはフィルタマスク、フィルタレイヤーとして使用できません。

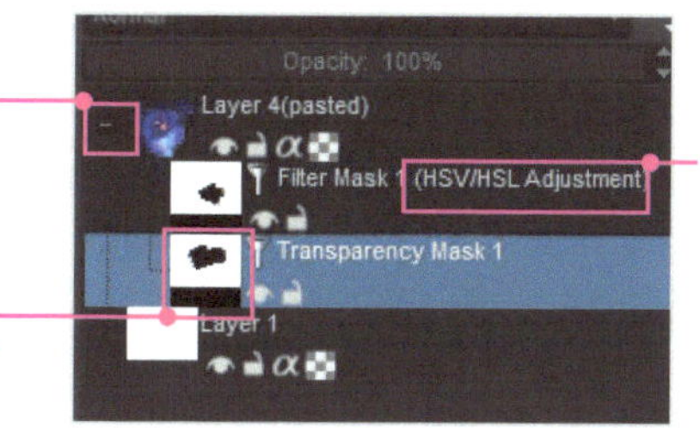

トランスフォームマスク

トランスフォームマスクを使うことでレイヤーを非破壊的に歪ませたり変形できます。トランスフォームマスクを追加した後に、変形や移動ツールを使うことでマスクに変形情報を保存できます。可視性アイコンで変形のオンオフが可能です。ファイルレイヤーやクローンレイヤーに対して変形、移動を行うにはトランスフォームマスクを使う必要があります。

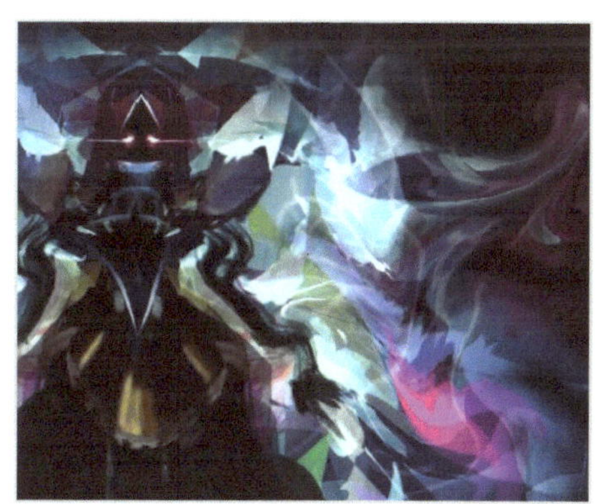
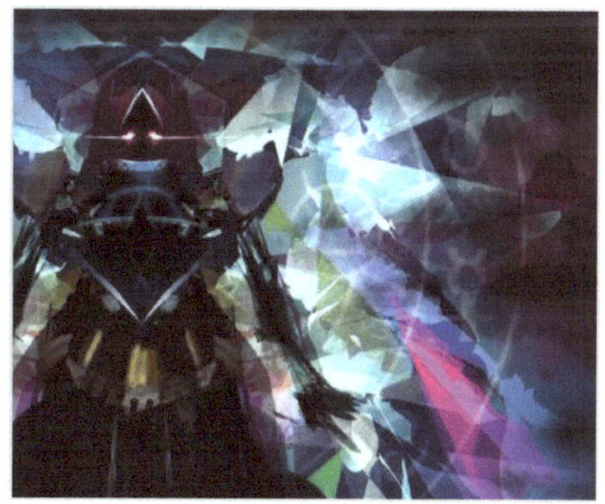

トランスフォームマスク上で歪みを追加(左)
変形をいつでもオンオフできます。(右)

メモ

一つのレイヤーに複数のマスクを追加することが可能です。一つのレイヤーに透過マスクと、フィルタマスクとトランスフォームマスクを追加することも可能です。

ローカル選択

現在の選択をローカル選択マスクに保存します。ローカル選択が存在するレイヤーを選択すると、ローカル選択に保存された選択内容がアクティブになります。他のレイヤーを選択するとローカル選択の選択内容は解除されます。選択を隠すには円のアイコンをクリックします。特定のレイヤーに関連している選択範囲を保存するのに便利です。

その他のレイヤーオプション

この章を終える前に、見逃されてしまいがちな機能を数個紹介します。これらの機能はレイヤーの右クリックメニューか、メインメニューの**レイヤー**に存在しています。

アルファを分割

アルファを分割は選択したレイヤーの色情報から、透過マスクを生成します。レイヤーの透明部分を透過マスクに変換します。空のレイヤーにペイントをしてからアルファを分割を行うと、色を塗った部分に合わせた透過マスクが生成されます。このマスクをこのレイヤーで使うことも、他のレイヤーに移動することも可能です。

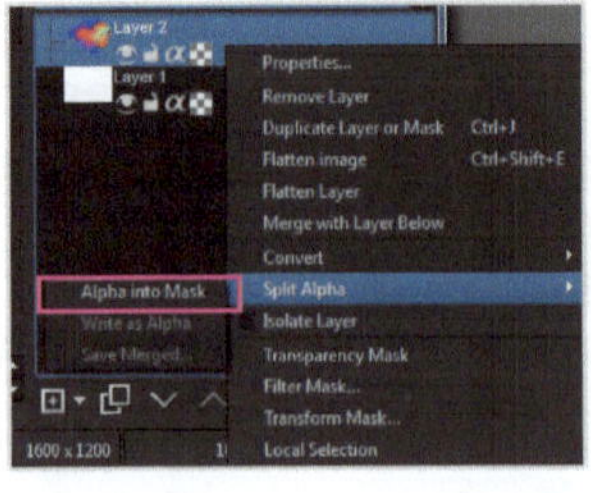

アルファを分割で透過マスクを作成すると、アルファとして書き込み、マージして保存、の2つのメニュー項目が使用できるようになります。

透過マスクでの作業が終わったら、**アルファ分割 > アルファとして書き込み**を使用すると、透過マスクを元のレイヤーに描き戻すことができます。

選択したレイヤーの統合

レイヤーを統合することでKritaのパフォーマンスがあがり、レイヤーの管理が簡単になります。複数のレイヤーを選択した状態で**Ctrl + E**キーを押すと選択レイヤーを統合できます。単独のレイヤーのみを選択している時は**Ctrl + E**キーは選択レイヤーを1つ下のレイヤーと統合します。

レイヤーを独立させる

選択しているレイヤー以外のレイヤーを非表示にする操作です。他のレイヤーを選択するとこの効果はオフになります。この機能を使うと透明度やマスクの問題を見つけやすくなります。レイヤーの右クリックメニューから切り替えができます。また、レイヤーを**Alt** + **クリック**することでも独立表示ができます。目のアイコンを**Ctrl** + **クリック**することでも他のすべてのレイヤーを非表示にできます。レイヤーを独立表示にした時には、透明のチェッカーパターン表示を調整したいかもしれません。透明の表示は**設定** > **Kritaを設定**の表示セクションにあります。

パススルーモード

パススルーモードをオンにすると、レイヤーグループの効果が、その下にあるレイヤーにも適用されます。よくあるケースとしては、フィルタレイヤーの適用があります。パススルーモードをオンにすると、フィルタレイヤーは下側にあるレイヤーすべてに適用されます。パススルーモードをオフにすると、フィルタレイヤーは同じレイヤーグループにあるレイヤーのみに適用されます。

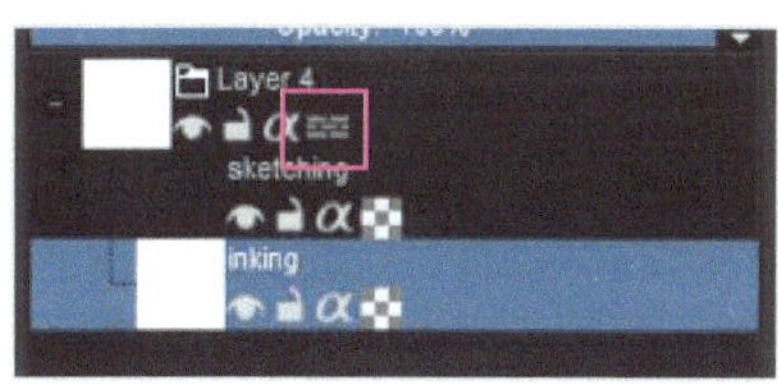

レイヤーグループにはパススルーオプションが追加されています。これはレイヤーグループの下にあるレイヤーに対しての、合成モードとフィルタレイヤーの効果について適用されます。

もう一つの使用方法は、レイヤーグループ内のレイヤーについてのものです。レイヤーグループ内の一番下のレイヤーが乗算になっていても、通常はグループ外のレイヤーには影響しません。パススルーモードをオンにすると、乗算効果は一つ下のレイヤーグループの外のレイヤーに適用されます。

不透明部分を選択

この操作で、現在のレイヤーの中身に合わせた選択領域が作成されます。Kritaはレイヤーのアルファ情報をチェックして、不透明部分のみを選択します。この操作はレイヤーの右クリックメニューと、メインメニューの選択から利用可能です。不透明部分の選択は0か1ではなく、透明度の程度を反映します。ソフトエッジが存在するときはその情報も保持されます。

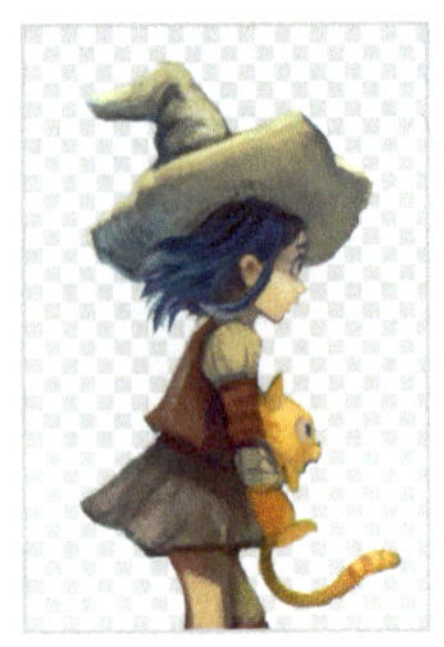

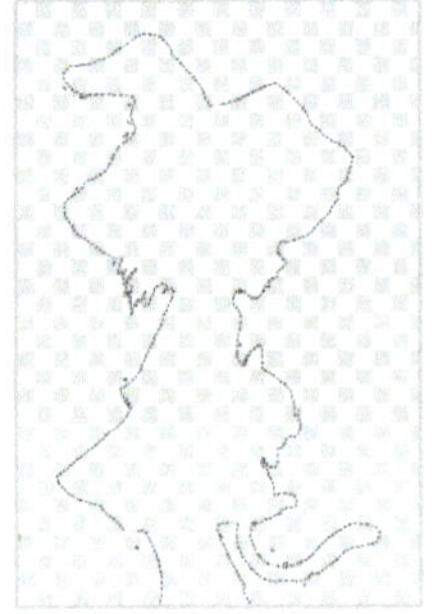

不透明部分を選択で作成された選択領域です。選択部分が見えやすいように、下側の画像を非表示にしています。

David Revoyによる作品

レイヤーを統合

この操作で、1つのレイヤーの子要素として含まれるマスクをすべて統合します。マスクはレイヤーに適用されて削除されます。メインメニューの**レイヤー > レイヤーを統合**、もしくはレイヤーの右クリックメニューからアクセスができます。ショートカット: **Ctrl + Shift + E**キー。

Tip

透明チェッカーボードパターンが気に入らない場合、メインメニューの**画像 > 画像背景色と透明度** から色の表示の変更ができます。またチェッカーボードパターンのサイズは **設定** > **Kritaを設定** の表示セクションから変更できます。

下のレイヤーと統合

現在のレイヤーを一つ下のレイヤーと統合します。レイヤーの右クリックメニューと、メインメニューの**レイヤー** > **ひとつ下のレイヤーと統合**から行えます。複数のレイヤーを選択している場合は、ひとつ下のレイヤーとの統合ではなく、選択しているレイヤーだけを統合します。ショートカット: **Ctrl + Eキー**。

コンポジットドッキングパネル

レイヤーの表示状態(コンポジット)を保存できるドッキングパネルです。コンポジットを変更したい時は、既にあるコンポジットを右クリックして、**コンポジットを更新**を選びます。コンポジットをダブルクリックすると、そのコンポジットに保存されたレイヤーの表示状態が適用されます。このドッキングパネルはデフォルトでは表示されていません。メインメニューの**設定** > **ドッキングパネル** > **コンポジット**から開く必要があります。

コンポジットにはレイヤーの位置は保存されません。各コンポジットの結果画像のエクスポートも可能です。コンポジットの名前を変更したい場合は右クリックメニューから**コンポジットの名前を変更**を選んでください。

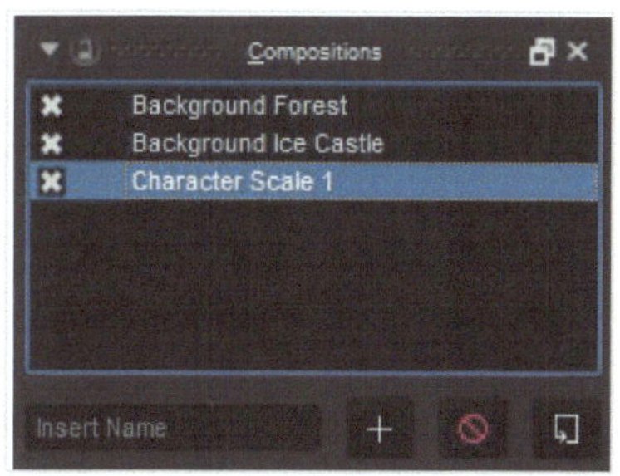

レイヤーの表示、非表示状態の組み合わせをコンポジットドッキングパネルで保存できます。

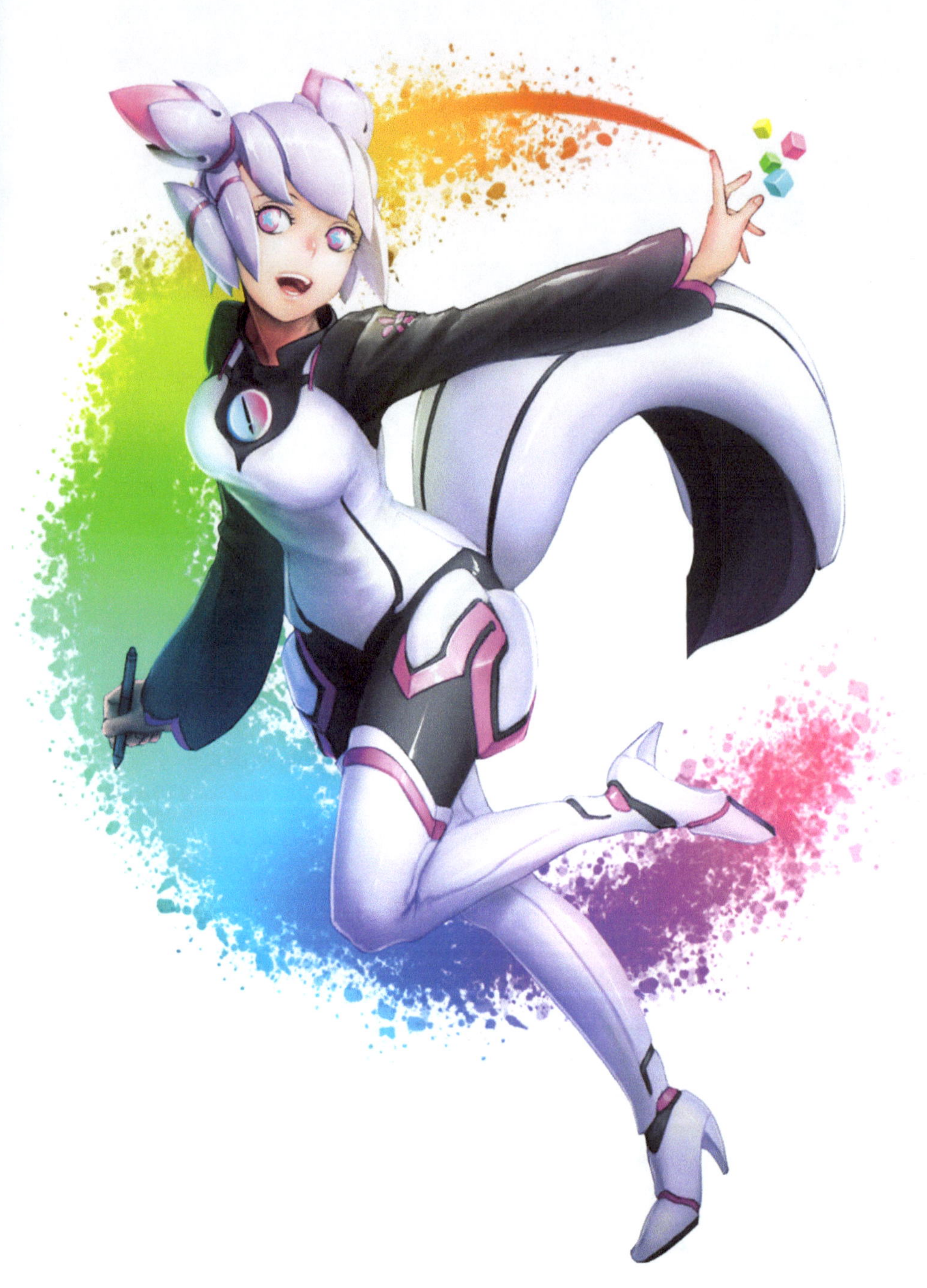

Banajuneによる作品
banajune.deviantart.com

第4章

選択と変形

選択を使うことで、画像の一部分だけに対する作業を行うことができます。サイズ変更や、エリアのマスクといった場合にも選択を使います。選択のツール自体はシンプルですが、どのような時に選択を使うかを知ることで真の力を発揮できます。選択の種類を学べば、クリエイティブなワークフローをより高速に、強力にすることができます。

選択の仕方の次には、選択部分の操作について学びます。変形を使うと、選択範囲を歪めたり、ねじったり、曲げたり、移動させたりすることが可能です。選択と変形の組み合わせを頻繁に使うことになるでしょう。変形の根本には選択が必要なので、まずは選択から説明します。

Kritaでは、ツールボックス、メインメニュー、レイヤードッキングパネルの三か所から選択操作を行えます。選択操作の一部は特定の場所からしかアクセスできないので、これらすべてを見ていくことになります。まずはツールボックスの選択ツールから見ていきましょう。

ツールボックスの選択ツール

最も一般的な選択ツールはツールボックスにあります。キャンバス内で作成した選択範囲は、点線の領域として表示されます。選択範囲は常に**閉じている**状態です。選択の終点は開始した場所に戻って閉じる必要があります。以下に選択ツールの概要を説明します。

矩形選択 – 四角の選択範囲を作成します。精密ではない簡単な選択を行うのに向いています。

楕円選択 – 楕円形の選択範囲を作成します。Shiftを推していると真円にすることができます。ショートカット: Jキー

多角形選択 – 折れ線で選択範囲を指定します。選択範囲を閉じる方法は複数用意されています:

- **ダブルクリック** – ダブルクリックした場所から最初の選択位置に戻る線を追加して領域を閉じます。
- **Enterキー** – 最後にクリックした位置から、最初の選択位置に戻る線を追加して領域を閉じます。
- **手動で領域を閉じる** – 最初の選択位置の上にカーソルを持っていくと、小さい円が表示されます。Kritaが領域を閉じることを知らせる表示です。この状態でクリックすると、選択範囲が閉じられます。

多くのアーティストは線画の下塗りに多角形選択ツールを使用しています。線上を位置をクリックして選択範囲を作っていきます。位置だけを心配すればいいので、高速に作業ができます。線の下の塗りなので、完全に正確である必要はありません。このツールを使って下塗りをしているのなら、ベジェカーブ選択ツールも見てみることをおすすめします。

輪郭選択ツール- キャンバスの好きな場所にアウトラインを描いて選択範囲を作ります。

連続領域選択ツール – 類似した色の領域だけを選択します。同じ色であっても接続していない領域は選択されません。「連続領域」と名前がついているのはそのためです。このツールにはいくつか設定が用意されています。

- **あいまいさ** - 色の違いの許容範囲を指定します。大きい値を指定すると選択範囲も大きくなります。
- **選択範囲を拡大/縮小** - 選択範囲を計算した後で、指定しただけ拡大縮小します。
- **塗りの半径** - 選択のエッジをぼかしてソフトにします。
- **現在のレイヤーに制限 –** 現在のレイヤーの内容だけを選択時に考慮します。このオプションはデフォルトではオフになっています。

近似色領域選択ツール – ピクセルの色情報に基づいて領域を選択します。同じような色の領域を選ぶのに向いています。色の領域は接続している必要はありません。このツールの設定は1つだけです。

- **あいまいさ** - 色の違いの許容範囲を指定します。大きい値を指定すると選択範囲も大きくなります。

ベジェカーブ選択ツール – 多角形選択ツールに似ていますが、このツールでは直線だけではなくベジェ曲線で選択領域を作成できます。クリックして点を置く時に、ドラッグするとハンドルが表示されて曲線を作成できます。ハンドルの長さによって曲線の曲がり具合が決まります。使い方を理解すると、多角形選択ツールの上位版として使用できます。

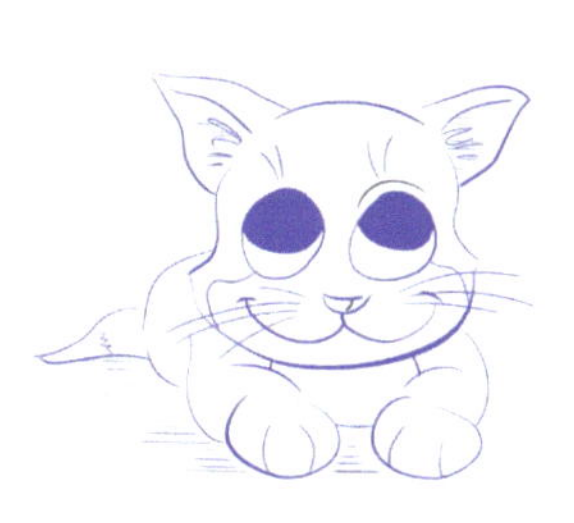

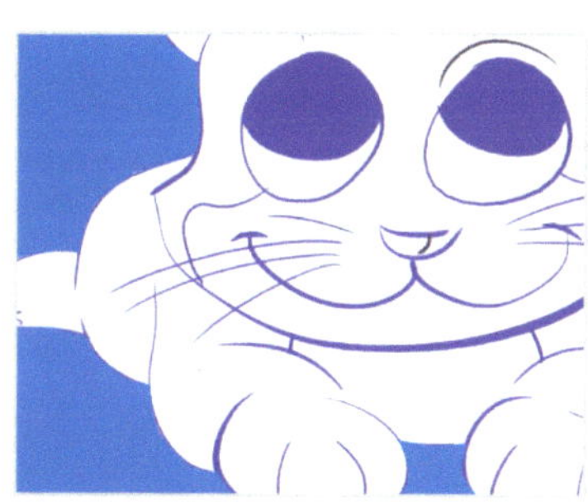

ベジェカーブ選択ツールを使うと、多角形選択ツールより柔軟な選択が可能です。

ベジェカーブ選択ツールには多角形選択ツールより柔軟性があります。何時間もの作業を節約できるわけではないにしても、曲線の領域に対して手早い選択が可能になります。上の例では、猫のイラストの輪郭をベジェカーブ選択ツールで選択してみました。このように領域を分けると、後の色塗りが楽になります。ここでは大体40%が直線で、60%がベジェになりました。

ベジェカーブ選択ツールでは角度のスナップのオプションのみが有効です。このツールの弱点は、アンカーポイントの編集ができないことです。アンカーポイントの編集を行うには、選択の種類を、ベクター選択に変換する必要があります。

Tip

Kritaはツールのオプションを記憶します。一度ツールを好みの設定にすると、次からはKritaを再起動しても再設定する必要はありません。

役立つ選択のショートカット

選択はよく使う機能なので、選択のための追加のショートカットが用意されています。選択をしている時(クリック中)に、以下のショートカットを使うことができます。

- 選択の移動:**Alt**キー
- 選択の比率を固定:**Shift**キー
- 中心から選択のサイズを変更: **Ctrl**キー

選択範囲の表示が邪魔になるときは、隠すこともできます。その他役立つショートカットは以下です。

- 選択範囲の表示/非表示: **Ctrl + H**
- キャンバス全体の選択: **Ctrl + A**
- 選択の解除: **Ctrl + Shift + A**

選択表示モード

デフォルトでは選択範囲は点線で表示されます。選択の表示方法にはもう一つ、マスク表示モードがあります。

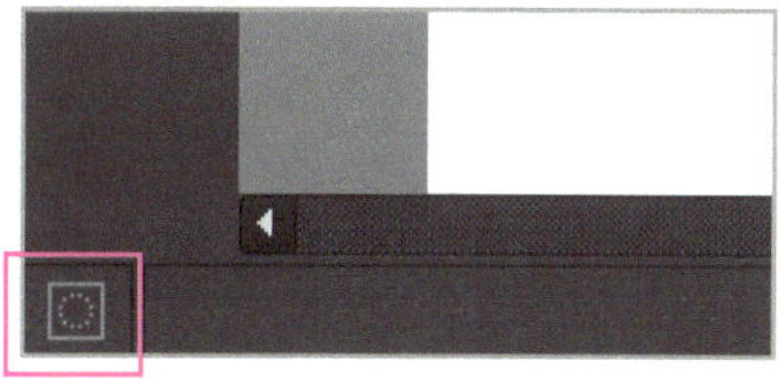

選択表示モードの切り替え:選択範囲がないときにはこのアイコンは使用できません。今は点線表示のモードです。

ステータスバーの左端から、選択表示モードを切り替えられます。モードの切り替えは選択範囲があるときだけ可能です。選択表示モードをマスク表示に切り替えると、キャンバス全体が赤くなり、選択部分だけ白抜きで表示されます。

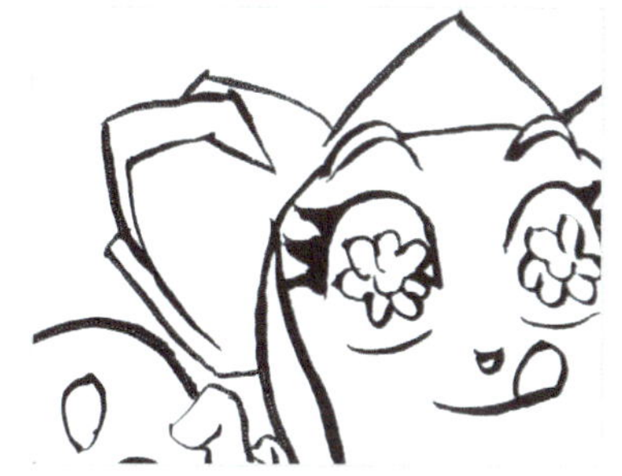

点線表示

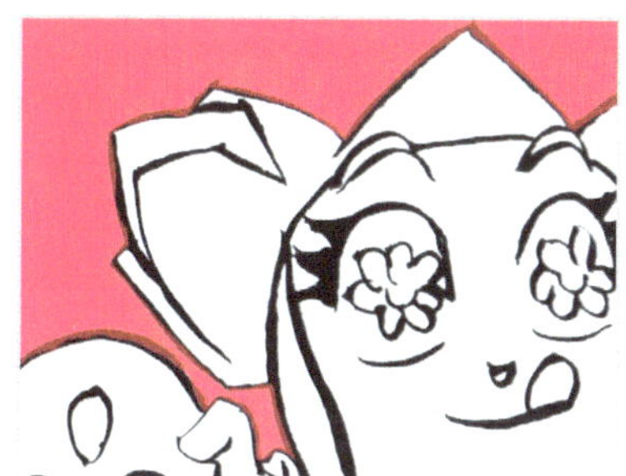

マスク表示

選択のマスク表示はいつ使う必要があるか最初はわからないかもしれませんが、役立つ場面があります。複雑な選択をしている時には、点線では実際どの部分が選択されているのか確かめるのが難しくなります。上の例だと点線表示の場合は、選択表示の点線が、実際の絵の線と重なって見えにくくなっています。

選択の不透明度が50%以下の場合は、点線表示はその領域を表示されません。点線表示は、選択されているかいないか、の2つの状態しか表示できません。そのため、選択の不透明度が100%ではないケースでは、マスク表示の方が情報量が多くなります。マスク表示の欠点は、赤の表示で作品全体が見えにくくなってしまうことです。選択の不透明度を使い分けるケースでなければ、通常は点線表示で十分でしょう。

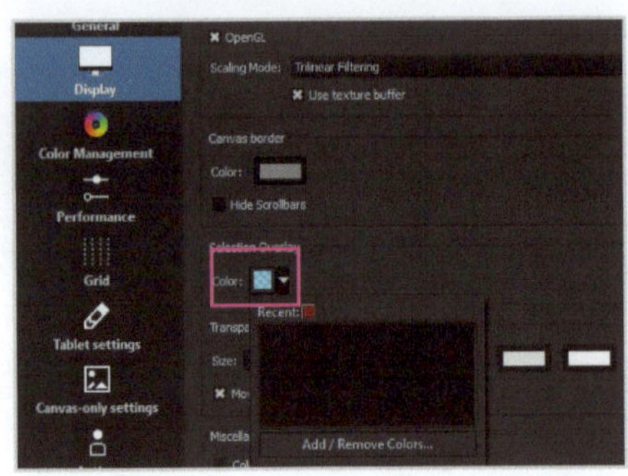

マスク表示の色はここから変更できます。マスクの色の不透明度も変更できます。

選択マスクの色を変更したい時は、設定から行います。メインメニューの**設定 > Kritaを設定 > 表示**に、選択範囲オーバーレイの設定があります。ここから選択マスク表示の色と、色の不透明度を変更することが可能です。色の不透明度を下げれば、選択マスクを透かして画像が見えるようになります。

輪郭をぼかした選択の作成

通常の場合、選択は、不透明か、完全に透明かのどちらかです。この状態で選択を塗りつぶすと、輪郭はハードエッジで境界が目立ってしまいます。一方で選択の境界をソフトにすれば、自然になじませることができます。画像の縁取りのテクニックにビネットと呼ばれるものがあります。マスク表示にすると、選択の境界がソフトになっているのを確認しやすくなります。

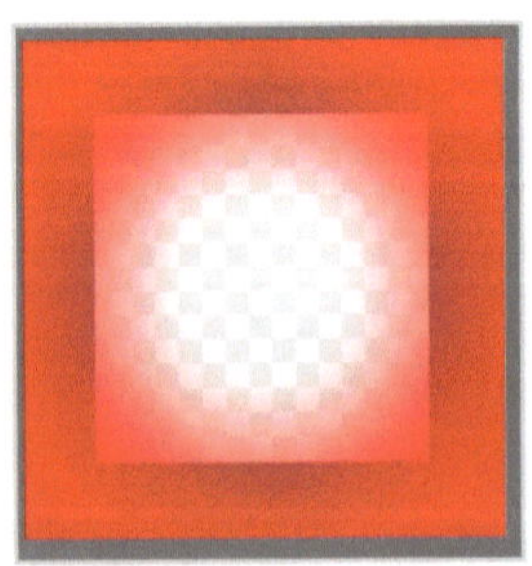

見る人の目を画像の中央に誘導するためにビネット効果が使われています

こうしたビネットマスクを作るには2つの手順が必要です:

1. 楕円選択ツールで円形の選択を行います。
2. メインメニューから **選択 > 選択範囲を塗り広げ** を使って、選択範囲をソフトに塗り広げます。半径に200 pxといった大きい値を指定します。

選択の表示方法が点線表示モードの場合は、マスクの輪郭がソフトになったことを確認できません。マスク表示モードに切り替えて結果を確認してください。

Tip 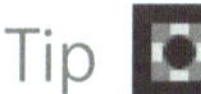

選択表示モード切り替えのアイコンを見ると、選択表示を隠している状態であるかも確認することができます。選択表示を隠している場合、このアイコンはチェッカーボードパターンで表示されます。

選択への追加と削除

複雑な選択範囲を作るには、既にある選択範囲に対して変更を加える必要が出てきます。選択範囲には「ブーリアン操作」と呼ばれる変更操作を適用できます。2つの選択範囲を合成することも可能です。どの選択ツールにもブーリアンアクションが用意されていて、ツールのオプションにアイコンが並んでいます。

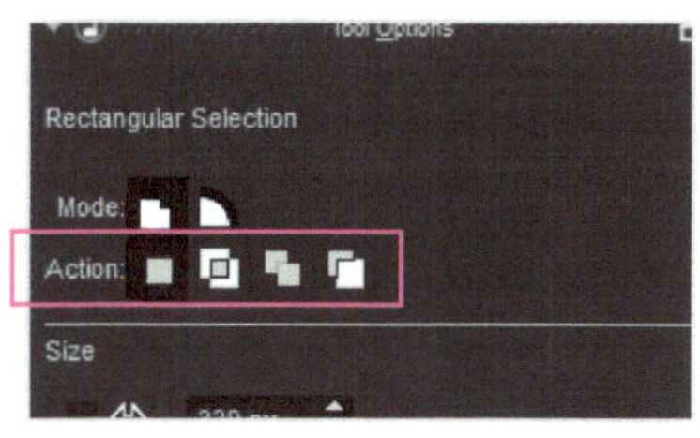

ブーリアンアクションを使って選択範囲を変更できます。

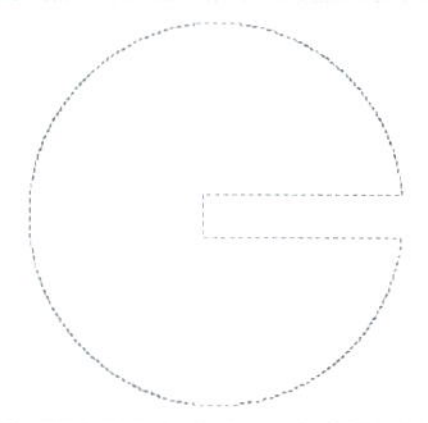

減算アクションで円の選択範囲から一部を削除することもできます。

- **置き換え** - 新しい選択範囲を使い、以前の選択範囲の情報を破棄します。
- **交差** – 新しい選択範囲と、以前の選択範囲で、重複している部分だけを選択範囲として残します。ショートカット:選択時にShift + Altをホールド。
- **加算** - 新しい選択範囲を、以前の選択範囲に追加します。ショートカット:選択時にShiftをホールド。
- **減算** – 以前の選択範囲から、新しい選択範囲を取り除きます。ショートカット:選択時にAltをホールド。

ベクター選択モードを使った選択範囲の移動と拡大縮小

デフォルトでは、すべての選択はピクセル選択モードで行われます。選択を作成し編集する時に、Kritaの内部では選択範囲のピクセルデータが作成されて変更されます。選択モードにはピクセル選択モード以外に、ベクターによる選択範囲を作成する、ベクター選択モードがあります。ベクター選択の領域は、レイヤーの中身に影響を与えることなしに、移動も拡大縮小も行うことができます。すべての選択ツールでは、ツールのオプションからピクセル選択モードとベクター選択モードの切り替えが可能です。2つのモードの違いを見てみましょう。

ピクセル選択モード(デフォルト) – アクション(追加、削除など)を使った選択の変更を可能にします。この選択モードの欠点は、レイヤーの中身を移動することなしに選択範囲だけを移動させることができないことです。

ベクター選択モード – 選択の作成時にはピクセル選択モードと同じような挙動です。ベクター選択モードの場合、選択範囲はベクター図形として作成され、アンカーポイントを編集できます。既にあるレイヤーの中身を移動することなしに選択範囲のみを移動させることもできます。ベクター選択モードでは選択範囲の追加、削除といったアクションは使用できません。

ベクター選択モードで選択を作成すると、ツールボックスのシェイプ選択ツールが使用可能になります。このツールからベクター選択領域の移動、拡大縮小が可能です。

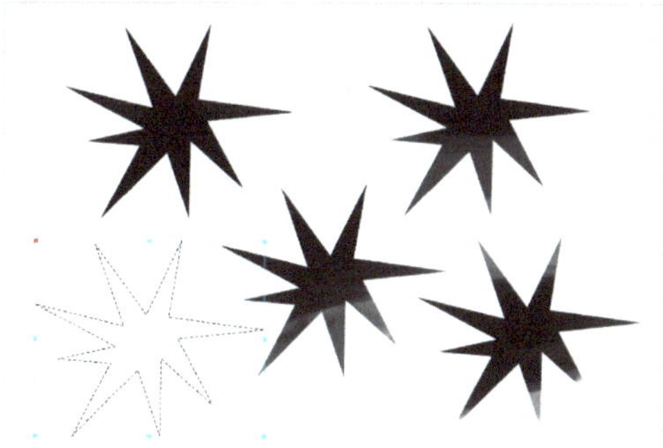

ベクター選択モードの選択範囲を移動させるのはスタンプの移動に似ています。ベクター選択の場合、青い枠が表示されます。

上の例では、選択をスタンプのように再利用しました。選択領域を移動してから、フリーハンドブラシツールに切り替えて、選択の中身を塗りつぶし、またシェイプ選択ツールに戻って選択領域を移動しました。シェイプ選択ツールの詳細についてはベクターツールの章を参照してください。

ピクセル選択モードとベクター選択モードについて知るべきことの一つは、ピクセル選択をベクター選択に変換することも可能であるということです。私にとって最良のワークフローは、常にピクセル選択からスタートする、というものです。大抵の場合はピクセル選択だけでも十分です。レイヤーの中身に影響を与えずに選択を移動したい時だけ、メインメニューの**選択 > ベクター選択に転換** を使って選択をベクター選択に変換するという方法があります。ベクター選択に変換すれば、シェイプ選択ツールで選択範囲の移動が可能です。選択範囲の形状を再び編集したくなった場合には、ピクセル選択モードのアクションを使います。ピクセル選択モードのアクションを使うと、選択範囲は再びピクセル選択モードに変換されます。

また、ベクター図形からベクター選択範囲を作成することもできます。ベクターレイヤーでベクター図形を選択してから、メインメニューから **選択 > 図形をベクター図形に変換** を使います。この操作を行うと、ベクター図形の輪郭に沿った選択範囲が作成されます。

グローバル選択マスクを使った選択範囲のペイント

通常の選択ツールに加えて、ブラシペイントから選択範囲を作成することも可能です。どのブラシも使用できます。ブラシによる選択を行うには、グローバル選択マスクを使う必要があります。まず、メインメニューの **選択 > グローバル選択マスクの表示** のチェックボックスをオンにします。するとレイヤー階層の一番上に、グローバル選択マスクレイヤーが表示されるようになります。何も選択していない時には、このレイヤーは表示されません。グローバル選択マスクのレイヤーを選択すると、カラーホイールはグレースケールになります。

このレイヤーに普通のペイントレイヤーのようにペイントすることで選択領域を指定できます。白が選択、黒が非選択です。ペイントをしてから少し遅れて選択範囲が更新されます。

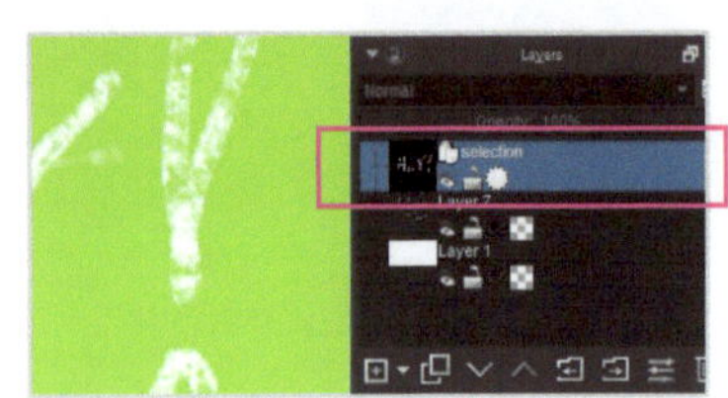

グローバル選択マスクが新しいレイヤーとして表示されます。グルーバル選択マスクレイヤーではフリーハンドブラシツールで選択を変更できます。

メインメニューの選択ツール

ツールボックスには頻繁に使われる選択ツールが含まれていますが、メインメニューにも選択ツールが用意されています。これらのツールの多くは、事前に選択が存在している時のみ使用できます。メインメニューの**選択**に含まれるツールは以下になります:

- **すべて選択** – 既にある選択を破棄して、キャンバス全体を含む新しい選択を行います。ショートカット: **Ctrl + A**
- **選択解除** – 既にある選択を破棄します。一時的な選択内容を解除したい時によく使用します。ショートカット: **Ctrl + Shift + A**
- **再選択** - 一つ前の選択状態を再現します。やり直し履歴とは独立しているので、いくつか操作を行ってから一つ前の選択を再選択する、という操作も可能です。
- **選択反転** - 現在の選択内容を反転させます。
- **ベクター選択に転換** - ピクセル選択をベクター選択に変換します。
- **図形をベクター選択に変換** - ベクター図形をベクター選択に変換します。あらかじめベクターレイヤーを作成し、そのレイヤーにベクター図形を作成する必要があります。

- **Convert to Shape(ベクター図形に変換)** - 選択の輪郭からベクター図形を作成します。作成された図形は新しいベクターレイヤーに追加されます。
- **選択範囲を表示** - キャンバスでの選択範囲の表示、非表示を切り替えます。
- **グローバル選択マスクを表示** - 現在の選択範囲をグローバル選択マスクレイヤーとしてレイヤードッキングパネル表示します。円のアイコンで表示の切り替えが可能です。
- **拡大縮小** - 数値を指定して選択範囲のサイズを変更します。
- **色範囲より選択** - キャンバスの色情報から選択範囲を作成します。
- **不透明部分を選択** - ピクセル情報を見て、透明ではない領域を選択します。アクティブレイヤーの情報のみが使用されます。
- **選択範囲を塗り広げ** - 選択範囲の境界をぼかします。
- **選択範囲を広げる** - 選択範囲を拡大します。
- **選択範囲を狭める** - 選択範囲を縮小します。
- **選択範囲を縁取る** - 選択範囲を縁取るような選択を行います。幅を指定することができます。
- **平滑化** – 選択の領域をスムーズにします。

選択反転の使用例

時には、選択したくない領域を先に選択してから、選択を反転する方が楽に選択ができる場合があります。この例では、山の風景をペイントしていきます。まず、空のペイントをしてから、選択を反転して次は山部分を描きます。選択を反転することで、はみ出しを心配することなしに、山と空の境界近くの詳細を描きこむことができます。

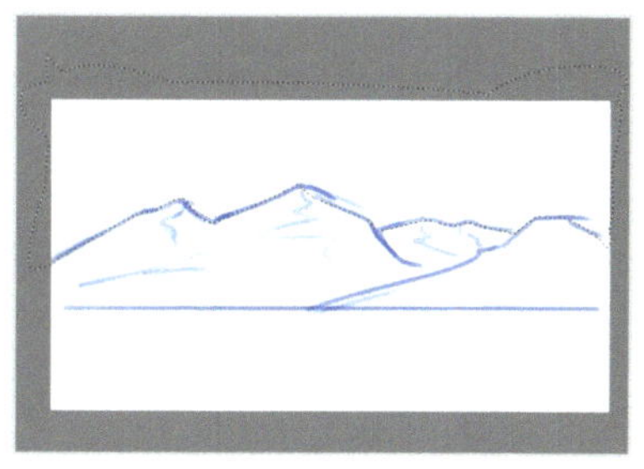

簡単な山のスケッチをして、空の部分に選択範囲を作成しました。

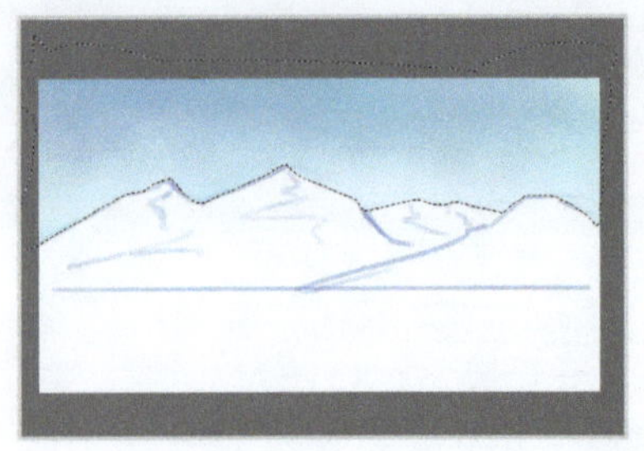

空部分を軽く塗った後、選択を反転しました。選択は反転して山と地面だけを含むようになりました。

ここでは、選択の塗り広げを5 px指定で適用して、山と空の境界をソフトにしています。

選択を反転してから山を塗ります。空の部分にはみ出す心配をせずにペイントできるのは素晴らしいことです。選択の塗り広げによってソフトな境界が作られます。

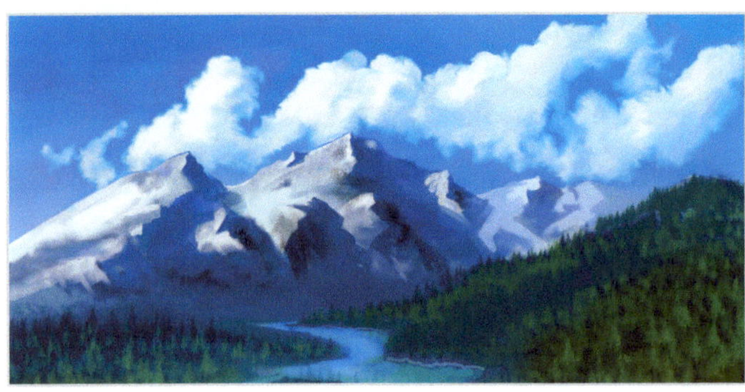

選択を塗り広げた後に、山を塗ります。

選択範囲の表示が気になる場合は、**Ctrl + H**で表示を隠すこともできます。ただ、選択表示を隠していることを忘れないようにしましょう。選択していることを忘れてしまうとややこしいことになります。

Tip 

選択の平滑化にはオプション指定が存在しません。大きな画像で作業をしていて、どの程度スムーズにしたいか指定したい時には、選択の塗り広げを使うことをおすすめします。

変形と移動のツール

変形ツール、移動ツールを使うと、選択領域の内容に変更を加えることができます。選択を行っていない場合は、変形ツールはアクティブなレイヤーの中身全体に作用します。選択範囲がある場合は、選択領域内のみに変形が適用されます。

一部だけを移動させたり、修正したい部分だけを引き延ばしたり、といったことができるので便利です。ペイントレイヤーで直接変形を行うことも、トランスフォームマスクを介した変形を行うことも可能です。各種の変形は変形ツールから行います。

変形ツール – 変形ツールを起動すると、選択領域の周りに変形ハンドルが表示されます。四隅のハンドルでは画像の拡大縮小が可能です。側面のハンドルでは幅や高さだけを変更できます。カーソルを変形ボックスの少し外側に置くと、回転のアイコンが表示されます。ショートカット: **Ctrl + T**

移動ツール – 複数のレイヤーを同時に移動することもできるツールです。移動対象の設定がツールのオプションに表示されます。単独のレイヤーの移動は変形ツールでも行うことができます。ショートカット: **Tキー**

変形操作を行っている間、中央に十字が表示されます。回転操作でこの十字の位置がアンカーポイントとして使用されます。十字をドラッグして移動することもできます。ただ、現状のKritaでは拡大縮小操作時には十字の位置が使用されていないようです。

ハンドルのドラッグ移動時に**Shift**を押していると、選択範囲の比率を維持するようになります。カーソルを選択範囲の内側に移動すると、中身を移動させることができます。

様々な変形モード

変形ツールには様々なツールオプションが用意されています。一番上の行から、各種の変形モードの切り替えができます。下側には、各変形モードに固有のオプションが表示されます。

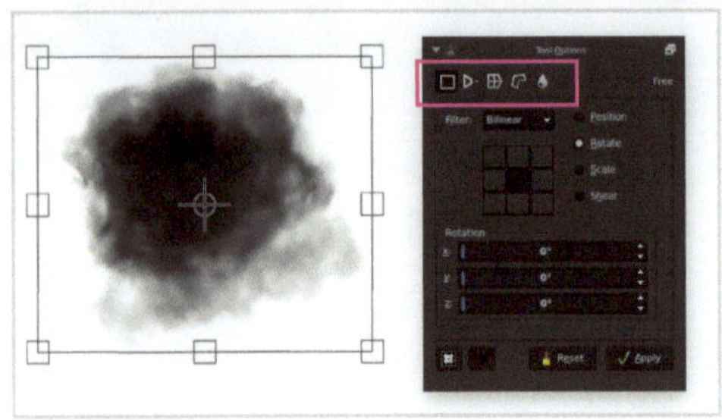

変形ツールでは変形モードを選ぶことができます。一度に1つのモードのみを有効にできます。

変形モードは5つ用意されています。左から順番に説明します:

自由 - 回転、拡大縮小、剪断などのシンプルな変形を行います。

遠近法グリッド - ハンドルを使ってパースにそった変形が可能です。

ゆがみ - 選択範囲を格子に分割して変形します。

ケージ - 閉じた変形ケージを作って変形します。

塗り – 歪みブラシで変形効果を与えます。

自由変形

変形ツールを選択すると、デフォルトでは自由変形モードになります。ハンドルを使って、中身の移動、回転、拡大縮小、剪断変形が可能です。以下の追加設定も用意されています。

- **フィルタ** - 拡大縮小時のアルゴリズムです。詳細は次ページを参照してください。
- **原点位置** – 変形、拡大縮小を行う時のアンカーポイントを変更します。
- **変形タイプ** – 一度に行える変形は1種類です。位置(移動)、回転、拡大縮小、剪断から選択します。

- **変形タイプに対する設定** – それぞれの変形タイプに対する設定が用意されています。数値範囲が限定されているパラメータはスライダーから編集できます。

Tip

変更を適用する前に、複数の変形を行うことも可能です。例えば、まず画像を回転してから、拡大縮小を行うこともできます。

フィルタ設定について補足します。拡大縮小といった操作を行う時には、ピクセル情報を新たに作成したり、余分なピクセルを破棄する必要があります。画像を拡大すると、間の部分のピクセルを増やして埋める必要があります。画像を縮小すると、ピクセルを取り除く必要があります。

フィルタモードは、こうした場合のピクセルの作成、削除方法を決定するアルゴリズムを選択するものです。フィルタモードを変更しても、差はあまり感じないかもしれません。

変形操作が終わったら、ツールオプション下部の**Apply**ボタンをクリックすると、変形が確定し、適用されます。リセットボタンを押すと変形前の状態に戻ります。ボタンをクリックする以外では、**Enter**キーを押すことで確定と適用が、**Esc**キーで変形のリセットが可能です。

遠近法グリッド変形

遠近法グリッドモードに切り替えても、見た目は自由変形モードとあまり変わらないように思うかもしれません。違いは、ハンドルにあります。自由変形モードにはある側面のハンドルは遠近法グリッドモードでは表示されません。

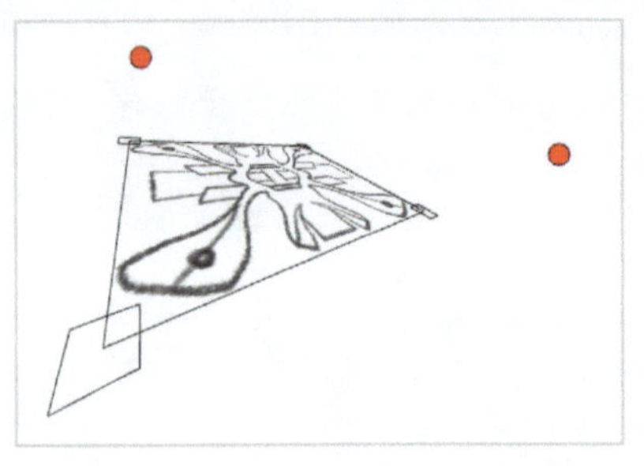

遠近法グリッド変形では、消失点マーカーが表示されます。

遠近法グリッドモードでは、ハンドルをつかんでオブジェクトを変形することができます。辺が平行ではなくなると、消失点マーカーが表示されるようになります。ハンドルだけではなく消失点マーカーをつかんで変形させることもできます。消失点マーカーを移動させると、四隅のハンドル位置が更新されます。変形状態によっては、消失点マーカーは2つ表示されることもあります。

変形タイプを変更して、拡大縮小、剪断変形を行うことも可能です。ただ、この場合は扱いが難しいので、1つずつ変形を適用することをおすすめします。

ゆがみ変形

ゆがみ変形は、画像を伸縮性のある布に転写して、その布を動かしたり伸ばしたりすることに似ています。移動させた部分の周りも引き延ばされて変形します。他の変形ツール同様、変形具合の設定が用意されています。

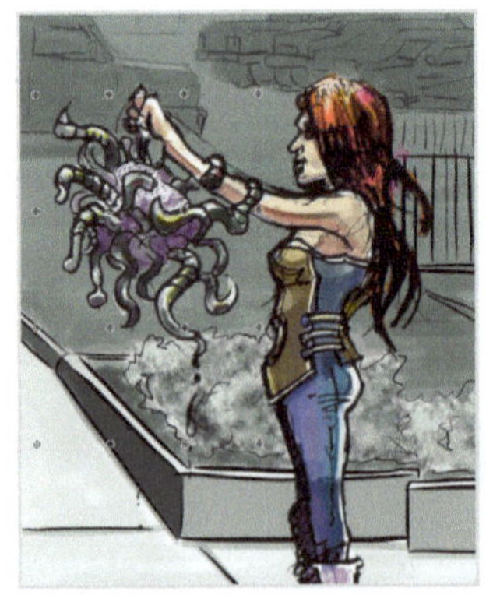

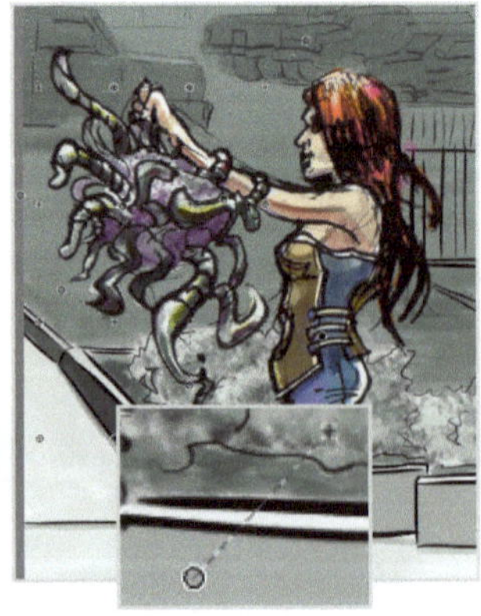

ゆがみ変形では、グリッド状に配置されたアンカーポイントを移動して変形を行います。右側のズーム部分はアンカーポイントを表示しています。

上の画像は、ゆがみ変形を示したものです。アンカーポイントの開始位置には十字が表示されています。移動後のポイントは円で表示されます。この変形を使うと、画像のプロポーションの調整が簡単に行えます。

ツールのオプションはわかりにくいように思うかもしれませんが、重要なものはアンカーポイントの設定にある2点です。

- **分割 –** 均一に配置されたグリッド状のアンカーポイントを配置します。分割を3に設定すると3×3で9個のポイントが作成されます。分割が4の場合は16個です。5や6に設定すると作業が難しくなるでしょう。それだけの詳細操作が必要な場合はもう一つのアンカーポイントの描画を使うか、ケージ変形を使ってみるのがよいかもしれません。
- **描画** – キャンバスにアンカーポイントの位置を直接指定します。

描画モードでは、キャンバスでのアンカーポイントの指定が終わったら、ポイントをロックボタンをクリックします。ポイントをロックすると、アンカーポイントをドラッグ移動して中身を変形できるようになります。ポイント位置自体の編集を行いたい場合は、ポイントのロックを外すボタンをクリックします。ポイントのロックを外すと、それまでの変形がリセットされることに注意してください。ポイントの部分的な削除は行えません。アンカーポイントを削除したい場合は、ポイントをクリアボタンをクリックすると、すべてのポイントを削除することができます。

アンカーの強さの設定は、変形をどのように補間するかを設定します。柔軟性の設定はあまり使う必要がないかもしれません。これは、アンカーの強さを強い(固定)にした場合のみに使われます。柔軟性の設定で、アンカーポイントに対してピクセル情報がどのように引き延ばされるかが決まります。

Tip 

アンカーポイントの外側の領域をクリックすると回転が、内側の領域をクリックすると移動が行えます。

ケージ変形

レイヤーにアンカーポイントを作成できるという面ではゆがみ変形にも似ていますが、変形したい部分を囲んだアンカーポイントを設定する、というところが違っています。変形したい部分を「ケージ」(枠)で囲むようにアンカーポイントを配置すると、変形可能な輪郭が作成されます。有効な「ケージ」を作るには最低3つのポイントが必要になります。

選択を作る時と違って、ケージを閉じる操作は必要ありません。アンカーポイントを追加編集のモードから、**レイヤーを変形**のモードに切り替えると、自動的に最後のポイントと最初のポイントが接続されます。ゆがみ変形と同様に、後からアンカーポイントを追加することも可能ですが、アンカーポイントを追加するとその時点までの変形がリセットされます。また、ケージ変形においても個々のアンカーポイントを削除するよい方法はありません。ポイントを消したい場合は、**ESC**キーを押してリセットするのが一番早い方法です。

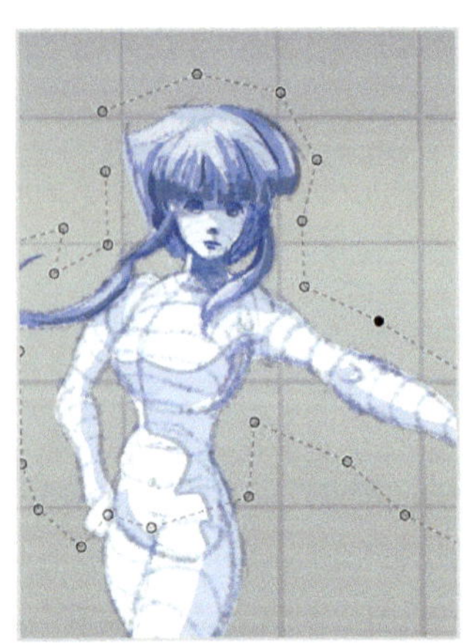

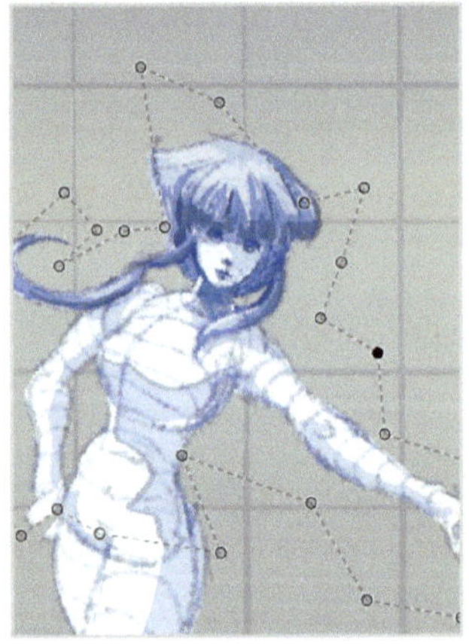

ケージ変形を行いたいオブジェクトの周りにアンカーポイントを作成し、自然な変形を行うことができます。

ケージ内に存在するものだけが変形の影響を受けます。変形を強く行うと、引き延ばされた内容がケージの外に出ることがあります。他の変形モードと同様に、選択全体の移動と回転を行うことも可能です。

ゆがみ変形とケージ変形で共通するテクニックになりますが、複数のアンカーポイントの選択が可能です。**Ctrl**キーを押しながらクリックすることで複数のアンカーポイントを同時に選択することができます。複数のポイントを選択した状態で、一度に移動、回転が可能です。一つ操作で注意することがあります。選択したポイント自体を直接クリックして移動しようとすると、クリックしたポイントだけしか移動しません。変形領域の内側をクリックすると、選択されたポイントすべてを移動できます。同様に、カーソルを変形領域の外に置くと回転アイコンが表示され、選択されたポイントすべてを回転できます。

塗り変形

このツールは変形ツールの一つですが、ブラシを使って変形するような操作感になります。塗り変形には5つの変形モードが用意されています。

塗り変形のモードによってはサポートされていない設定があり、グレーアウトして表示されます。

- **移動** - ブラシストロークの方向に歪み変形を行います。
- **拡大縮小** - ブラシの中心位置にあるものを外側に移動させます。バレル変形のような効果になります。
- **回転** - ブラシ内の画像を、ブラシ中央を中心にして回転させます。
- **オフセット** - 移動モードに似ています。ただ、方向がストローク方向によって変化するので扱いにくいところがあります。
- **やり直し** – 他のモードの変形を打ち消します。

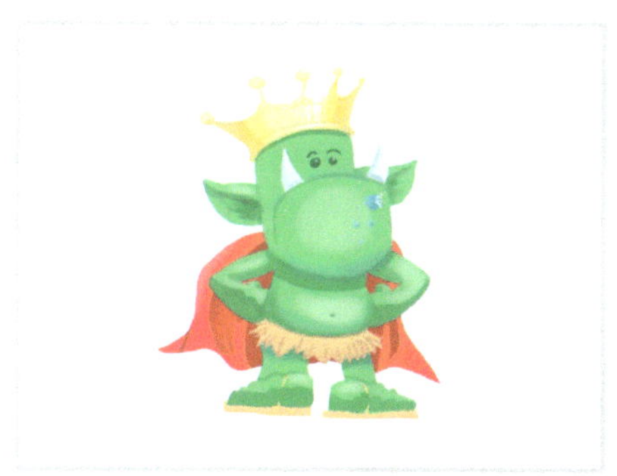
オリジナル

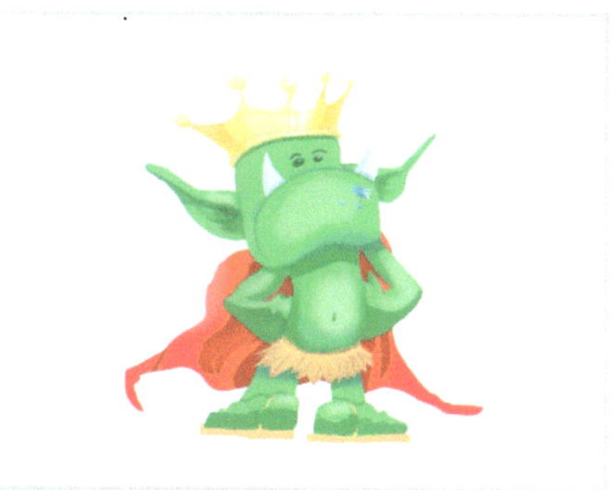
塗り変形移動モード

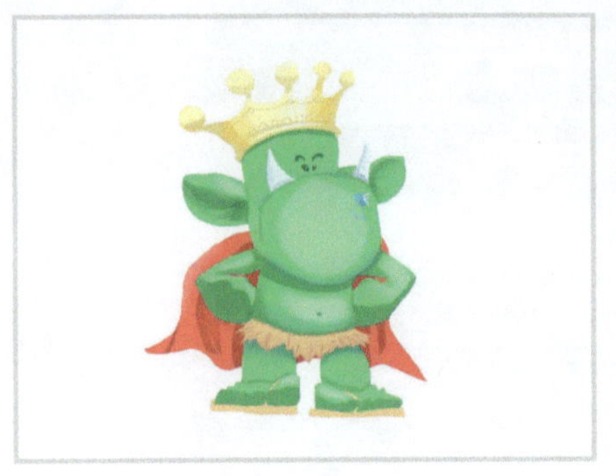

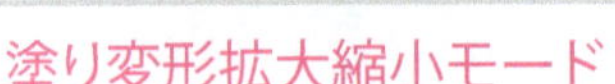

塗り変形拡大縮小モード

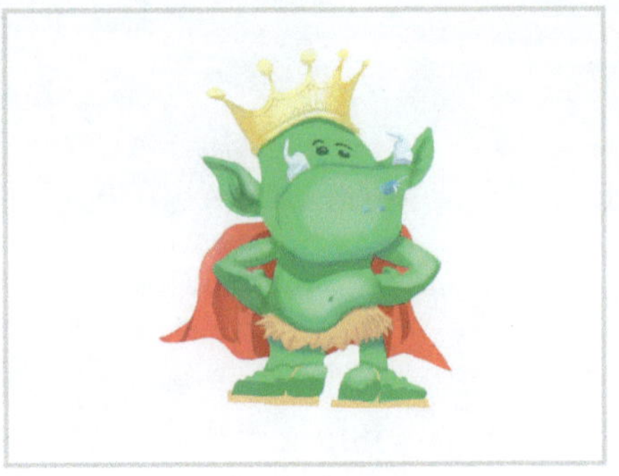

塗り変形回転モード

上の作例では、反転設定も使用しました。反転にチェックすると、塗り変形の方向が逆になります。回転モードで反転すると、逆方向に回転します。拡大縮小モードで反転すると、すべてが中央に吸い込まれるブラックホールのような効果になります。

一度に複数の塗り変形オプションを併用して変形を行うこともできます。拡大縮小モードのあとに、移動モードで変形することもできます。結果が気に入らない時はやり直しを使いましょう。

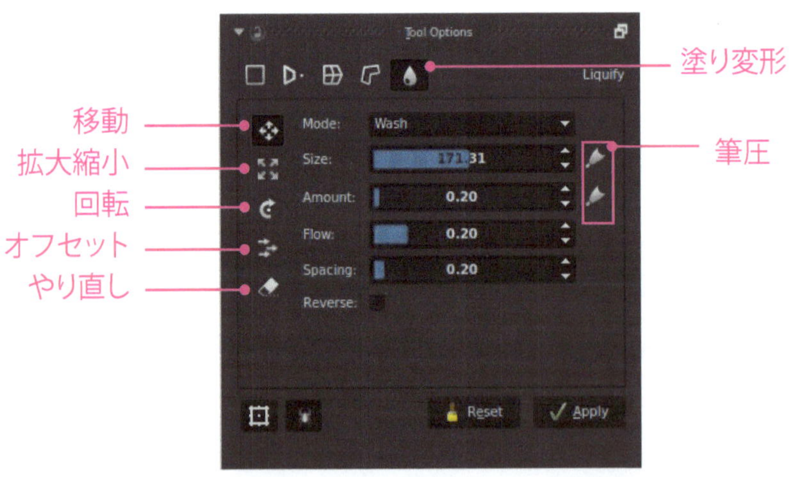

重ね塗りモード

重ね塗りモードと、ウォッシュモードを選択できます。一度のブラシストロークの中で、同じ部分を重ねてペイントした時の挙動を決めます。重ね塗りモードだと一度のブラシストローク中で同じ部分に戻るとさらに変形を重ねます。ウォッシュモードの場合、一回のストローク中に同じ場所に戻っても追加の変形は行われません。

筆圧アイコン

サイズと量のスライダーの右側には、ペン先のアイコンが表示されます。これらの設定に筆圧を反映したい場合は、ペン先をアイコンをクリックすることで筆圧のオンオフを切り替えることができます。

装飾の表示と再帰的な操作

変形ツールのオプションの下部には、2つのボタンがあります。あまり使うことがないかもしれませんが、興味がある人のために説明します。

装飾の表示 – 変形範囲に薄い灰色の半透明表示を行うかどうかを切り替えます。デフォルトではオフになっています。

再帰的に働かせる – グループにまとめられたレイヤー群、複数マスクに変形を再帰的に適用するかどうかを切り替えます。デフォルトでオンになっています。

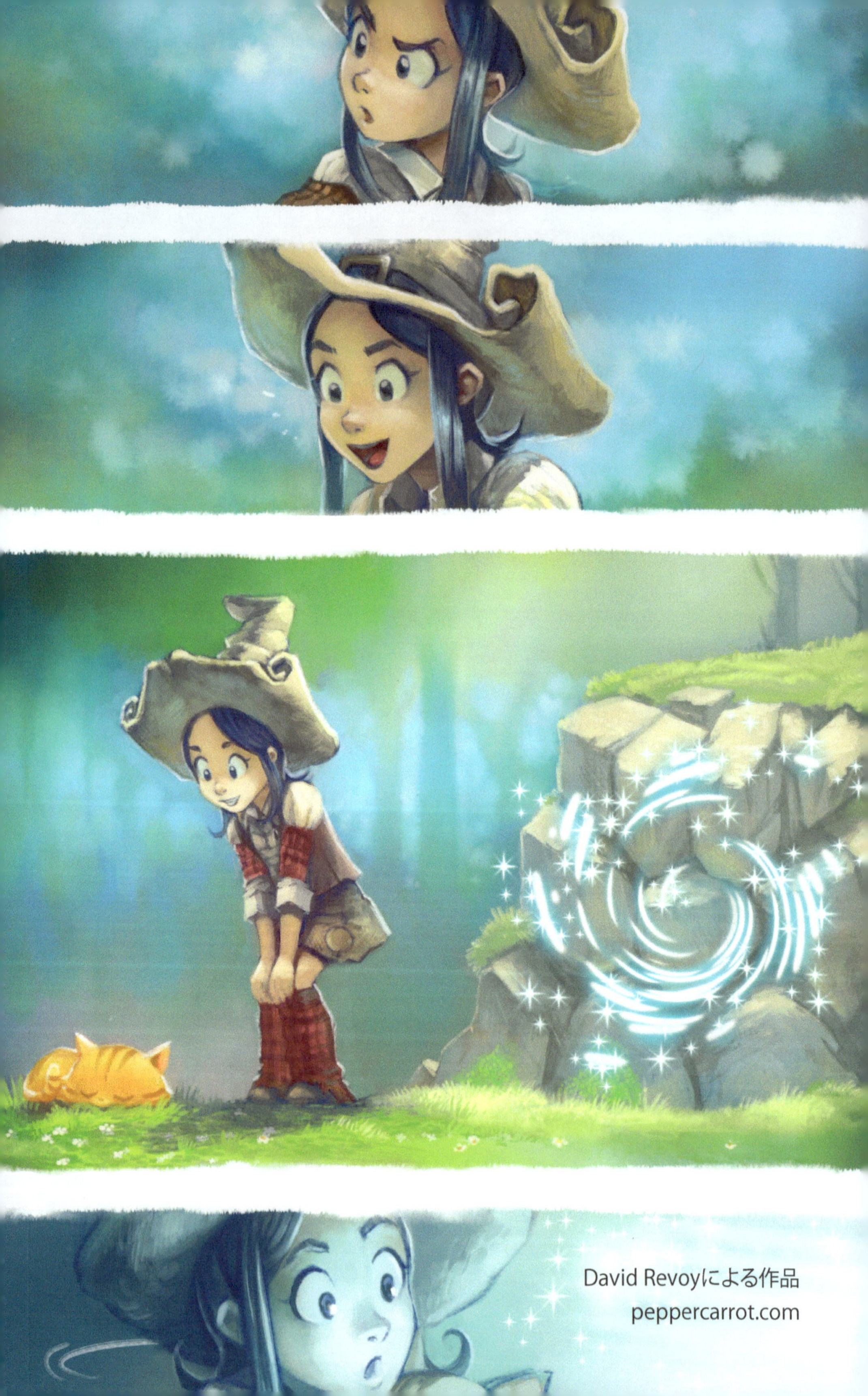

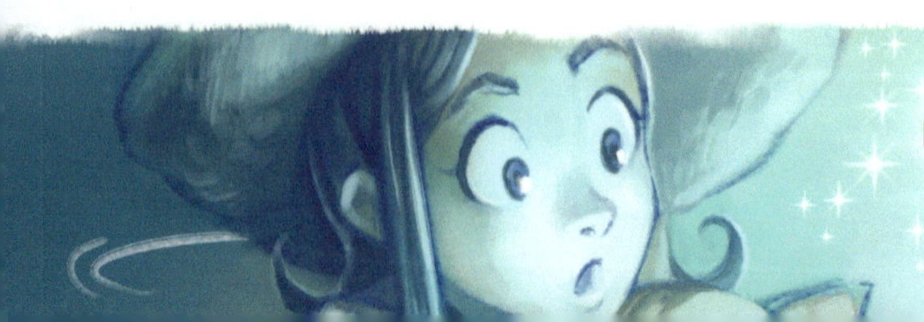

David Revoyによる作品
peppercarrot.com

第5章

描画補助ツール

すべてをフリーハンドで描いてもよい結果を得ることはできます。ただ、描画補助ツールを使えば、フリーハンドでは難しいものも描くこともできます。補助ツールを使うのは、ズルではありません。作品を早く作成できるということは仕事では特に重要なことです。補助ツールを使えば、円や四角を完璧にしようと頭を悩ます必要から解放されます。特に製図ドローイングでは役に立ちます。

Kritaには様々な用途の描画補助ツールが用意されています。ミラーモードを使えば、絵を別の角度から見直して、間違いを見つけやすくなります。マルチブラシツールやミラー描画モードを使うと、対称図形の描画を自動化できます。描画補助ツールで大事なことは、どの場合に、何を使えばよいかを知ることです。ボタン1つで使える補助ツールもあれば、セットアップが必要なツールもあります。

水平反転表示

絵を描いていると、プロポーション、シンメトリ、配置に対するチェック力が鈍ってくる時があります。利き手によっては、ストロークが片側に知らずに偏ってしまうこともあります。別の視点から見ないと、そうした画像の誤りに気がつかないことがあります。絵を描いてから数日たってから見てはじめて、絵の間違いに気づく、というのもよくあります。

画像を反転表示させることはこうした間違いを見つけ出す手法の一つです。Kritaでは**M**キーを押すだけで反転表示ができます。反転表示をすると、キャンバスの左上に通知が表示されます。

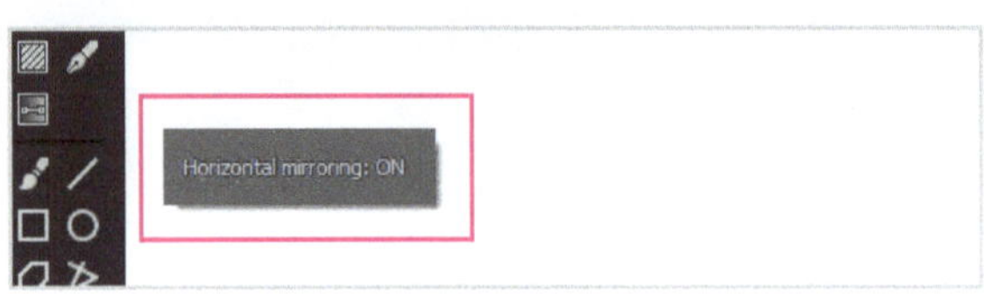

反転表示モードをオンにしたことを忘れないようにしましょう。

絵の早い段階からこの反転表示を使うことをおすすめします。私の場合10分か20分ごとに反転表示をします。反転したまましばらく作業をして、目が慣れたところでまた元に戻します。このようにすれば、詳細を描きこむ前の早い段階で間違った部分を見つけやすくなります。私の場合は線が右に寄ってしまう傾向があるので、反転で確かめて、ストロークをまっすぐに直しています。

水平、垂直の鏡像描画モード

鏡像描画モードでは、すべてを対称に描画することが簡単に行えます。世界にはシンメトリが多く存在しています。ストロークは水平、垂直方向に対称描画されます。

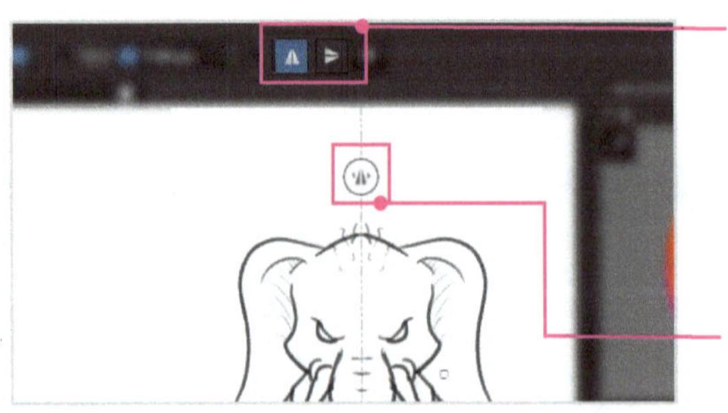

よく使用する水平、垂直の対称描画ボタンはツールバーに表示されています。軸を傾けたい場合にはマルチブラシツールを参照してください。

ハンドルをドラッグ移動して対称軸を移動できます。

鏡像描画ボタンをオンにすると、対称軸が表示されます。対称軸を移動することもできます。軸は常に、垂直か、水平です。このツールでは軸の回転は行えません。キャンバスを回転させると、軸も一緒に回転します。軸の回転などを行いたい場合はマルチブラシツールを使用してください。

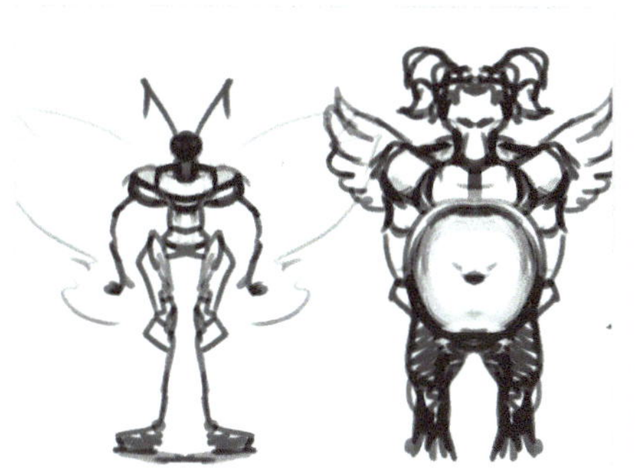

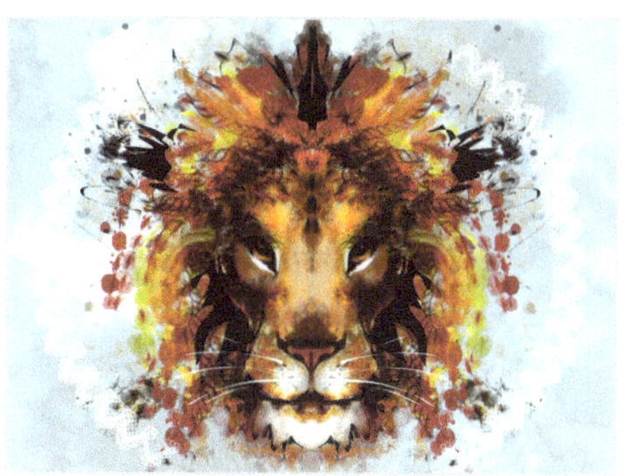

鏡像描画モードの用途の一つは、コンセプトスケッチです。左のスケッチでは、軸を少しずらしました。完全なシンメトリは時に動きがなくつまらない感じになってしまいます。キャラクタの性格を出す必要がある時は、魅力的にするために、対称ではないディティールを少し加えるようにしましょう。鏡像描画モードでは、ランダムにストロークを描きたいような気分になるかもしれませんが、どのような方向性にしたいかは考えてから描くようにしましょう。ただ線を落書きすると何も浮かび上がらないまま描き続けてしまうということにもなりがちです。

計測ツール

キャンバス上での角度を計測できます。このツールではキャンバスに何も描画されません。このツールは、角度と、線の長さをユーザに知らせるものです。描画ツールに切り替えると、計測ツールの表示は消えます。

 **計測ツール** – 2つのポイントの長さ測定と、角度の測定を行います。

あまりこのツールを使う機会はないかもしれませんが、役立つケースもあります。例えば、絵をスキャンした時の結果が傾いていた場合、このツー

ルで傾き角度の計測を行えます。角度がわかったら、画像プロパティで回転させて傾きを直します。一度に一つの角度の計測だけが可能です。

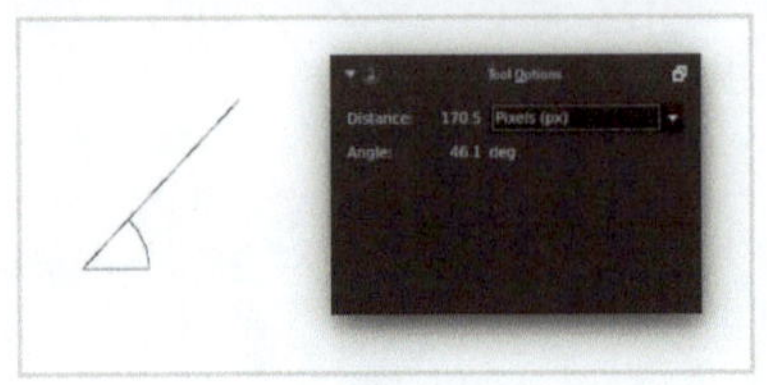

ドキュメントの塗り足し領域の計測や、スキャンした画像の傾きの修正に使うことができます。

マルチブラシツール

万華鏡のような描画や対称関連の描画を行えます。他の手法では難しい、ユニークなパターン、テクスチャ、シンボルなどの作成に向いています。ツールのオプションで**軸の表示**チェックボックスをオンにしないと、ガイドラインが表示されないことに注意してください。

マルチブラシツール – 一度に複数の場所でブラシストロークを行えます。対称描画やオフセット描画などを設定できます。ショートカット: **Q**キー。

デフォルトでは垂直と水平の線が表示されていますが、画像が4つに分割されているわけではありません。何分割で描くかはツールのオプションで設定します。

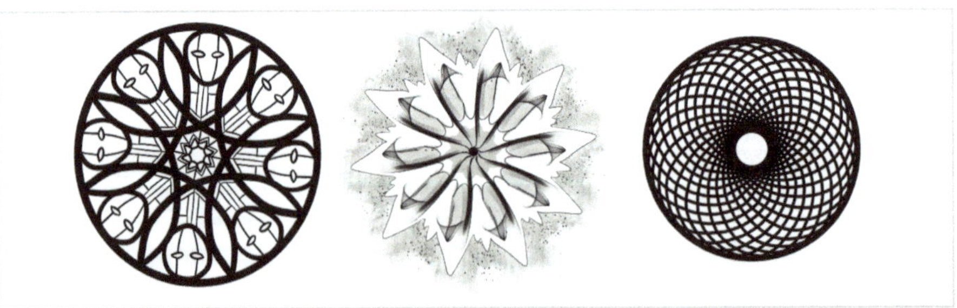

上はマルチブラシツールの使用例です。マルチブラシツールではどのブラシプリセットも使用できます。対称がデフォルトのモードです。万華鏡のような効果になります。オプションで軸を移動したり、表示を消したり、分

割数を変更したり、回転したりすることができます。マルチブラシツールには以下のモードが用意されています:

- **対称(デフォルト)** - 360度の回転を指定した数に分割します。ただ、ガイド表示は垂直と水平軸のみ表示されます。
- **鏡像反転** – ツールバーの鏡像描画モードと同じようなものですが、追加の調整が可能です。
- **平行移動** – 間隔をあけて複数のブラシ先端が用意されます。
- **Snowflake(雪の結晶)** – 鏡像と対称のオプションを併せ持っています。雪の結晶のような対称な効果が得られます。

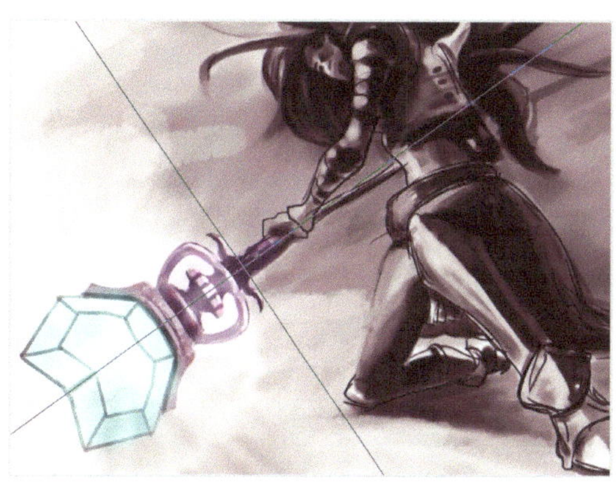

上の図ではマルチブラシツールでの軸回転を行っています。この軸の回転は、ツールバーの鏡像描画ツールでは行えないものです。

マルチブラシツールでは、軸の表示を行うことも表示を隠すこともできます。大抵の場合は表示が役立ちますが、表示が邪魔になることもあるかもしれません。

鏡像反転モードは強力です。軸の移動も回転も好きに行えます。マルチブラシツールの中でそのまま選択したプリセットで描画か可能です。マルチブラシツールの設定をしてから、フリーハンドブラシツールに切り替えて描こうとしてしまう、という間違った操作を使い始めではしてしまうかもしれませんが、フリーハンドツールに切り替えるとマルチブラシツールがオフになってしまって対称描画ができません。この場合も、マルチブラシツールにまた切り替えれば設定は保存されていて、ペイントを続けることが可能です。

平行移動モードでは、ブラシ先端が複数作成されて、毛筆のような効果が

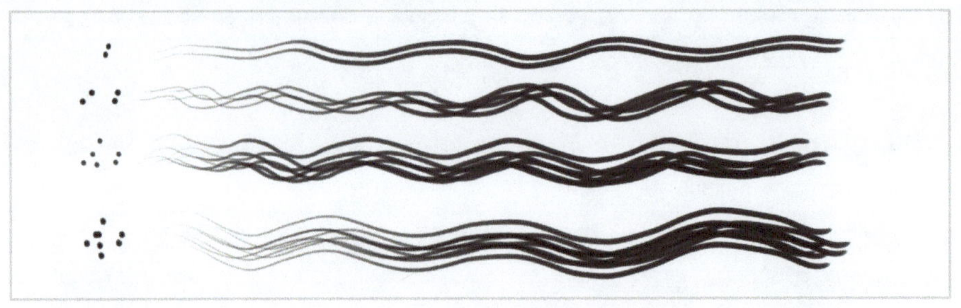

マルチブラシツールの平行移動モード

得られます。以下の例では、ブラシ数の設定だけを変更してみました。ブラシの配置はランダム性はありません。ブラシプリセットの種類によっては数を増やすと重くなるかもしれません。

半径の設定で、ブラシ先端の間隔として許される距離を決めることができます。半径を小さくすれば狭い範囲にまとまります。通常のブラシサイズを変更するショートカット(**Shift+ドラッグ**)はこのツール内でも使用可能です。

マルチブラシツールを平行移動モードにしている時は、対称のオプションは使用されません。ガイドが表示されても、平行移動モードの描画とは無関係です。

ラップアラウンドモード

ラップアラウンドモードはシームレスに並べることができる画像の作成を助けるものです。映画やゲーム業界でもシームレステクスチャは草地から岩、スペシャルエフェクトまで様々なもので使用されています。ここでは例として壁紙を作成してみましょう。

256×256ピクセルの新しいドキュメントを作成します。壁紙の背景色として、暗めの色をベース色として設定します。次に黄色を選んでパターンの作成を開始します。

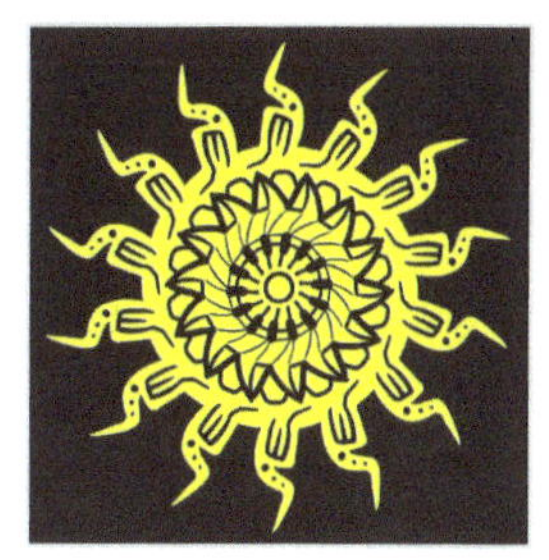

ラップアラウンドモードをオンにした時に、256×256では1パターンが大きすぎるようなら画像サイズを縮小してみてください。

このパターンでうまくシームレスになるでしょうか?このままでは縦横に敷き詰めた場合の結果はわかりません。ここでラップアラウンドモードをオンにして、敷き詰めた結果を見てみましょう。ラップアラウンドモードの起動方法は2つあります。簡単なのはWキーを押すことです。メインメニューの表示 > ラップアラウンドモードからもラップアラウンドモードを起動できます。

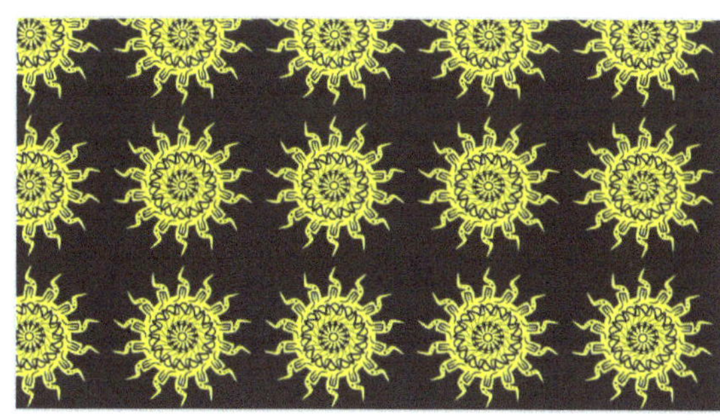

同じ画像で、ラップアラウンドモードをオンにするとこのような表示になります。

敷き詰めた結果を見てみると、調整が少し必要になるかもしれません。繋ぎ目の部分に何もないので、全体としてのまとまりがありません。このモードのまま詳細を描きこんでみましょう。ラップアラウンドモードのままズームアウトして全体を確認することもできます。キャンバスの回転(**スペースキー+Shift＋ドラッグ**)でも別の視点からパターンを確認できます。

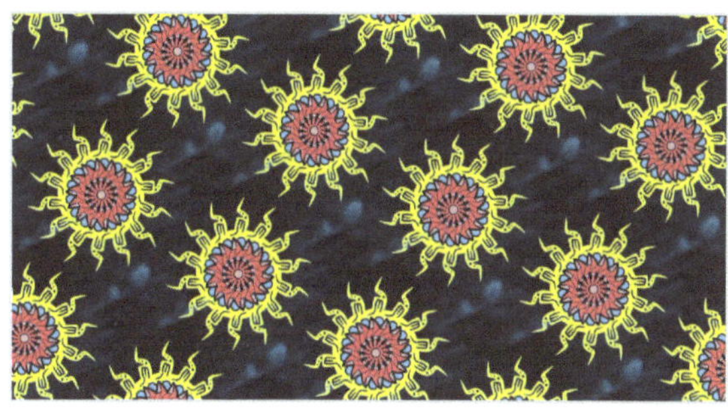

縮小表示と回転で、パターンにダイナミックさが出ました 。

並べた結果をリアルタイムで確認できるので、満足いくまで調整することも楽です。パターン作成が終わったら、ラップアラウンドモードをオフにします。ラップアラウンドモードの間にキャンバス移動をおこなっていると、元の画像の位置を探して戻る必要があるかもしれません。ラップアラウンドモードをオフにしても元のキャンバス位置には自動で戻りません。画像はそのまま保存可能です。

Tip

ラップアラウンドモードの間にキャンバスのズームも回転も通常通り行えます。ただし、ズームアウトしすぎると、動作が低速になる恐れがあります。何百、何千ものタイルをリアルタイムで生成するのは大きな負荷になります。

Ctrl+Aを押すと、オリジナルの画像が選択されます。ラップアラウンドモードは壁紙以外にも用途があります。テクスチャアーティストはこの機能を頻繁に、最大限に活用しています。

アシスタントツール

アシスタントツールには、Kritaの中でも一番強力な描画補助ツールが含まれています。円、直線、消失点などの描画を助ける補助ツールがふくまれています。それぞれの種類の名前だけでは用途がわかりにくいかもしれません。ここではまず個々のアシスタントを説明してから、組み合わせた使用法について説明します。

アシスタントツール – 描画アシスタントの追加、編集、削除を行います。ツールのオプションにはアシスタントの作成、削除のオプションが表示されます。

- **消失点** - 1つの点に収束する線を描けます。
- **楕円** - 円形のガイドを作成します。真円にスナップさせることも可能です。
- **スプライン** - ベジェカーブのガイドを作成します。
- **遠近法グリッド** - パースを取るのに役立つグリッドを作ります。ストロークはパースにスナップします。
- **同心円** - 楕円に似ていますが、一つの楕円だけではなく、同じ中心、比率の複数の円を描くことができます。
- **平行定規** - 平行定規で指定した角度と同じ傾きの直線を描くことができます。
- **定規** - 定規として指定した部分にスナップした直線を描けます。
- **無限定規** - 定規に似ていますが、両端から延長した部分まで直線を描くことができます。
- **Fish Eye Point(魚眼)** – 指定した軸に対して湾曲した線を引けます。2つ組み合わせれば魚眼レンズの効果が得られます。

アシスタントの管理と使用方法

アシスタントの作成、編集、削除はすべてアシスタントツールの中で行います。ツールのオプションには使用できるアシスタント種類を表示します。

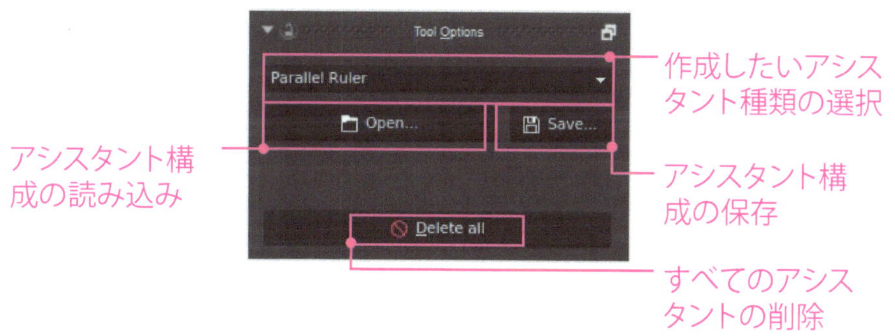

アシスタント種類から楕円を選んでみましょう。キャンバスから3つの点を選択して楕円アシスタントを作成できます。最初の点と2つ目の点が楕円の両端を決定して、3つ目の点で楕円の幅を決めることができます。

作成した楕円アシスタントに対して行える操作は様々です。点を移動させれば楕円の形を変更できます。中央のカーソルでは楕円全体を移動できます。赤い削除アイコンをクリックするとアシスタントを削除できます。目のアイコンをクリックすると、アシスタントを有効にするかを切り替えられます。アシスタントを無効状態にすると、ストローク描画時にアシスタントが使用されなくなります。

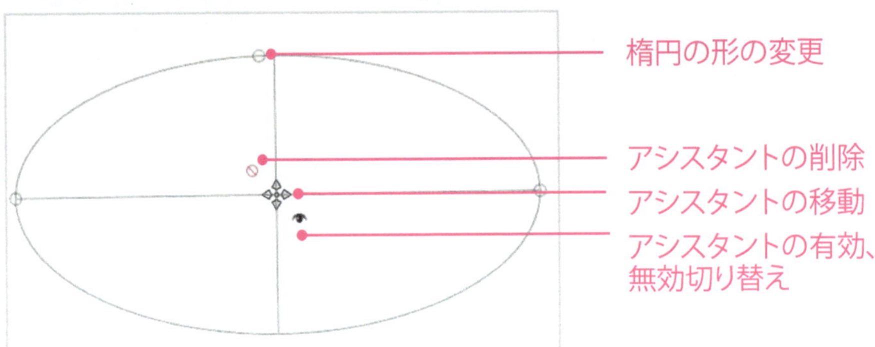

では、アシスタントの使用方法について見てみましょう。フリーハンドブラシツールに切り替えてください。キャンバスには楕円アシスタントが表示されています。ただ、このまま描画をはじめても、アシスタントは機能しません。アシスタントを使用するようにブラシの設定を切り替える必要があります。フリーハンドブラシツールのツールのオプションからアシスタントを使用するか切り替えられます。

ツールのオプションで補助線のチェックボックスをオンにすると、右側のスライダーも有効になります。スライダーは、アシスタントのブラシストロークへの影響力を決定します。高い値に設定すると、ブラシはアシスタント上にロックされます。低い値にすると、ブラシはガイドに近いときだけ影響を受けます。初期値は1000です。まずこの設定のままで、描画を試してみましょう。

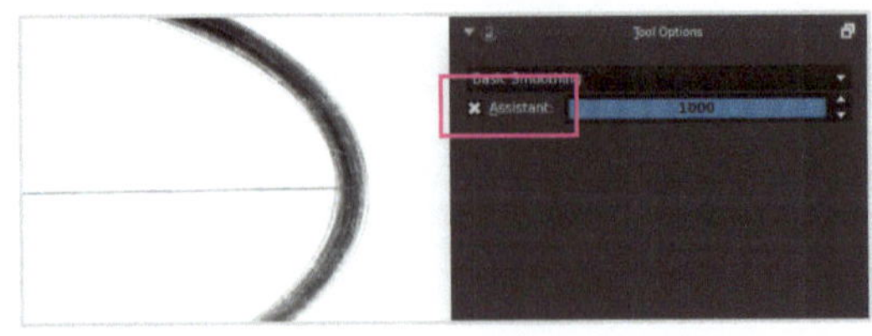

ツールのオプションからアシスタント使用設定(補助線)をオンに切り替え。

これでアシスタントが機能するようになりました!次はアシスタントを移動したり、サイズを変えてみましょう。

アシスタントツールに再び戻ると、アシスタントの編集が行えます。ツールボックスでアシスタントツールを選択すると、楕円アシスタントのオプションが表示されるようになります。中央のハンドルで移動したり、ポイントを編集して形を変更してみましょう。調整が終わったらフリーハンドブラシツールに戻って描画してみます。アシスタントツールはアシスタントの設定と管理のために存在しています。他のツールと違い、このツールはキャンバスへの描画は行わずアシスタント設定のみを行います。

アシスタントの表示と非表示の切り替え

特定のアシスタントだけを無効にしたい場合は、目のアイコンをクリックします。目のアイコンはアシスタント編集時に、左下部分に表示されます。

アシスタントすべての表示を非表示にしたい場合は、メインメニューから切り替えが可能です。メインメニューの表示セクションに以下のオプションが用意されています。

- **描画補助線を表示** - これをオフにすると、アシスタントがすべて非表示になります。アシスタントのガイドラインは表示されませんが、アシスタントは機能します。
- **補助線プレビューを表示** – アシスタントのプレビュー表示を切り替えます。アシスタント編集時には表示されず、描画時に表示される補助線がプレビュー表示です。消失点といった一部のアシスタントだけがプレビュー表示を行います。

複数アシスタントでの作業

アシスタントは一度に複数を使うことができます。複数のアシスタントを組み合わせて、便利なセットアップを行えます。複数のアシスタントを使う場合であっても、作成も、使用方法も1つの時と同様です。アシスタントツールを使ってキャンバスにアシスタントを追加する作成モードでは、ドロップダウンメニューで選択したアシスタントが作成されます。作成したアシスタントは、コントロールポイントをクリックして編集することができます。以下の例ではキャンバスに複数の楕円アシスタントを作成しました。

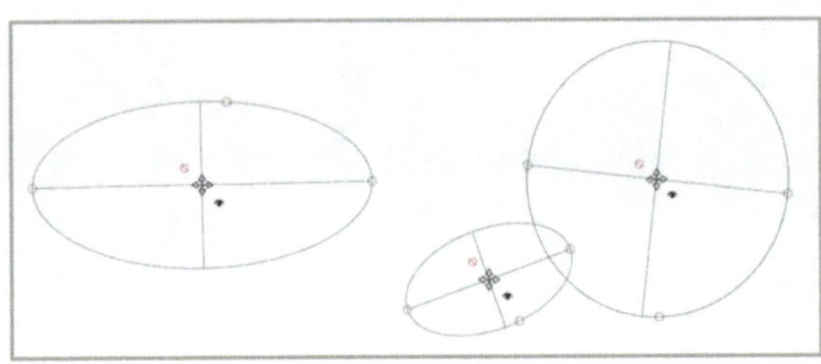

複数のアシスタントの作成。2つの楕円が重なっています。

複数アシスタントを使用する時には、ブラシのツールのオプションから、Snap Single(単一のアシスタントのみにスナップ)設定が役立ちます。デフォルトでこの設定はオンになっています。このオプションをオフにすると、1回のストロークで複数のガイドへのスナップをさせることができます。以下が例になります。

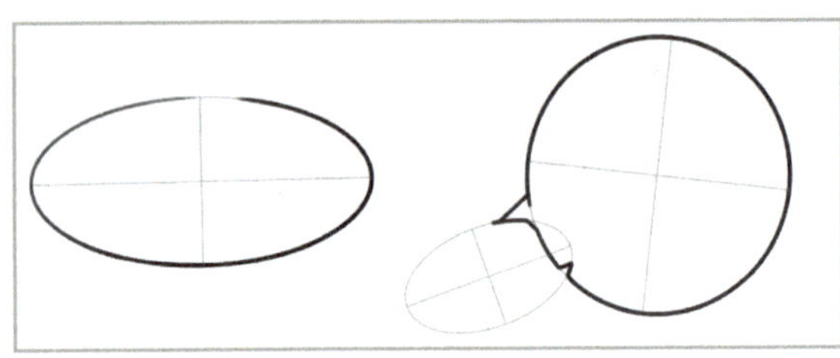

アシスタントが重なっている場合、Snap singleオプションをオフにするとスナップ切り替えの問題が起きることがあります。

右側の2つの重なった楕円ガイドのケースでは描画スナップの結果が少しおかしいものになっています。スナップ強さによってこの現象が起こります。重力に引かれるのと似ていて、複数のオブジェクトが引きつける力を持っていて、両方からストロークが引っ張られます。ブラシストロークの方向と、各アシスタントからの引力によって、どちらのアシスタントに引きつけられるかが決まるのですが、微妙な場合があります。この問題を避けるために、通常はSnap Singleをオンにしておくことをおすすめします。

アシスタントの作成、削除、編集方法がわかったので、次は各アシスタントを見てみましょう。

定規/直線アシスタント

直線を描くためのアシスタントは3種類あります。ここではまとめて説明します。これらのアシスタントは楕円アシスタントと同様に作成します。アシスタントツールから、定規のオプションを見てみましょう。

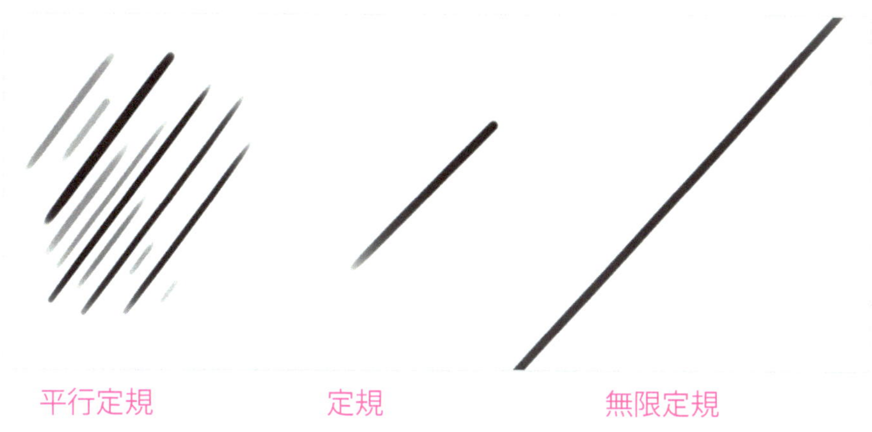

平行定規　　定規　　無限定規

3つの定規もすべて作成方法は同じです。キャンバスで始点と終点をクリックして指定します。作成方法は同じですが、上の図を見てわかるように、挙動は違います。

- **平行定規** – 作成したアシスタントの角度と同じ角度の線を引けるようにします。すべての線がこの角度に固定されて平行線を引くことができます。
- **定規** – アシスタントの始点から終点の範囲のみに線を引けます。
- **無限定規** – 定規と似ていますが、始点、終点より先に延長した部分にも無限に線を引くことができます。

Tip

アシスタントのポイントを移動する時に**Shift**を押すと、水平方向、垂直方向にポイントをスナップすることができます。これはすべての種類のアシスタントで有効です。

スプラインアシスタント

ベジェカーブのアンカーポイントを持った曲線ガイドを作成できます。アシスタントツールのオプションで、スプラインを選択して作成します。最初にクリックした2点が両端になり、後の2つの点が曲線をコントロールするハンドルになります。

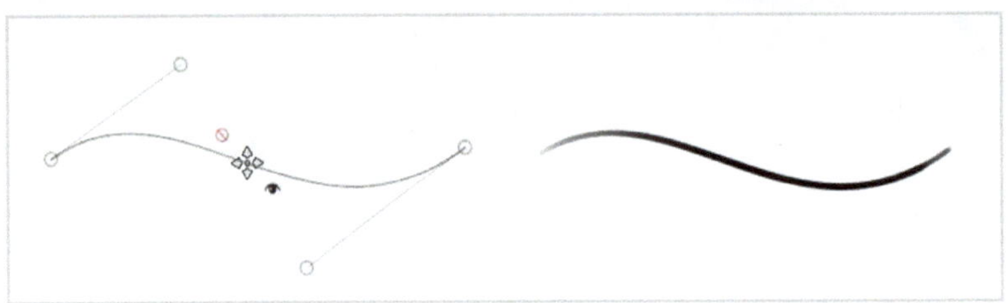

描画すると、ストロークがスプラインアシスタントのカーブにスナップします。手で描くのが難しいような長いカーブを描く際に役立ちます。

遠近法グリッドアシスタント

遠近法グリッドアシスタントを作成するときには、4点のアンカーポイントを指定する必要があります。両辺の延長の交点には×印が表示されます。四隅のハンドルを動かして、グリッドを変形できます。他のアシスタントと同じように、削除、移動、非表示切り替えのアイコンが用意されています。

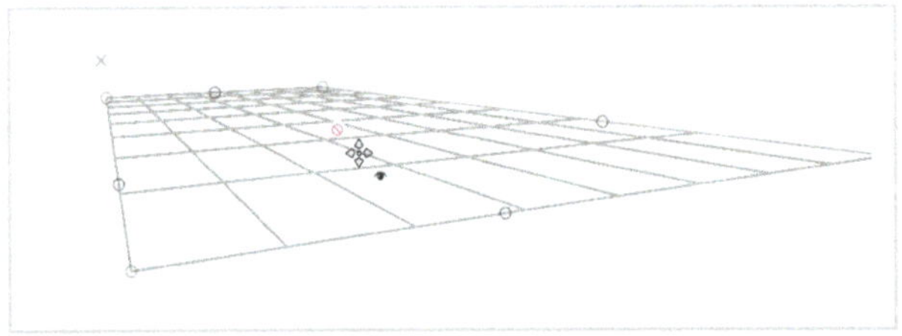

側面のハンドルを掴むと、新しい遠近法グリッドを引きだすことができます。壁のグリッド作成といった場合に便利です。接続したグリッドがある場合、移動アイコンで、すべての接続したグリッドを同時に移動できます。遠近法グリッドで描画を行う時には、いくつか知るべきことがあります。

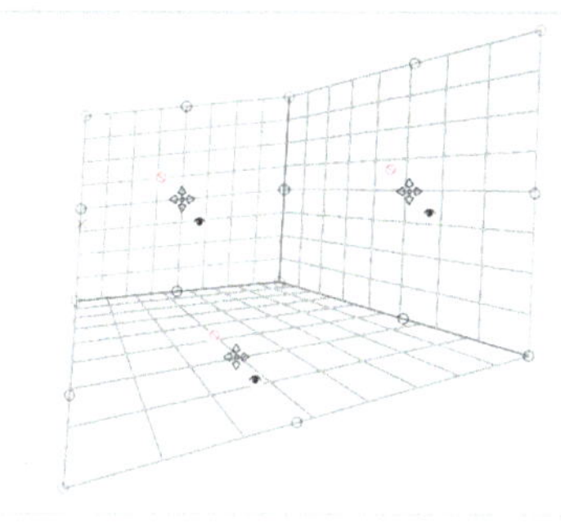

遠近法グリッドアシスタントを複数の平面に拡張できます。拡張するにはアシスタントの側面のハンドルをつかみます。

Tip

複数の遠近法グリッドがある場合に、グリッド同士の競合を心配する必要はありません。ブラシは最初にスナップしたグリッドの上に留まります。

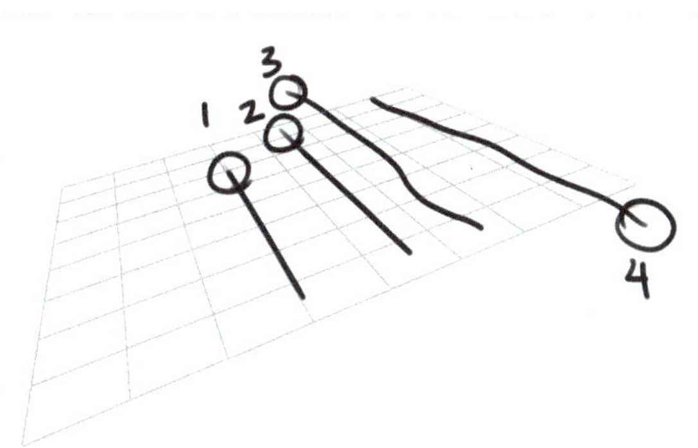

グリッドへスナップするかどうかは、ストロークの開始位置によって決まります。

遠近法グリッドを使う時には、どの部分に描画するかに気を付ける必要があります。上の例では、描画開始地点を円で示しています。

1. グリッドの直線の上から線を描きました。予想通り、線は遠近法グリッドにスナップします。
2. グリッドの線の間から線を描きました。遠近法グリッドの情報を使い、パースにそった直線が作成されました。
3. グリッドの外から描画をはじめると、後でグリッド内に入ったとしても、スナップしません。

4. 逆方向から描きましたが、グリッドの外から描画を開始したので遠近法グリッドにスナップしません。

このように、遠近法グリッドへのスナップは、グリッド内から描画をはじめた場合のみ適用されます。グリッド外から描画をはじめると、このアシスタントは無視されます。

この遠近法グリッドをスナップ用途以外で使うこともできます。ただ描画の参考としてグリッドを用意するアーティストもいます。この場合、グリッドを置いた後、スナップはオンにしないで普通に描画していきます。空白のキャンバスで描くよりも、空間を感じる助けになるようです。

消失点アシスタント

1点に向かってブラシストロークが収束します。遠近法グリッドとは違い、グリッドの外側であってもストロークはスナップします。キャンバスに消失点アシスタントを追加すると、以下の図のように複数のアンカーポイントが表示されます。それぞれのポイントの役割を説明しやすいように、数字を加えています。

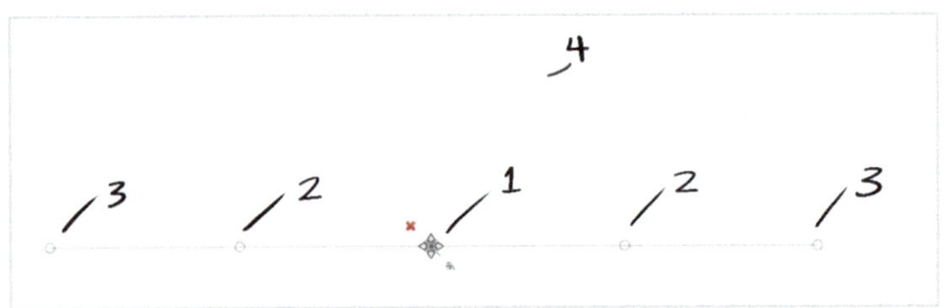

1. **アシスタント中心** – 消失点の移動、削除、非表示への切り替えが行えます。線が集まる消失点はここになります。
2. **ラインガイド** – 好きな位置にガイドラインを回転できます。消失点の位置は変わらないので描画に影響は与えません。これは、リファレンス画像や既にある絵に対してパースを合わせる際の補助のために存在しています。
3. **消失点ガイド** – ラインガイドを支点にして、消失点の位置を回転移動させます。キャンバスの外側に消失点を移動させる際にも使えます。

4. **カーソルライン** – カーソルから消失点へのプレビュー表示を行う線です。ペイントした時の方向がわかります。

移動アイコンと目のアイコンの間をクリックしてドラッグするとすべてのアンカーポイントも一緒にアシスタント全体を移動させることができます。移動アイコン自体をクリックすると、アシスタント中心(消失点)のみが移動します。

消失点アシスタントを使った集中線の描画

消失点アシスタントを1つ作成すると、集中線を描くことができます。マンガで速さや動きを表現するのに使われる手法です。また、平行定規アシスタントを使うことでスピード線を描くことができます。これらのアシスタントは単体でも役立ちます。

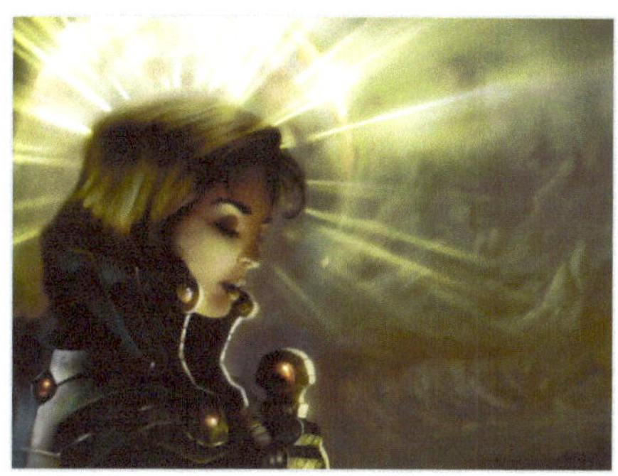

消失点アシスタントを使って後光エフェクトを作成しています。

Ramón Miranda による作品

アシスタントの組み合わせと1点透視セットアップ

Kritaでは複数のアシスタントを組み合わせて柔軟に使用することができます。この特徴を生かして、1点透視のセットアップをしてみましょう。自動で1点透視のセットアップを行うボタンがないので、少し頭を使う必要があります。目的を達成するには3つのアシスタントが必要です。

1. **奥行き** – 消失点アシスタント
2. **横方向** – 平行定規アシスタント
3. **縦方向** – 平行定規アシスタント

アシスタントはどの順番で作成しても構いません。ここでは2つの平行定規アシスタントから作成してみましょう。画面に他のアシスタントが残っている時は、アシスタントツールのツールのオプションの**全削除**ボタンで削除することができます。

アシスタントツールを選んで、平行定規を選択します。以下のように垂直の平行定規と、水平の水平定規を用意します。作成した後で**Shift**キーを押しながらアンカーポイントを移動することで垂直、水平方向にスナップできます。

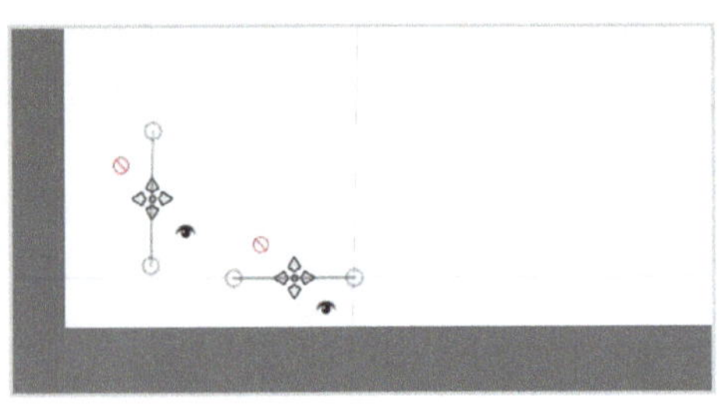

1点透視のセットアップのために平行定規を2つ作成します

ここでは、キャンバスの左下部分に2つの定規を作成しました。端に置けば、描画するときに表示が邪魔になりません。この状態でSnap singleをオフにしてアシスタントを使った描画をはじめると、すべてのストロークは水平か垂直になります。

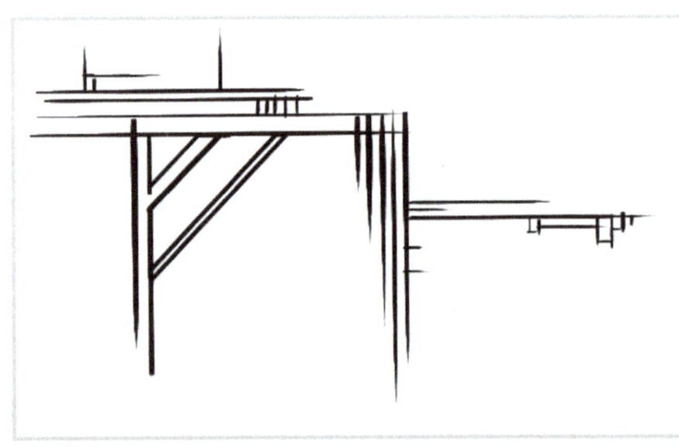

Snap singleをオフにしているので、ストローク方向を変えた時などにアシスタント間をジャンプしてしまうことがあります。

すべての線は水平か垂直にスナップします。時々斜めの線も入っています。水平に描いていて、それから垂直方向にペンを動かすと、垂直アシスタントに乗り換えることになります。その時に斜めの線が引かれることがあります。注意する必要もありますが、面白い効果ともいえます。ここに最後に消失点アシスタントを追加してみましょう。

メモ

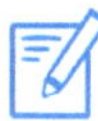

平行定規アシスタントでは、アシスタントの長さは使用されません。アシスタントの角度のみが重要になります。

次の例では、消失点を、他のアシスタントの位置と近づけています。消失点の位置が水平線位置になることを考えて、画像に合わせて位置を調整しましょう。描画してどのような結果になるか見てみましょう。

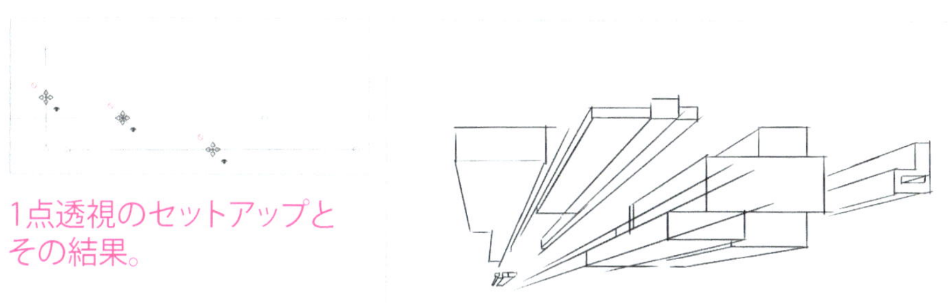

1点透視のセットアップとその結果。

アシスタントを使って、ブロッキングが終わったら、詳細を描きこむ前にアシスタントをオフにしたいと思うかもしれません。補助線のチェックボックスをクリックしてオフにするか、Ctrl + Shift + Lのショートカットでアシスタントの使用をオフにできます。ショートカットが押しにくいと思ったら、設定から別のキーに設定しなおしましょう。

2点透視セットアップの作成

今度は2点透視のセットアップをしてみましょう。2つの消失点があります。

1. **消失点** – 線が収束する場所です。このアシスタントはもう一つの消失点アシスタントと同じ高さにする必要があります。外側のハンドルは、どの位置でも構いません。
2. **平行定規** – 垂直方向に設置します。位置と長さは影響しません。
3. **消失点** – もう片側の消失点です。外側のハンドルは、どの位置でも構いません。

複数のアシスタントを使う作業をしていると、アシスタントプレビュー表示が邪魔になるかもしれません。アシスタントの表示とプレビュー表示はメインメニューの **表示 > 補助線を表示** と **表示** > **補助線プレビューを表示** から非表示に変更できます。

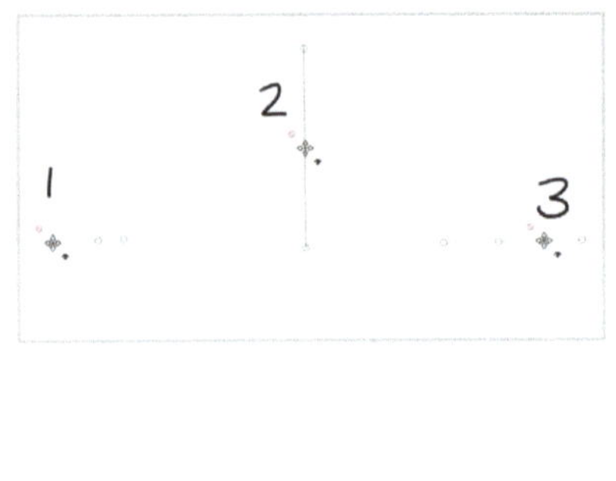

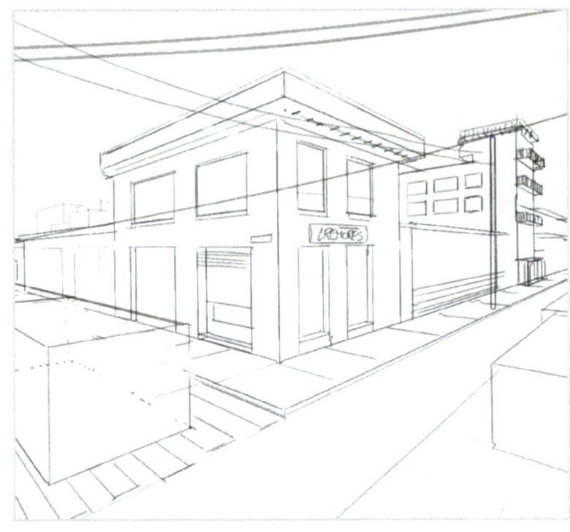

アシスタントを無視した直線を描きたい場合は、**V**キーを押したまま描画を行います。**V**キーを押している間、一時的に直線ツールがオンになります。これを使うと意図した直線を引きやすくなります。

Tip

アシスタントを非表示にすると、消失点の場所を見失いやすくなります。参考として、消失点のところに小さい印のストロークをつけておくと、目印になります。

3点透視セットアップ

2点透視セットアップから、垂直の平行定規アシスタントを消失点で置き換えたものになります。

3点透視では高さ方向も消失点に収束します。パースによる変形を緩やかにしたい場合は、高さの消失点を遠くに置きます。次の右図は、アシスタントを使った簡単なスケッチになります。遠くになるほどパース効果が減ります。

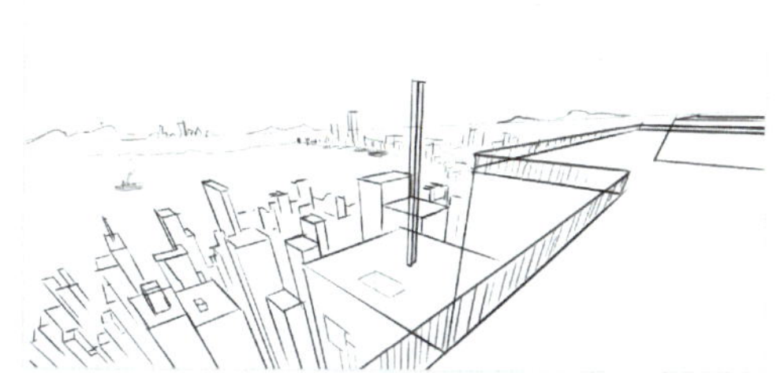

等角投影のセットアップ

テレビゲームや製図でよく使われる等角投影では、奥行き方向の消失点はなく、代わりに平行線を使用します。3つの平行定規アシスタントを使うことで等角投影のセットアップができます。ここではアシスタントの角度が重要です。

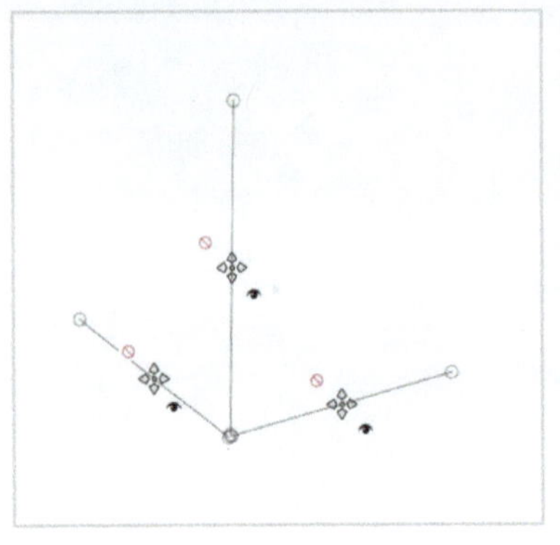

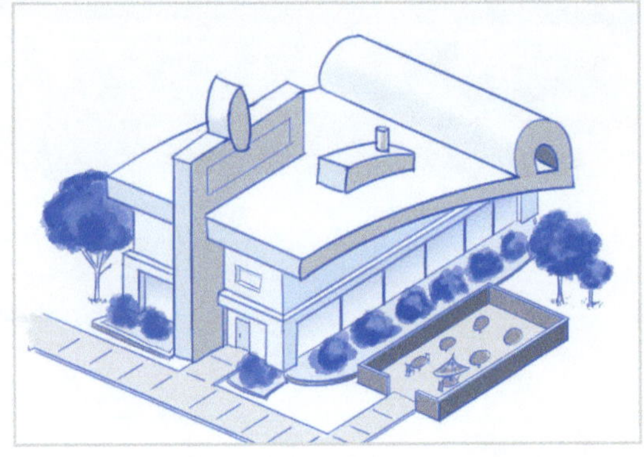

上図では、まずスケッチをスキャンして、それからアシスタントで基礎となる角度を設定するところからはじめました。私の元のスケッチでは角度がおかしい部分もあり、アシスタントを使うことで修正の助けになりました。基本的な枠組みを描いた後、アシスタントをオフにして、新しいレイヤーに詳細を描きこみました。

Fish Eye(魚眼)アシスタント

魚眼レンズや望遠レンズの効果を再現するものです。こうした効果を得るには、通常の場合2つのFish Eyeアシスタントを90度回転させて重ねる必要があります。

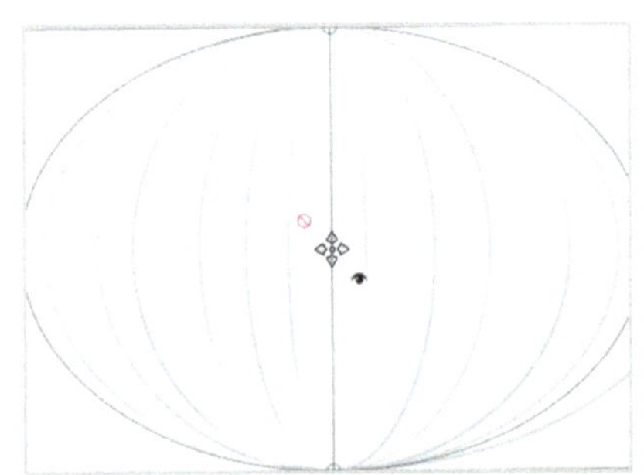

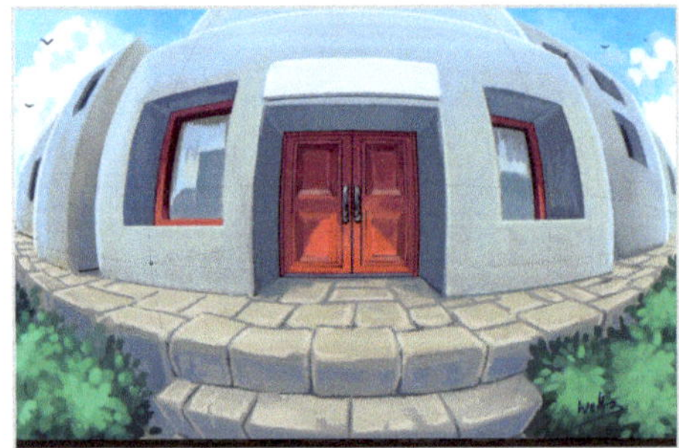

Wolthera van Hövell tot Westerflierによる作品

左側は、Fish Eyeアシスタントのキャンバスでの表示を示しています。サンプルとして軽く線も引いています。右側のWoltheraさんによるイラストでは、アシスタントをベースにして魚眼風の絵を描いています。Woltheraさんは Fish Eyeアシスタント以外にもアシスタントを追加しています。水平方向のFish Eyeアシスタント、左、中央、右の3つの消失点アシスタントです。

同心円アシスタント

同じ中心を共有する円を描くことができます。楕円アシスタントと似ていますが、アシスタントの外側にも円を描くことができます。ストロークをはじめると、描きはじめた半径の円にスナップします。中心と円の比率を指定してアシスタントを作成します。

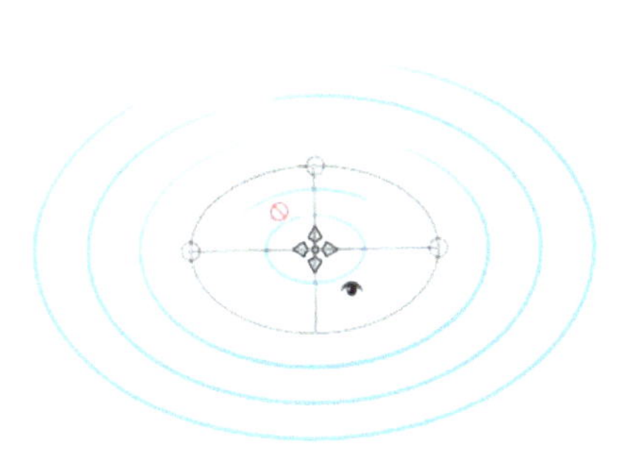

同心円アシスタントは、タイヤやオブジェクトの周りの軌道を描く時に役立ちます。

グリッドツール

キャンバス上にグリッドガイドを表示します。グリッドへのスナップはできません。絵を描く時の目安としてのみグリッドは存在しています。グリッドを表示するには、ツールボックスでグリッドツールを選択します。そして**Enter**キーを押して表示をオンにします。グリッドの表示のオンオフは、メインメニューの**表示** > **グリッドを表示** からも行えます。

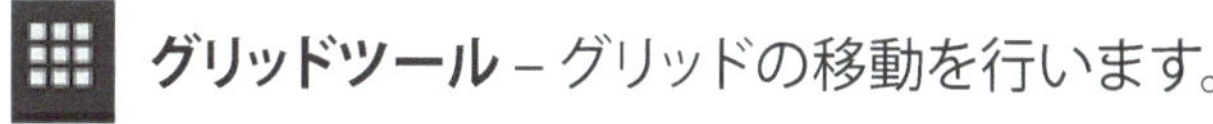

グリッドツール – グリッドの移動を行います。

グリッドツールにはツールのオプションがありません。グリッドの大きさを変更したい場合は、Kritaの設定から行います。メインメニューの **設定 > Kritaを設定 > グリッド** から設定します。表示の設定をここで変更できます。グリッドオフセットの変更は、グリッドツールでのグリッドの移動と同じ効果になります。数値の単位はピクセルです。サブグリッドの数値は、メインのグリッドの分割数を設定します。例えばサブグリッドを4にすると、各グリッドが16のブロックに分割されます。3に設定すると9のブロックに分割されます。

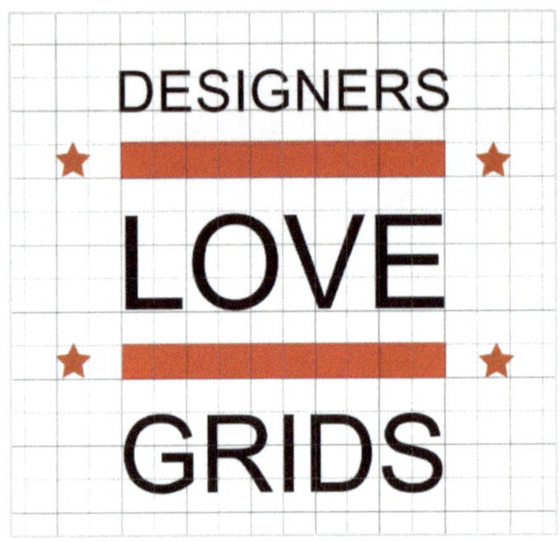

グリッドはテキストといった要素の配置で役立ちます。グラフィックデザイナー、ウェブデザイナーはレイアウトにグリッドを多用します。

定規

画像の大きさを様々な単位で確認できます。定規は、メインメニューの**表示 > 定規の表示** から表示することができます。定規の上で右クリックすると、定規の単位を変更できます。これは印刷物で、余白や塗り足しエリアを確認しながら作業したい時に便利です。

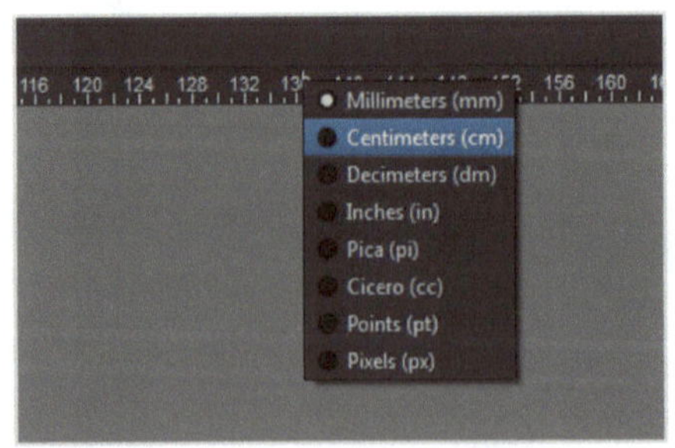

定規の単位のリスト。水平方向、垂直方向で同じ単位が使用されます。

Tip

消失点アシスタントの消失点近くで描画を行うと、消失点アシスタントと別のアシスタント間でジャンプしてしまうことがあります。この現象は消失点に向かってストロークを行うことで避けることができます。消失点から離れていれば、よりアシスタントの挙動が予想しやすくなります。

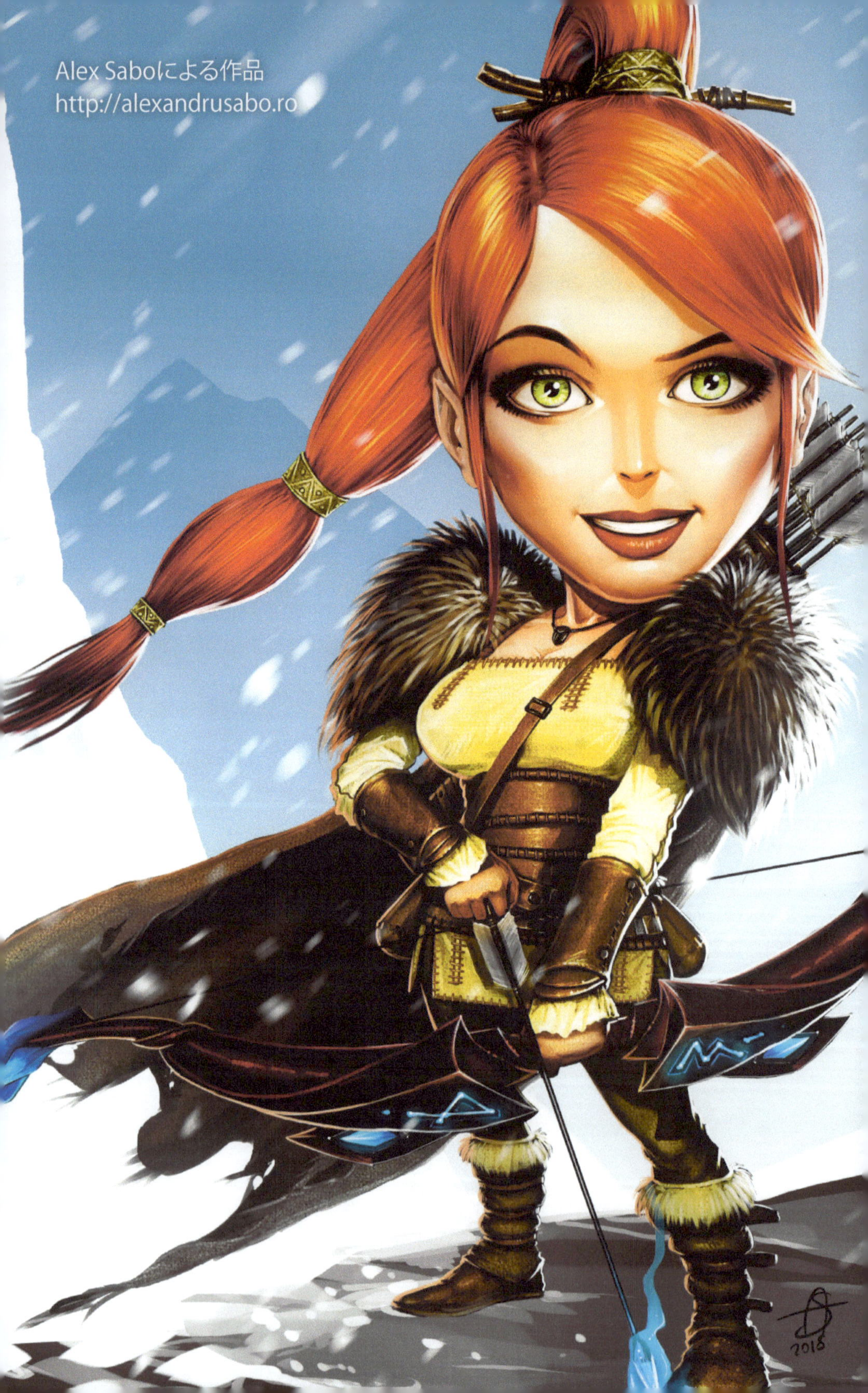
Alex Saboによる作品
http://alexandrusabo.ro
2018

第6章

調整、フィルタ、エフェクト

絵のスキルを磨いて形、色、影の描画に慣れてきても、まだ何かが足りないと思う時があるかもしれません。プロポーションは正しく、ライティングも悪くないのに、平坦で、何かパンチが足りないような感じがすることがあります。そうした時に必要なのは、フィルタやエフェクトかもしれません。うまく使えば、特定の部分にフォーカスを当てたり、新しいエネルギーを吹き込んだりして、画像をより興味深いものに変えることができます。

フィルタを使うと色の調整や修正が行えます。絵のコントラストを上げることもできます。また一方で、鮮やかすぎる色をトーンダウンしたい時もあるかもしれません。こうした修正は絵の全体に適用することが可能で、すべてを塗り直す手間を省くことができます。

フィルタの適用方法は複数あります。フィルタメニューから破壊的に適用することも、レイヤーメニューから非破壊的に適用することも可能です。

まず、画像調整に使用できるツールを見てみましょう。次にエフェクトを説明します。そしてG'MICフィルタからいくつかユニークな機能を紹介します。最後に、テキストや画像に対するレイヤースタイルをつかった非破壊のエフェクト適用を紹介します。

よくある調整

カラー補正カーブ

明るさ、暗さの分布カーブ全体を変更します。暗い部分をより暗く、明るい部分をより明るくすることもできます。コントラクトを強くすることで、画像の印象を強めることもできます。

この例では、画像のハイライトを明るく、影を暗くしています。明るい部分と暗い部分のコントラストが強まれば、奥行きが増します。この調整は、メインメニューの**フィルタ > 調整 > カラー補正カーブ** から行います。

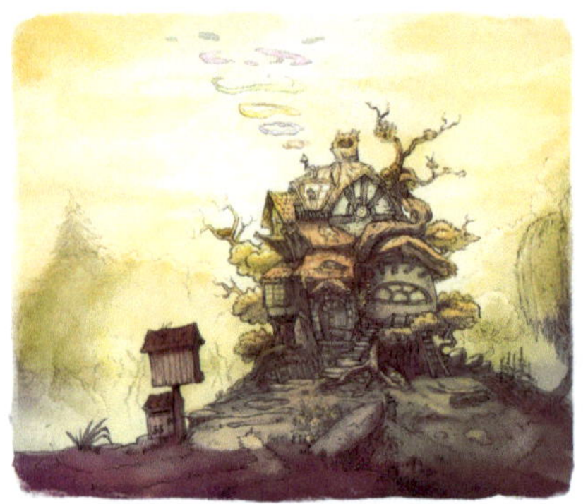

David Revoyによる作品

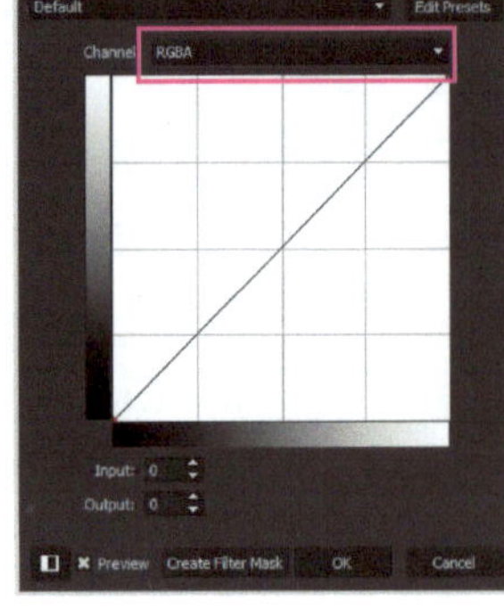

個々のチャンネルの調整も可能です。

グラフの左側が黒、右側は白に対応しています。その間は灰色です。斜めの線がアウトプットカーブになります。明るさは0-255(8ビット画像)の値範囲です。左下は0の値に、右上は255の値に対応しています。グラフ下の数値で、選択したポイントでのインプットとアウトプットの数値対応を確認できます。

暗い部分をより暗く、明るい部分をより明るくするには、斜め線の形を変更します。Sカーブに変更してみましょう。

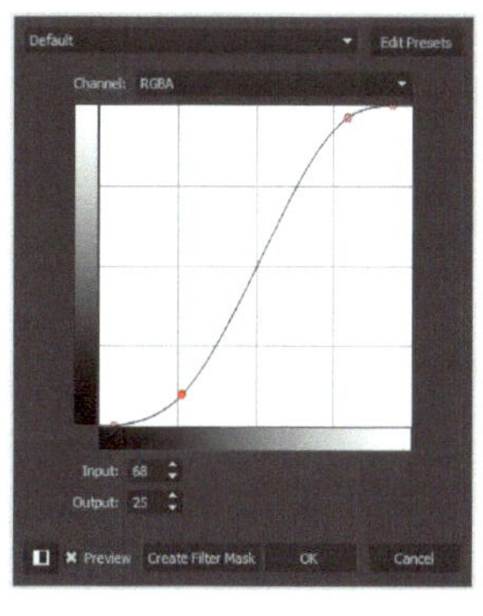

Sカーブ

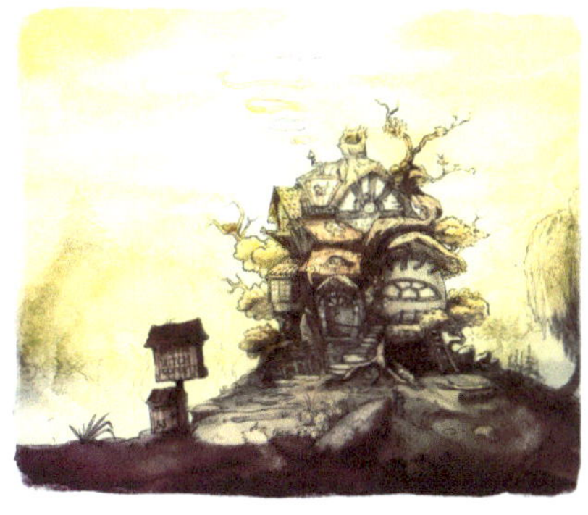

調整した画像

アウトプットに2つのポイントを追加して、直線からS字のカーブに変更しました。白いボックスの中でクリックするとポイントが追加されます。クリックした場所に新しいポイントが追加されます。線上でなくても構いません。ポイントをドラッグ移動するとカーブが更新されます。ポイントを削除するには、ポイントを選択(選択すると赤く表示される)した状態で**Delete**キーを押すか、ポイントを白いボックスの外にドラッグします。後者の方法だと、キーを押さないで手早く削除できます。

カーブを変更すると、プレビューチェックボックスがオンになっていれば、キャンバスでのプレビュー表示更新が行われます。この効果は1つのレイヤーに対するものなので、画像全体に対しては更新が行われません。もしすべてのレイヤーに変更を加えたい場合は、フィルタレイヤーを追加して、適用したい他のすべてのレイヤーより上にフィルタレイヤーを配置します。

さて、Sカーブの説明に戻ります。暗い部分のポイントを下側に沈めることで、暗い部分がより暗くなります。左側のカーブの開始部分は元の直線の始点より少し右にしています。左下のポイントを少し右に動かすことで、完全には黒ではなかった部分も黒にすることができます。明るい側の方も同様にカーブを編集しています。

よくわからなかったとしても、カーブを触ってみてください。実際に操作した方が理解しやすいはずです。カーブを変化させてどのように画像が更新されるか観察してみましょう。

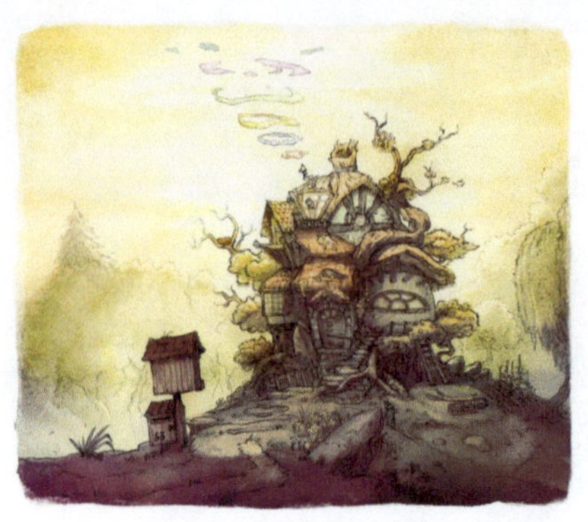

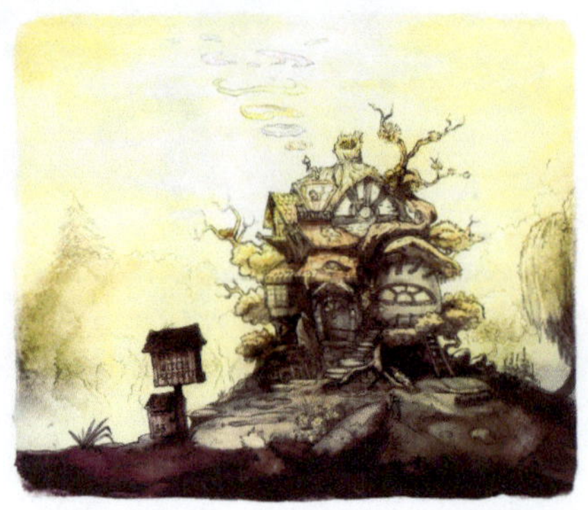

上図では、元々明るい部分が多かったので、明るい部分の変更はあまり感じられないかもしれません。暗い部分については違いがわかるはずです。家や背景の影が濃くなって立体感が増しています。

他の調整と同様、変更の良し悪しは感覚で判断します。いい結果になったと思えるまでカーブを調整してみましょう。

Tip

プレビューオプションをオンオフすることで、調整前と調整後の結果を簡単に比較することができます。

このフィルタを非破壊的に使用したい場合、レイヤードッキングパネルの「+」ドロップダウンメニューからフィルタマスクを追加します。フィルタマスクについての詳細はレイヤーの章を参照してください。

カラーバランス

色調は作品の雰囲気を作り出します。彩度の高い赤は、彩度の低い青とは違った雰囲気を持ちます。色による印象は主観的なものですが、視覚的な面白さを持たせることができます。時には、色塗りが終わってから、影部分と中間色の色調が近すぎると気が付くことがあります。また、塗り直しなしに、全体の色調を変えたいと思うかもしれません。こうした時にカラーバランス調整を使用すると、明るさの階調ごとに色をシフトさせることができます。

ここでは、ハイライトと影部分を分離させるために色味を加える例を紹介します。影部分に青を加え、背景が後退するようにします。そして、中間色には赤みを足して引き立つようにします。最後に、ハイライトに黄色を少し足して太陽の温かさを加えます。色のバランスフィルタはメインメニューの**フィルタ > 調整 > 色のバランス**にあります。ショートカット: **Ctrl + B** キー。

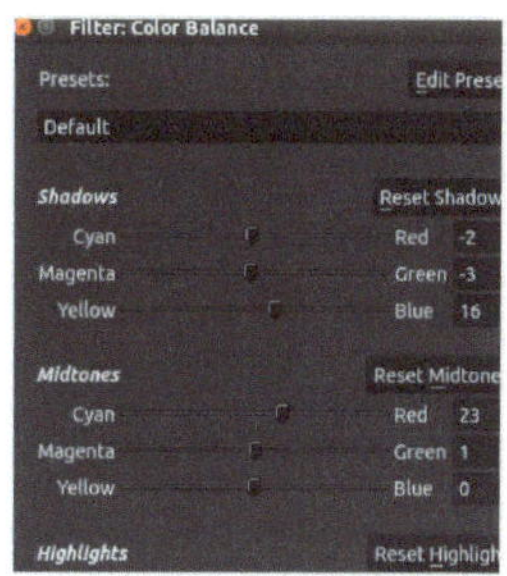

色のバランスの設定:シャドウ、中間色、ハイライトに対する色調整が行えます。フィルタマスクを作成をクリックすると、新しいフィルタマスクを作成し、調整効果を非破壊的に適用します。

シャドウはこの色バランス変更により暗く、強くなりました。他の調整同様、キャンバスでの結果を見ながら調整するのが一番です。パラメータ変更が結果にどう表れるか見てみましょう。よい調整ができた、と思ったら、プレビューをオンオフして調整前との結果を比べてみましょう。

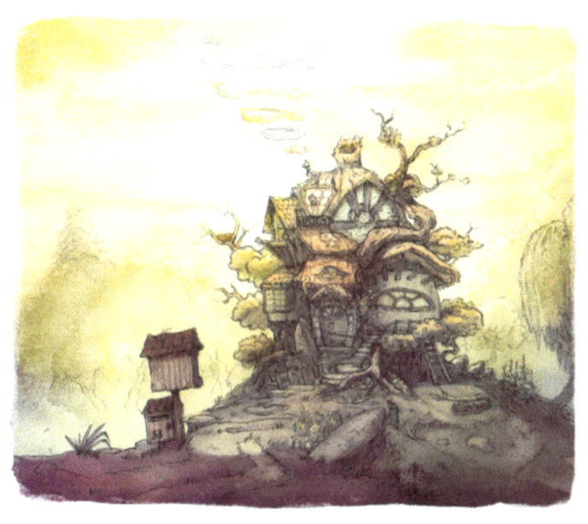

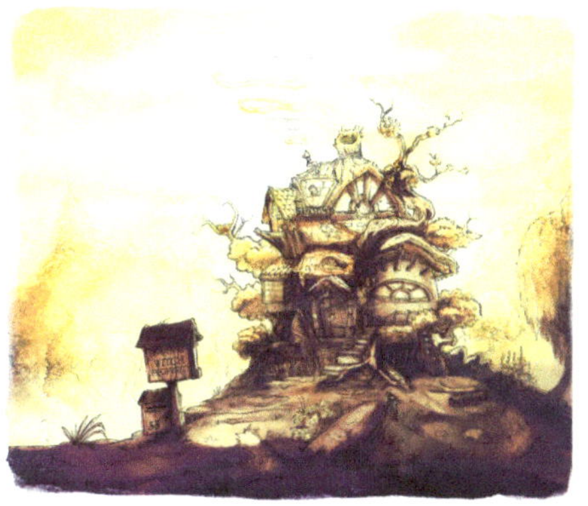

色相/彩度/明度の調整

もう一つよくある色調整は、色相/彩度/明度(HSV)補正がです。画像全体の彩度を落すことも簡単です。一方で、線画に色をのせることもできます。

上の例では、イラストをグレースケールで描きはじめました。中央の画像ではHSV補正を行いました。左のようなグレースケールの画像に色を追

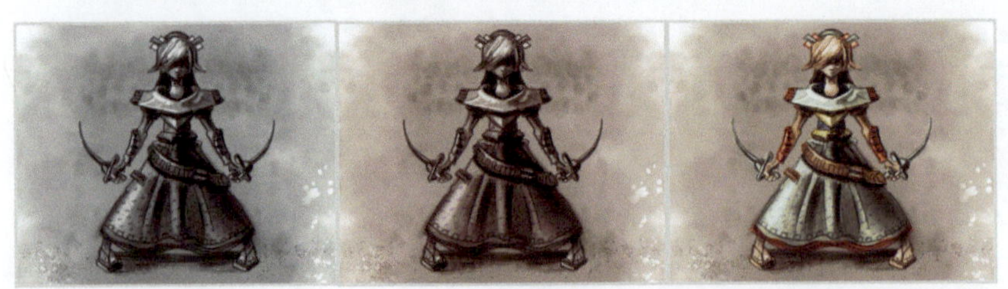

加したい時は、色付けオプションにチェックします。このオプションにチェックしないと、グレースケールに対する色相と彩度指定は無視されます。全体に色を載せることで、他の色とバランスをとることも楽になります。さらに色を追加した結果が右側です。HSV補正は、メインメニューの**フィルタ > 調整 > HSV補正**です。ショートカット: **Ctrl + U**キー。

フィルタ

フィルタは、レイヤーに行う画像処理と定義できます。ぼかしやシャープ化から、作品のスタイルを変えるようなものまで様々な効果のものがあります。ここまで説明してきた色調整もフィルタの一例になります。

フィルタを使う方法は2種類あります。1つ目はメインメニューのフィルタメニューから適用する方法です。メニュー内で、各フィルタはカテゴリに分類されて存在しています。2つ目の方法は、レイヤーメニューからフィルタレイヤーを追加する方法です。すべてのフィルタはキャンバス上でプレビューすることが可能です。すべてのフィルタをチェックしてみるのも面白いはずです。

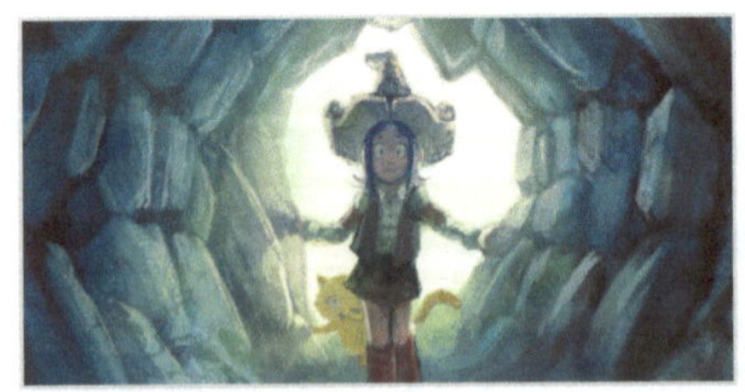

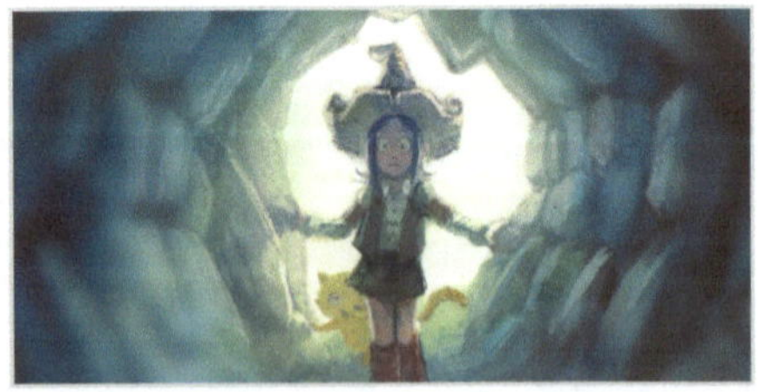

David Revoyによる作品

レンズぼやけフィルタを使うとエッジがぼやけます。ここでは効果をフィルタマスクとして適用しています。そしてマスクによって中央部分に効果が適用されないようにしています。

低速なフィルタと画像処理

処理に時間がかかるフィルタもあります。フィルタを適用しても何も変化が起きないように見えるときには、Kritaが処理中という場合もあります。処理の進行をチェックできるのは2箇所です。まず、レイヤードッキングパネルの各レイヤーの右側でチェックできます。もう一つは、右下のステータスバーです。フィルタだけではなく、リサイズ、選択内容の移動といった重い操作でも処理進行状況の表示がされます。

G'MICフィルタ

G'MICは画像処理に特化したフィルタエンジンです。G'MICは「GreyC's Magic for Image Computing(GreyCの画像処理の魔法)」の略で、「ギミック」と発音されます。G'MICには画像に適用できる数百のフィルタと効果が収録されています。フィルタは、調整やスペシャルエフェクト、パターン生成まで様々です。

G'MICはKritaに同梱されています。G'MICを使うには、まず適用したいペイントレイヤーを選択する必要があります。レイヤーを選択すると、メインメニューからG'MICのアイテムが使用できるようになります。メインメニューの**フィルタ > G'MIC**からG'MICのウィンドウを呼び出すことができます。

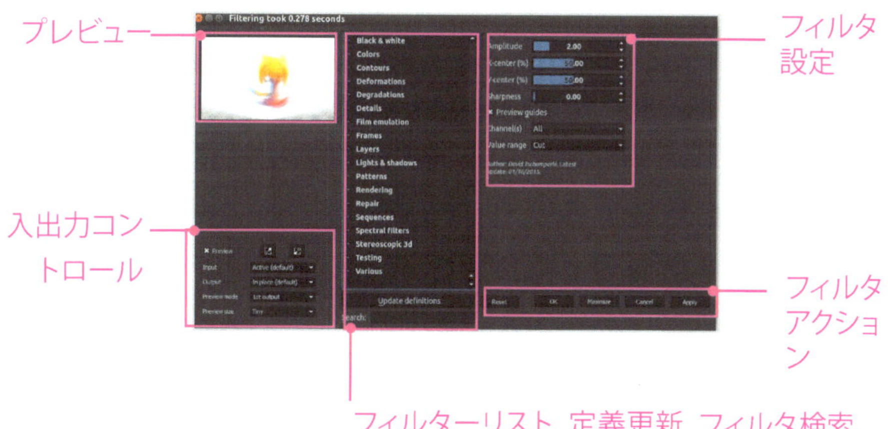

G'MICはKritaに同梱されています。G'MICを使うには、まず適用したいペイントレイヤーを選択する必要があります。レイヤーを選択すると、メイ

ンメニューからG'MICのアイテムが使用できるようになります。メインメニューのフィルタ > G'MICからG'MICのウィンドウを呼び出すことができます。

- **入力** – フィルタでインプットとして使用するレイヤーの指定
- **出力** – アウトプットの出力先の指定
- **プレビューモード** - プレビュー内容の指定
- **プレビューサイズ** - プレビュー表示のサイズの指定。On Canvasを選択すると、プレビュー結果がキャンバスに表示されます。フィルタの中にはとても計算が重いものがあるので、注意しないとKritaが計算で固まることになります。

中央のパネルには、すべてのフィルタがカテゴリ分けされてリストされています。最初のAboutカテゴリーは、G'MICについての情報表示です。+アイコンをクリックするｔｐ、カテゴリを展開できます。フィルタリストの下には**定義を更新**ボタンがあります。このボタンをクリックするとインターネットに接続してG'MICを最新版に更新します。更新後は一度G'MICのウィンドウを開き直すと、更新されたフィルタリストが表示されます。**定義を更新**ボタンの下には、フィルタの検索フィールドがあります。G'MICの新しいリリースや更新内容についてはG'MICのウェブサイト(http://gmic.eu)で確かめることができます。

ウィンドウの右側には選択したフィルタの設定が表示されます。フィルタによっては設定項目が少ないものも、多くの設定が用意されたものもあります。項目が多い時はスクロールバーが表示されます。

設定の下側には、すべてのフィルタで共通のアクションボタンが表示されています。左側から説明します:

- **リセット** - フィルタの設定をデフォルトに戻します。
- **OK** - 入出力コントロール 設定の通りフィルタを適用してこのウィンドウを閉じます。
- **最大化** - G'MICウィンドウを最大化します。

- **キャンセル** - 変更内容をリセットしてウィンドウを閉じます。
- **Apply** - フィルタを適用しますが、ウィンドウは開いたままになります。複数のエフェクトを続けて適用したい場合に便利です。

注意点

G'MICフィルタはフィルタマスクやフィルタブラシとして適用することができません。結果は破壊的に適用されます。レイヤーにG'MICフィルタを適用する場合、一度レイヤーを複製して、複製したレイヤーに効果を適用するのがよいかもしれません。G'MICの出力設定で、新しいレイヤーに結果を書き出すことも可能です。

G'MICはKritaに追加されて日の浅い機能で、いくつか使用できないフィルタもあります。使用できないフィルタもメニューに表示されていますが、フィルタが使用できないことを知らせるダイアログが表示されます。

G'MICの例

G'MICの様々なフィルタを試してみましょう。実際に使うようなものは多くはないかもしれませんが、エフェクトが豊富に用意されています。

処理に時間がかかるフィルタもあります。進行状況のバーが表示されますが、必ずしも信頼できません。表示される数字は進捗の実際のパーセントではいので、同じ数字が繰り返し表示されることもあります。以下は私が使いやすいと思うG'MICフィルタの結果サンプルです。

David Revoyによる作品

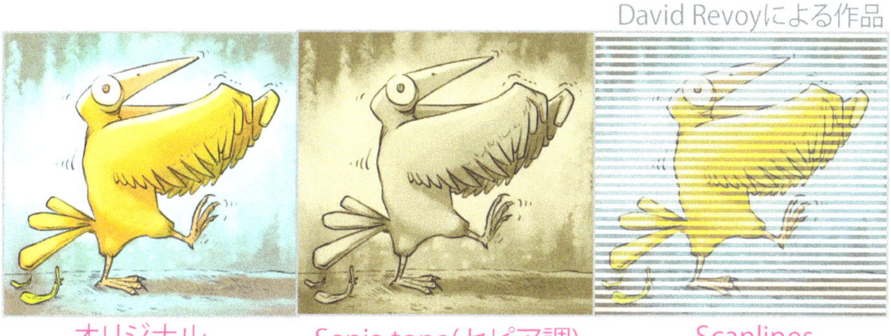

オリジナル　Sepia tone(セピア調)　Scanlines(スキャンライン)

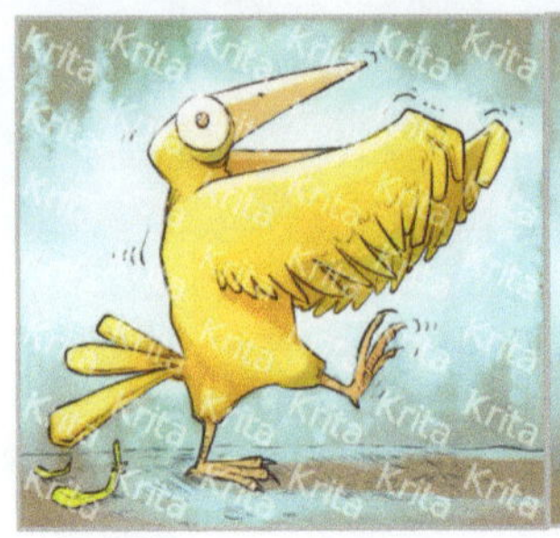

Visible watermark
(ウォーターマーク追加)

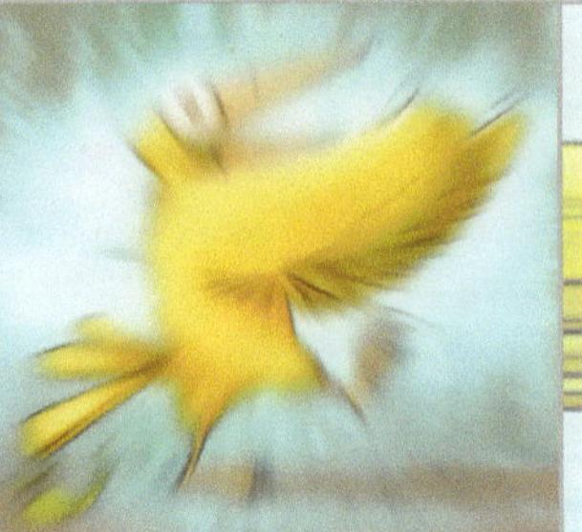

Blur[radial]
(放射状ぼかし)

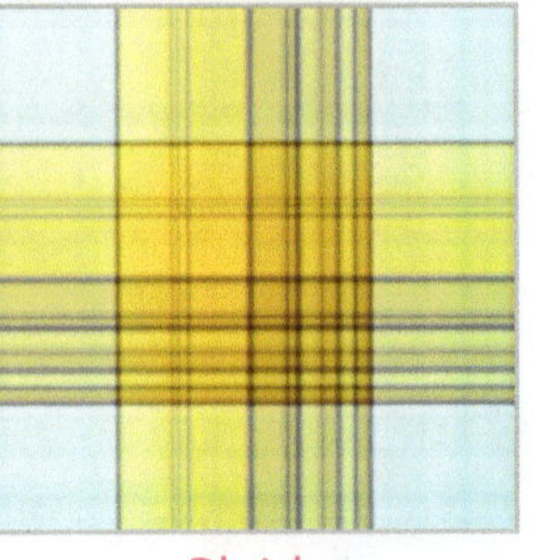

Plaid
(チェック模様)

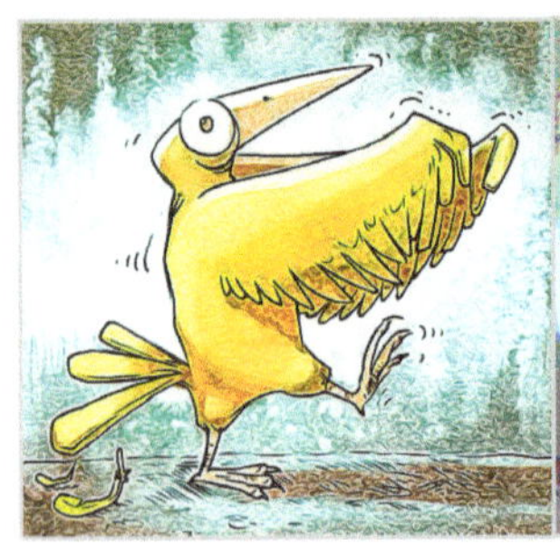

Graphic novel
(コミック)

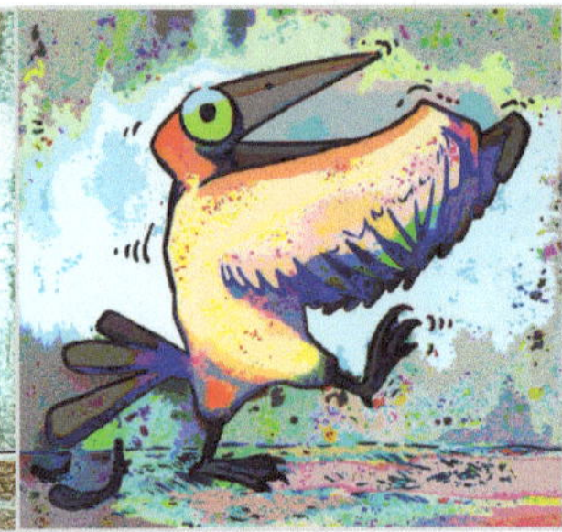

Abstraction
(抽象化)

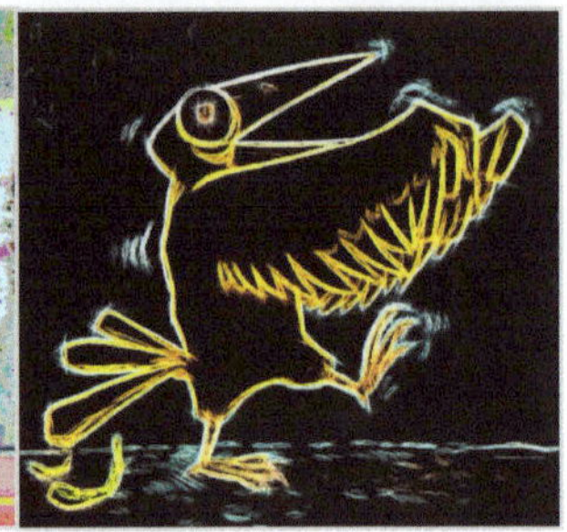

Black crayon graffiti
(黒背景にクレヨン落書き)

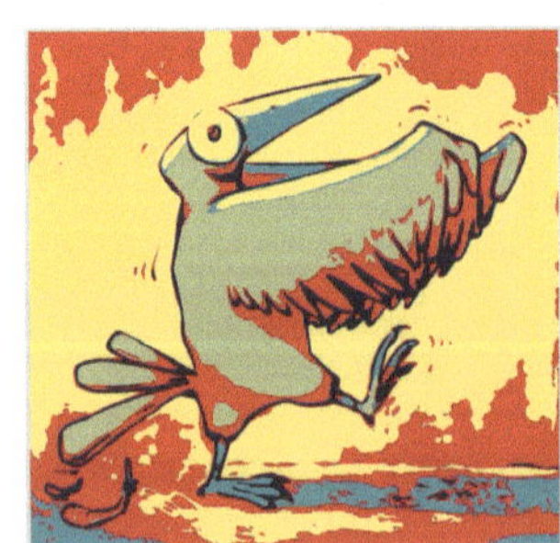

Hope poster
(Hopeポスター)

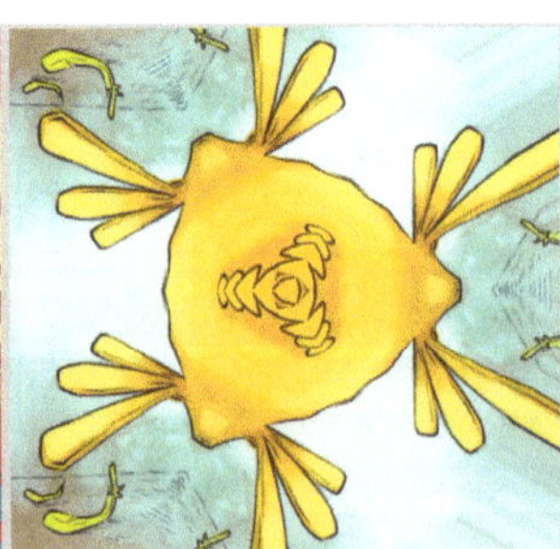

Kaleidoscope[symmetry]
(万華鏡シンメトリ)

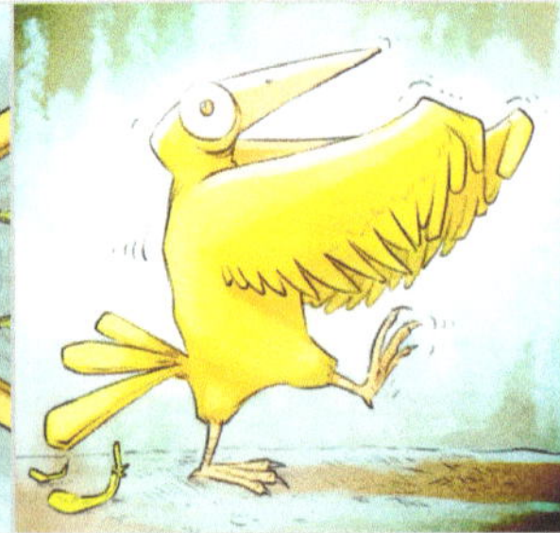

Light glow
(グロー)

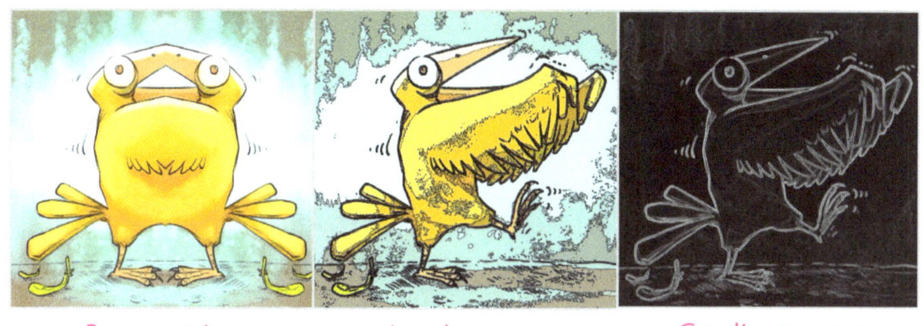

Symmetrize
(対称化)

Isophotes
(等照線)

Gradient norm
(グラデーション標準)

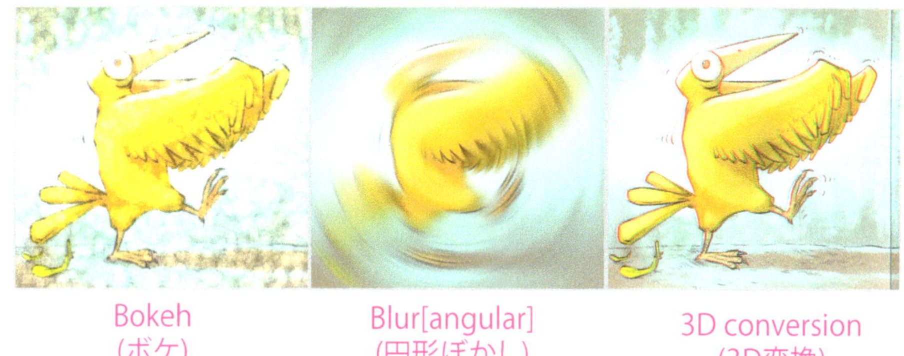

Bokeh
(ボケ)

Blur[angular]
(円形ぼかし)

3D conversion
(3D変換)

一部のフィルタが表示されない場合は、G'MICウィンドウでフィルタ定義を更新してみてください。

G'MICの効果の一部がこれで理解できたのでは、と思います。フィルタの中には、使用する前にレイヤー構造等のセットアップが必要なものもあります。そうしたフィルタの例は、David Revoyさんの記事、G'MIC line-art colorization(http://www.davidrevoy.com/article240/gmic-line-art-colorization)で紹介されています。(訳注:日本語訳http://sp-cute.hatenablog.com/entry/2014/10/12/142939)

レイヤースタイル

レイヤースタイルはレイヤーに対して非破壊的にエフェクトを適用します。レイヤーでのフィルタマスクを使ったエフェクトとも似ていますが、いくつか違いがあります。まず、レイヤースタイルでは複数のエフェクトを一度に適用することが可能です。一方で、レイヤースタイルにはマスク機能が存在せず、常にレイヤー全体に適用されます。レイヤースタイルはAdobe Photoshopから持ち込まれた機能です。

レイヤースタイルの追加は、メインメニューの**レイヤー** > **レイヤースタイル**、もしくはレイヤーの右クリックメニューからレイヤースタイルを選ぶことで行います。

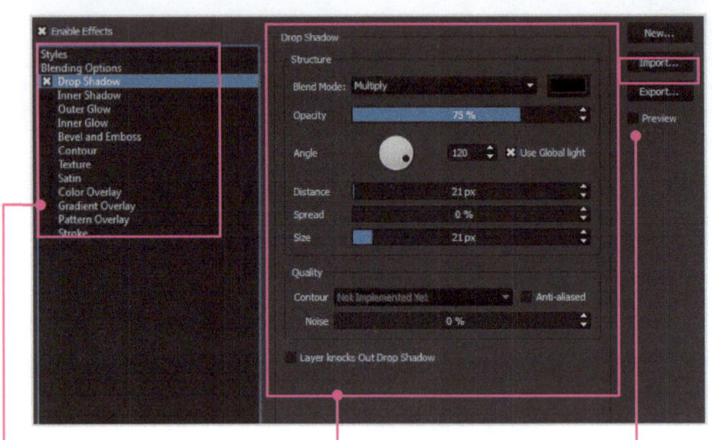

レイヤースタイルオプション: 有効にしたいスタイルのチェックボックスをクリックします。

各レイヤースタイルの設定を調整します。

キャンバスにプレビューを表示します。

レイヤースタイルダイアログには様々な設定があります。左側では適用したいスタイルを選択します。チェックが入っていないスタイルは適用されません。プレビューチェックボックスがオンになっていると、結果がキャンバス上にプレビュー表示されます。編集が終わったら**OK**をクリックしてください。

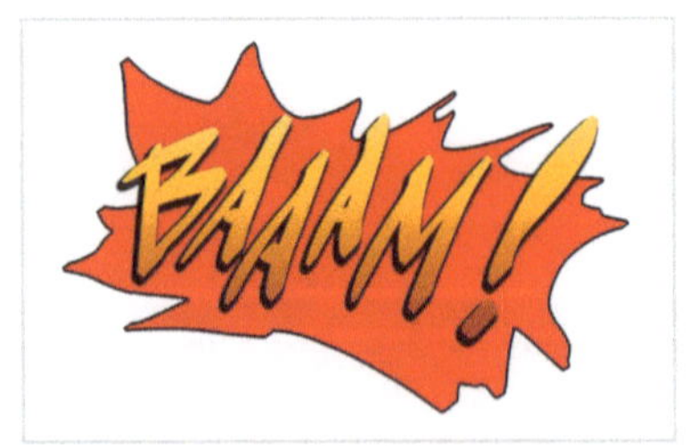

レイヤースタイルを使うとコミックの擬音テキストのようなエフェクトを簡単に作成できます。

レイヤースタイルの用途の一つはテキストエフェクトです。上の例では、描いたテキストに、グラデーションと縁取りエフェクトをレイヤースタイルで追加しました。スタイルの編集結果は即座に表示されます。

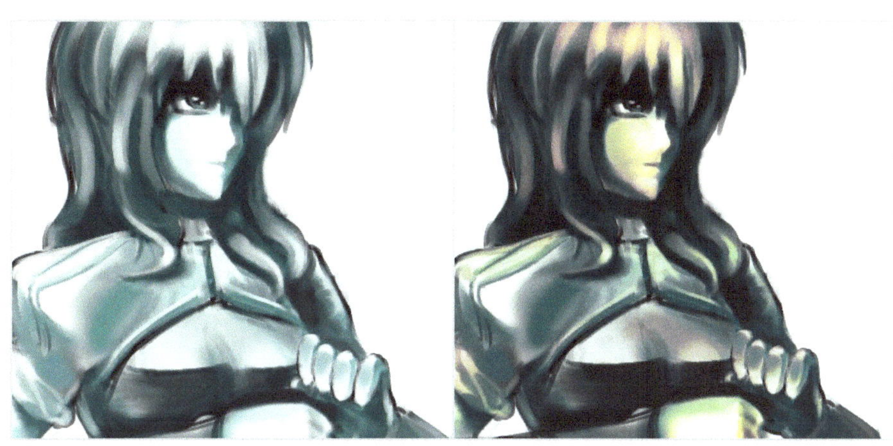

レイヤースタイルの用途はテキストだけではありません。グラデーションで作品にエネルギーを与えることもできます。上の例では、グラデーションレイヤースタイルを追加しました。合成モードは焼きこみで、色を焼き付けています。色合いを変更したい時も、グラデーションスタイルの編集から簡単に行えます。

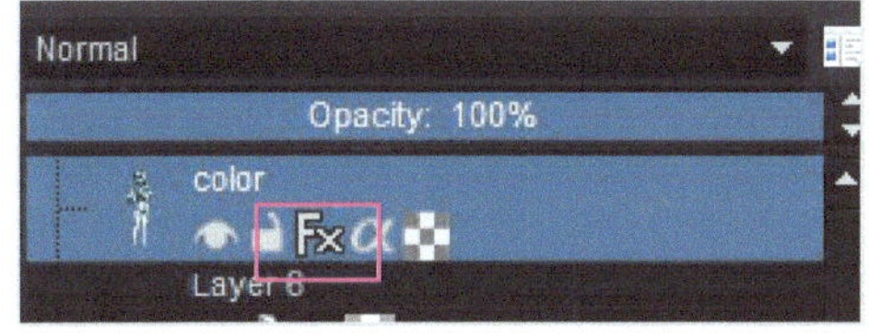

レイヤースタイルが追加されたレイヤーにはFxアイコンが表示されます。エフェクト表示のオンオフの切り替えが行えます。

Tip

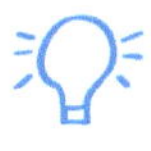

Kritaのバグを見つけたり、改善のアイデアがある時は、チャットルームやフォーラムでKritaコミュニティと話してみましょう。コミュニティは活発で、困った時にもお互い助け合っています。

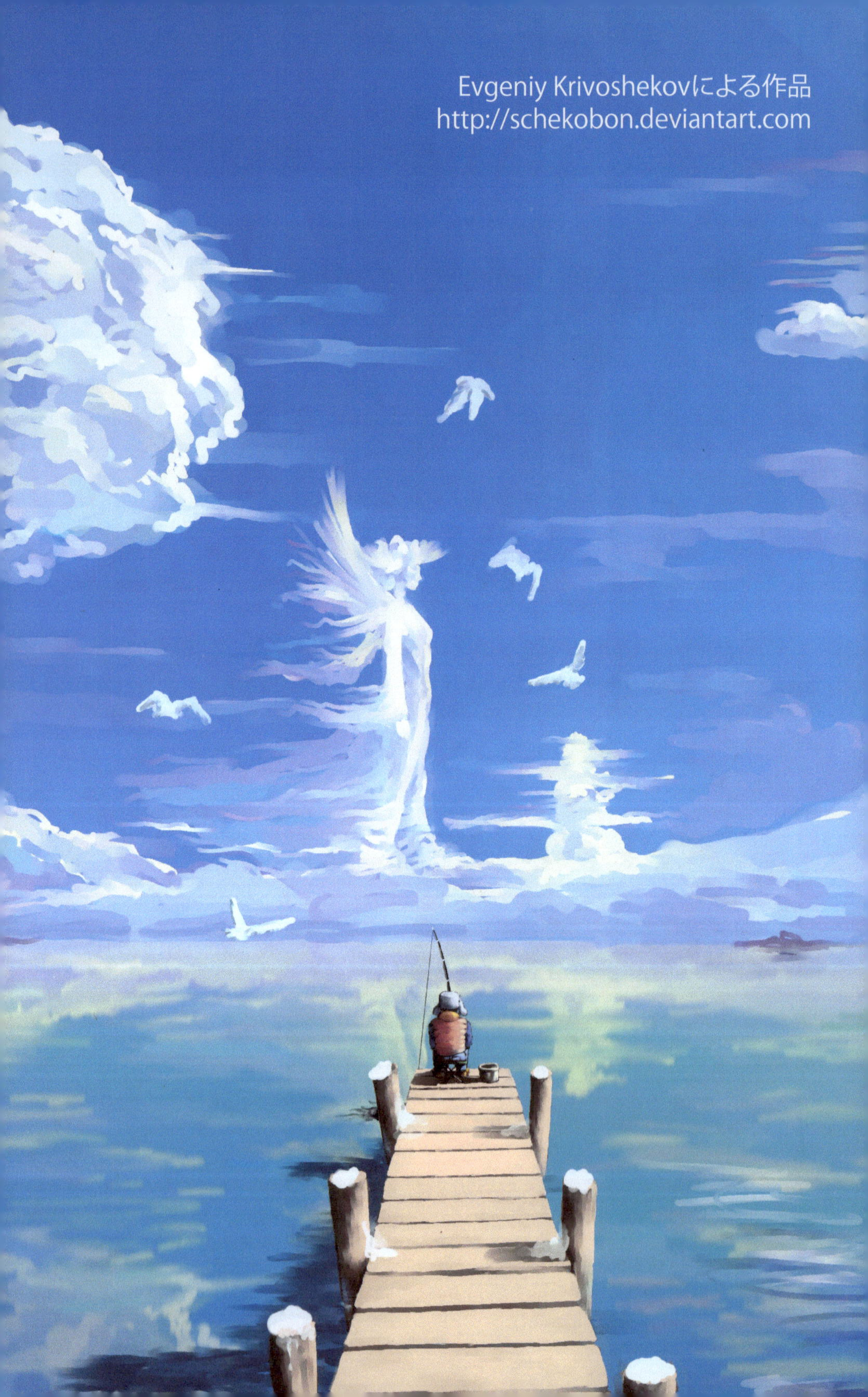

Evgeniy Krivoshekovによる作品
http://schekobon.deviantart.com

第7章

ブラシエディタの概要

Kritaの最も強力でユニークな機能の一つはブラシエンジンです。ブラシについての設定は幅広く行えるため、ブラシエンジンについて2つの章を用意しました。ペイント操作の基本の章で、タグを使ったブラシ管理について少し触れましたが、ブラシの調整やブラシの作成についてはこの章と次の章で説明します。ブラシエディタでは、ブラシの振る舞いを精細にコントロールすることが可能です。

この章では、ブラシエディタの概要について説明します。ペン入力の要素と共通のブラシ設定について見ていきます。次の章はブラシエンジンについて、個々のブラシエンジンの内部構造とオプションを詳細に説明します。この2つの章の知識を合わせれば、ブラシパラメータの調整も、新しいブラシ作成も安心して行えるようになるはずです。

他の機能についても同様ですが、実際に操作しながら学習することをおすすめします。本を読むことでも概要についてはわかるかもしれませんが、手を動かしてみないと知識を実際に使う時に苦労するかもしれません。

ブラシエディタユーザインタフェース

ブラシエディタは上部のツールバーから呼び出します。ブラシ設定を編集のアイコンをクリックすると、ブラシエディタが表示されます。ブラシエディタは5つの領域に分かれています。

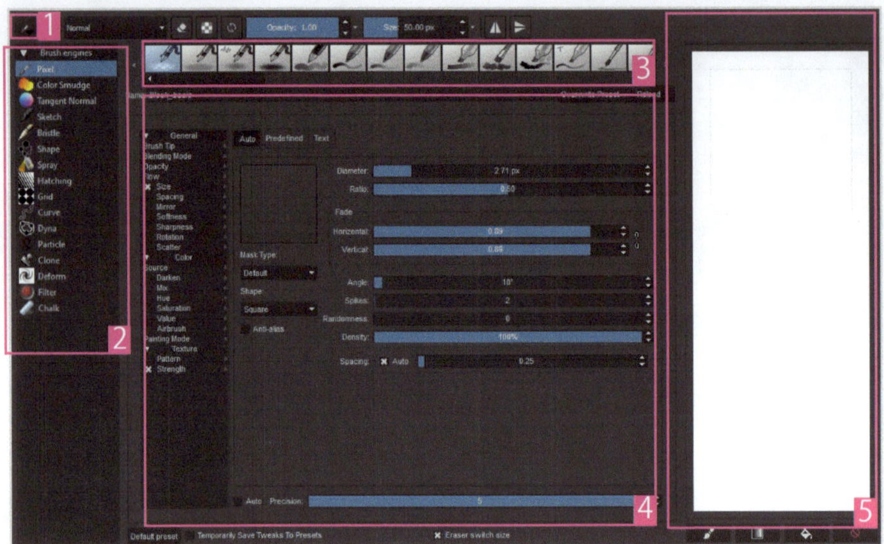

1. **ブラシエディタアイコン** –ブラシエディタの表示、非表示を切り替えるツールバーのアイコンです。
2. **ブラシエンジン** – ブラシの挙動の種類を決定します。
3. **プリセットストリップ** – 選択したブラシエンジンを使用するプリセットがリスト表示されます。プリセットを選択すると、選択したプリセットの設定がプリセットエディタに表示されます。
4. **プリセットエディタ** – 各プリセットの設定を編集します。
5. **スクラッチパッド** – ブラシをテストするための白紙のキャンバスです。上側の点線で囲まれた四角エリアはプリセットのサムネイルとして使用されます。

ブラシエディタの左側は、ブラシエンジンを選択するためのものです。Kritaには多数のブラシエンジンがあります。プリセットストリップには選択したブラシエンジンを使用しているプリセットがすべて表示されます。プリセット数が多い場合は左右の矢印でスクロール可能です。

別のブラシエンジンを選択すると、プリセットストリップ、プリセットエディタの設定内容が変更されます。ブラシエンジンによって設定可能なパラメータは異なります。プリセットを選択すると、選択したブラシプリセット名がプリセットエディタだけではなく下側のステータスバーにも表示されます。

ブラシ編集の大部分はプリセットエディタで行います。プリセットエディタの設定はGeneral(一般)、Color(カラー)といったカテゴリー分けがされています。設定項目の詳細は右側に表示されます。左側で設定項目を選択すると、右側の詳細表示が更新されます。設定項目のほとんどは必須ではありません。

間隔など、チェックボックスが表示されている設定項目もあります。チェックボックスをオンにすると、その設定項目がブラシストロークの処理で使用されます。設定項目の詳細を変更しても、項目自体のチェックボックスがオフだとストロークに影響しません。ブラシ先端といった常に使用される設定項目にはチェックボックスは表示されていません。

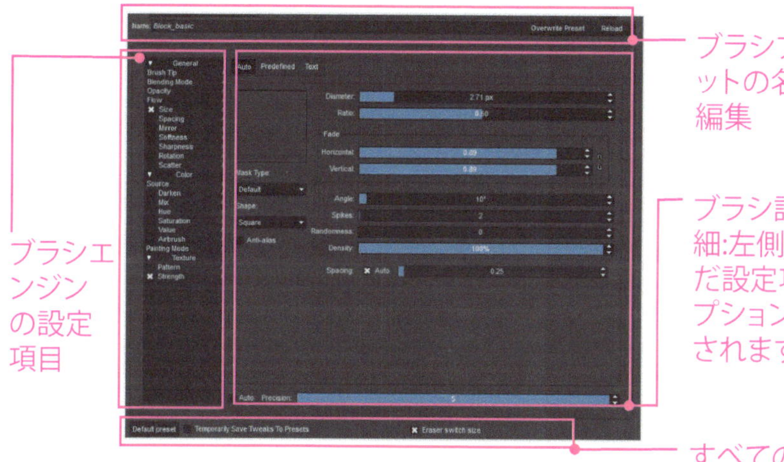

それぞれのブラシエンジンによって用意された設定項目は異なります。一部項目は共通していますが、ブラシエンジン固有の設定もあります。

各設定項目の右側にはロックアイコンがあります。ロックアイコンをダブルクリックするとその設定項目はロックされます。例えば、ブラシ先端の設定項目を表示した状態で、上のプリセットストリップから異なるプリセットを選ぶと、通常はそれぞれのプリセットのものに合わせて設定内容の表示が変更されます。一方で、サイズのロックをダブルクリックしてから、別のプリセットを選ぶと、サイズの設定は変更されません。ある設定項目の内容を複数のブラシで使い回したい場合にロックは便利です。

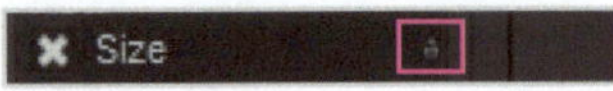

設定項目をロックすると違うプリセットを選んでもロックされた内容は変更されません。

ロック時にロックアイコンの右クリックメニューから2つの解除オプションを選択できます。プリセットから設定を復元するか、現在の設定を維持するかを選べます。

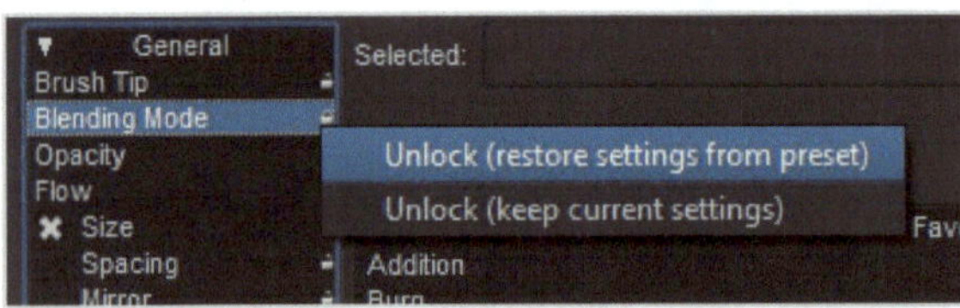

ロックアイコンの右クリックでロック解除のオプションを選択できます。

スクラッチパッド

ブラシエディタの右側には、白紙のキャンバス領域があります。この部分はスクラッチパッドと呼ばれています。ブラシの試し書きのための領域です。下図のように、スクラッチパッドの上部に点線で囲まれた四角の領域があります。この部分はプリセットサムネイルと呼ばれます。ブラシ設定を編集して、新しいブラシとして保存するときに、このプリセットサムネイル部分の内容がブラシのサムネイルとして使用されます。何も描かれていないとサムネイルは白紙になります。

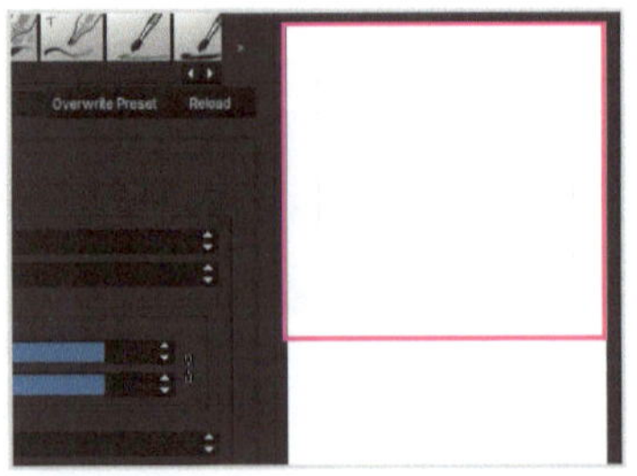

プリセットサムネイル領域:ブラシ作成、編集時にサムネイルとして使用されます。サムネイルはプリセットストリップで使用されます。

スクラッチパッドの下にはボタンが4個あります。左から機能を説明します。

- **現在のアイコンでプリセット領域を塗りつぶす** – 現在のプリセットのアイコンをプリセットサムネイル領域に描画します。既にあるブラシプリセット内容を変更していて、現在のサムネイルを使い続けたい場合、プリセット保存の前にこのボタンを忘れずクリックしましょう。
- **グラデーションで領域を塗りつぶす** - 選択されているグラデーションでスクラッチパッドを塗りつぶします。
- **背景色で領域を塗りつぶす** – 現在の背景色でスクラッチパッドを塗りつぶします。
- **範囲を白へとリセット** – スクラッチパッドを白で塗りつぶします。

グローバル設定

時に見落とされていますが、ブラシエディタの下部には、すべてのブラシエンジンに共通した設定が用意されています。

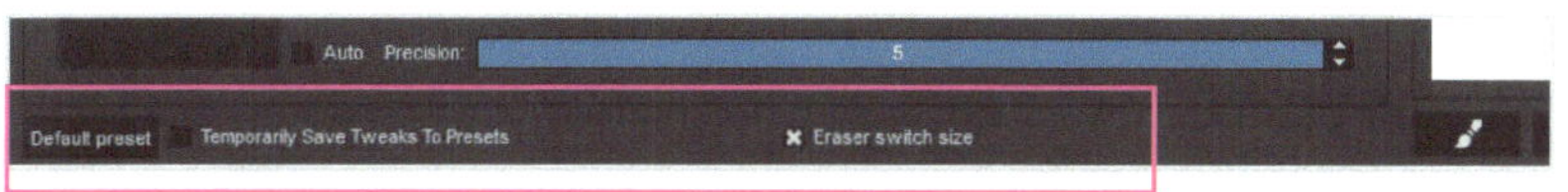

- **デフォルトプリセット** – ブラシ設定を選択しているブラシエンジンのデフォルト値にリセットします。選択しているプリセットをデフォルト値に戻す機能ではありません。通常はこのボタンではなく、選択したプリセット内容を復元する再読み込みボタンの方を使うことになるでしょう。
- **一時的にプリセットの小変更を保存** – この機能の詳細については後述します。
- **消しゴム切り替えサイズ** – 消しゴムモードが独立したサイズを記憶するようになります。線画、ペン入れの時に便利かもしれません。

一時的にプリセットの小変更を保存

通常は、ブラシプリセットに変更を加えても、プリセットの上書き保存をしなければ、ブラシを変更した時にプリセット変更内容はリセットされてしまいます。ブラシプリセットを頻繁に切り替える人の場合、この挙動は不便かもしれません。デフォルトのブラシを上書きせずに、Kritaのセッション中だけ一時的にプリセットの変更内容を保持したい、というユーザ向けに、**ダーティープリセット**と呼ばれる機能が用意されています。

一時的にプリセットの小変更を保存のチェックボックスをクリックすると、その場では何も起こりません。プリセットの内容、例えば回転の設定項目、を変更すると、下図のように2つの変化があらわれます。変更を行ったプリセットに対して、プリセットストリップのサムネイルの左上部分に鉛筆アイコンが追加されます。また、プリセット名表示の右側に**再読み込み**ボタンが表示されます。

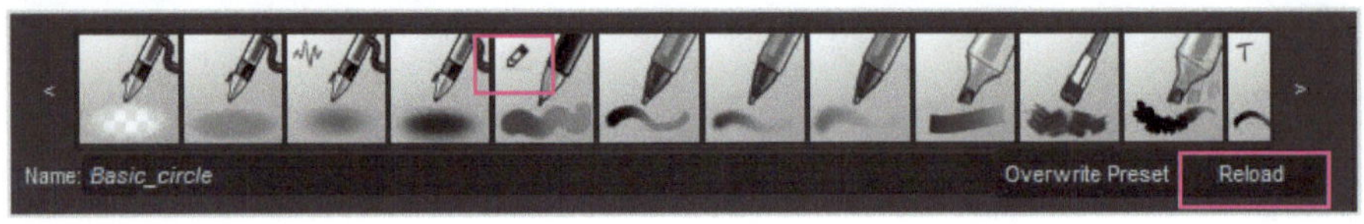

他のプリセットを選択しても、最初のプリセットには鉛筆アイコンが表示されたままです。最初のプリセットに戻ってきた時にも、プリセットに加えた変更内容は記憶されています。

再読み込みボタンをクリックすると、プリセットの元のデフォルト値が読み込まれます。設定項目を変更していて何かおかしくなってしまった時は、再読み込みボタンを押してブラシ編集をやり直すことができます。

ブラシエディタの右クリックメニューオプション

ブラシエディタ内で右クリックするとオプションが表示されます。

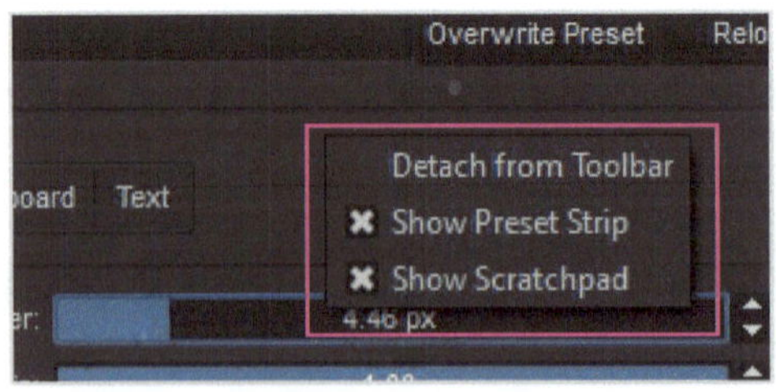

エディタの右クリックから追加の表示オプションにアクセスできます。

- **ツールバーからピン留めを外す** – ブラシエディタをツールバーから切り離します。切り離されたエディタはフローティングウィンドウになり、自由に移動できるようになります。フローティング中はこのオプションはツールバーにピン留めに変化します。
- **プリセットストリップを表示** – ブラシエディタ上部のプリセットストリップの表示、非表示を切り替えます。
- **スクラッチパッドを表示** - ブラシエディタ右側のスクラッチパッド領域の表示、非表示を切り替えます。

ブラシの共通設定項目と固有の設定項目

共通設定項目は、複数のブラシエンジンに用意された設定項目です。例えば、ブラシ先端はKritaのブラシエンジンの約半数が共通して使用している設定項目です。

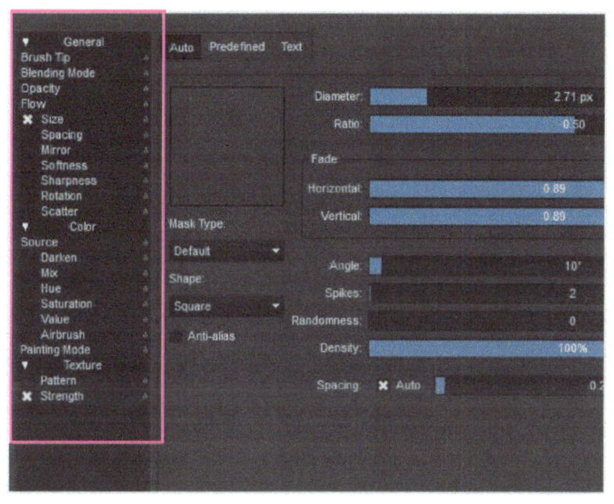

ピクセルブラシエンジンに用意された設定項目一覧。ブラシ先端は多くのブラシエンジンで使用されている設定です。

各設定項目は、どのブラシエンジンでも同じ機能を持ちます。一つのブラシエンジンである設定項目の機能を理解すれば、その項目についての知識は他のブラシエンジンでも役立ちます。色ぼかしブラシエンジンや絵筆エンジンを見てみると、ブラシエンジン間で共通している項目を理解できるはずです。

共通設定項目を理解すれば、ブラシの調整、作成が楽になります。代表的な共通設定項目を以下に紹介します。

- **合成モード** – ブラシ描画がレイヤーにどのように影響するかを決定します。これはブラシに対する設定です。レイヤーの合成モードはこの設定とは別に計算が行われます。
- **不透明度** – ブラシストロークがどのくらい透明かを決定します。
- **流量** – ブラシの描点の透明度をコントロールします。不透明度と流量の違いの詳細についてはペイント操作の基本の章を参照してください。
- **シャープネス** – ブラシストロークのスムージングを減らします。ピクセルアートを作りたい場合に便利です。
- **色相** - 色の色相をシフトさせます。
- **間隔** – ブラシ描点の間隔を変更します。間隔を小さすぎる値にすると処理が遅くなります。
- **Texture** – ブラシストロークにテクスチャを設定します。

設定項目もその中のプロパティも様々なものがあります。実際に値を変更してみるのが理解するための一番の方法です。既存のブラシの設定項目を参考にするのも理解の助けになります。

タブレットペン設定の概要

ブラシエディタの設定パラメータの多くには、タブレットペンのための設定が用意されています。どのセンサーが利用できるかはタブレットの種類によって異なるため、あなたのタブレットの種類によっては、動かない入力設定もあるかもしれません。例えば、傾きや接線筆圧をサポートしていないタブレットもあります。タブレットが何をサポートしているかわからない場合は、タブレットのメーカーサイトで確認してください。

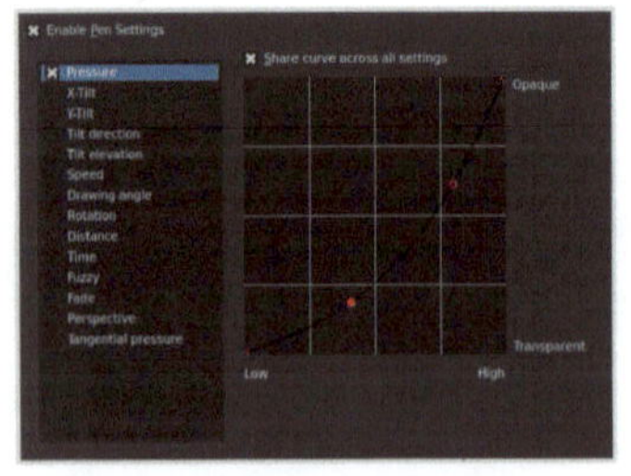

筆圧カーブはブラシエディタの多くの設定に存在します。すべての設定で曲線を共有、のオプションをチェックすることで、複数の設定項目で同じ筆圧カーブを共有できます。

設定項目の多くには、編集可能なカーブが用意されています。カーブを編集することで筆圧がどのように解釈されるかを調整できます。見ているだけだと複雑そうに思えるかもしれないので、いくつか実験をしてみましょう。ピクセルブラシエンジンから、Airbrush_Pressureのプリセットを選択します。そしてこのプリセットの不透明度の設定を表示します。パラメータを変更する前に、現在の挙動を知るためにスクラッチパッドに試し書きをしてみてください。筆圧で結果が変わることを確かめましょう。

筆圧に対する解釈を決めるカーブは、各設定項目に対して別々に設定することができます。自由度は高いのですが、使う項目すべてにカーブを設定するのが面倒な時もあります。各項目で共通して使用するカーブを指定するには、**すべての設定で曲線を共有**のチェックボックスをオンにしてください。これをオンにすると、1つのカーブがすべての設定で共有されます。

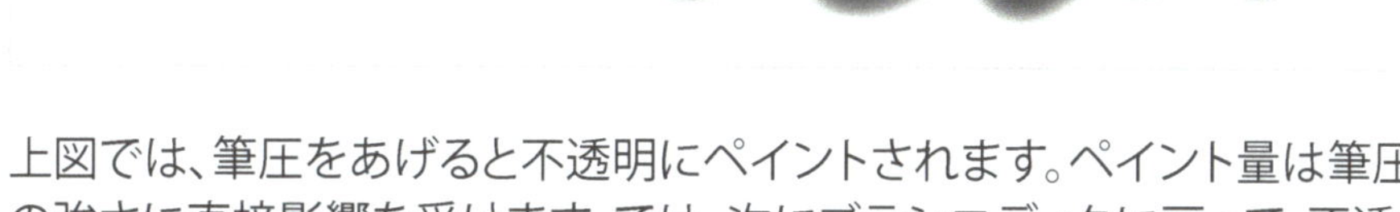

上図では、筆圧をあげると不透明にペイントされます。ペイント量は筆圧の強さに直接影響を受けます。では、次にブラシエディタに戻って、不透明度の**ペンの設定を有効にする**のチェックボックスをクリックして無効にしてみてください。チェックを外すと筆圧による不透明度のコントロールが無効になります。また試し書きをしてみましょう。

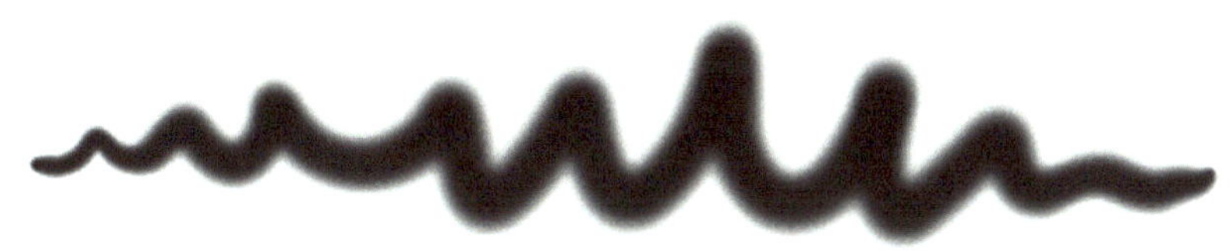

ブラシサイズは引き続き筆圧の影響を受けますが、ペイントの透明度については常に一定で不透明にペイントされます。不透明度に対してペンの設定を無効にしても、他の設定項目では筆圧が使用されています。ペ

ンの設定を戻す前に、もう一つ試してみましょう。ペンの設定の上に、不透明度の設定があります。不透明度を0.25(25%)に変更してまた試し書きしてみてください。ブラシストロークが薄くなります。

筆圧の影響はないので、不透明度は常に25%でペイントされています。他の線の上にペイントすると、色が塗り重なっていくのがわかります。

では、普段の設定に戻してみましょう。プリセットの設定をリセットするには、ブラシエディタのプリセット名の右側の**再読み込み**ボタンをクリックします。他のプリセットを選んでからプリセットを再選択することでも設定がリセットされます。他のピクセルブラシエンジンのプリセットもチェックして筆圧設定がよく使われていることを確認してみましょう。

これがペン設定の概要です。ここからは、ペンの入力と、ストロークへの影響を見てみましょう。タブレットによってサポートする入力設定は異なるので、もし自分の環境で動かない設定があってもコンピュータを呪って窓から投げ捨てるのはやめましょう。

ペンの入力センサ

ここまで筆圧について見てきましたが、タブレットでは筆圧以外の入力も利用できます。ここで利用可能な入力センサについて見てみましょう。それぞれの入力センサにカーブを関連づけることができます。各センサがどのような操作と関連しているのかを説明するイラストも用意しています。

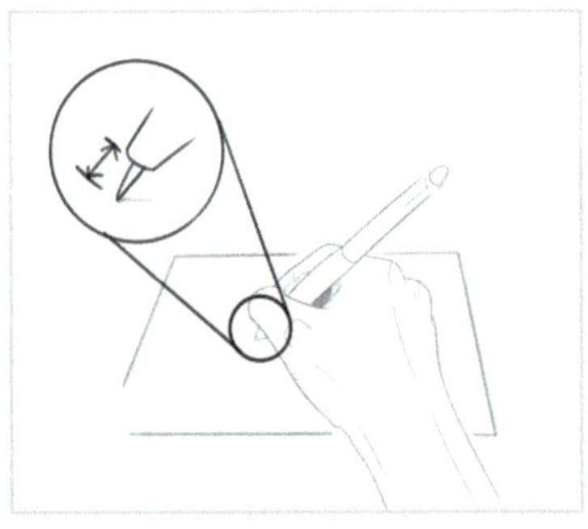

圧力(筆圧)

スタイラスペンにかかった力をタブレットは記録します。大部分のタブレットは筆圧をサポートしています。ただ、アーティスト向けではない廉価版タブレットでは、筆圧がサポートされていないケースもあるかもしれません。

PressureIn(注：2.9. 11日本語UIでは「圧力」と、上の項目と同じラベルが付いている)

筆圧と似ていますが、筆圧はブラシストローク内で値が高い値にも低い値にも変化しますが、PressureInの値は1つのストローク内では高い方向にのみ値が変化していきます。

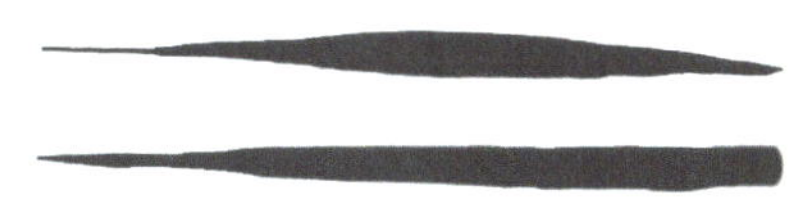

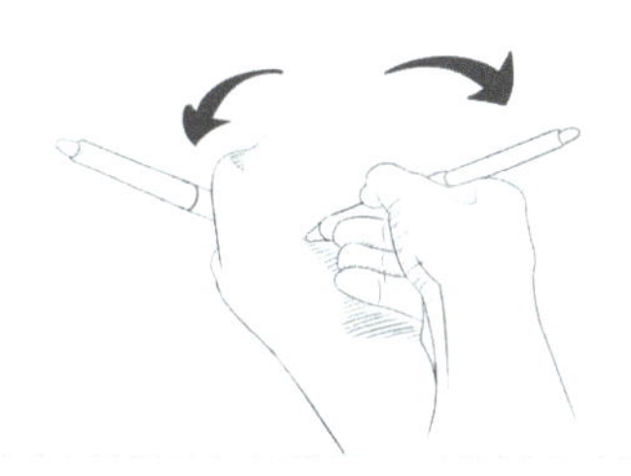

X傾斜

X傾斜はペンとタブレットの間のX軸方向の角度の値です。-30度(左傾斜)から30度(右傾斜)の範囲の値を取ります。

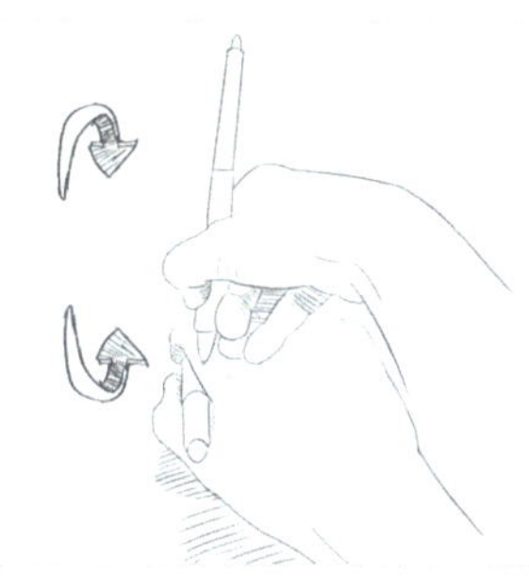

Y傾斜

Y傾斜はペンとタブレットのY軸方向の角度の値です。-30度から30度の範囲の値を取ります。

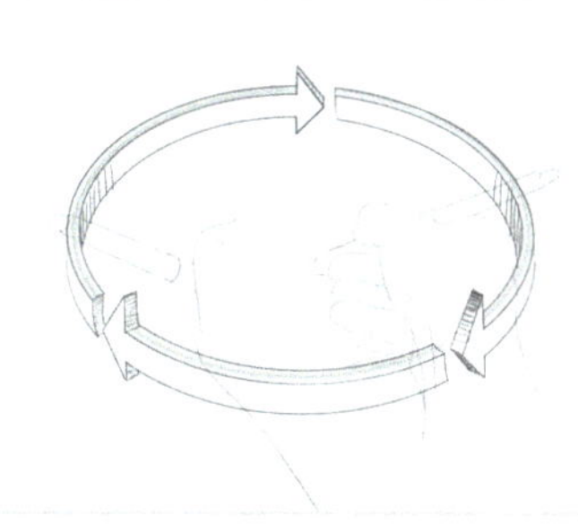

傾斜方向

傾斜方向は、ペンとタブレットの間の角度の値です。手前に傾けると0度、右に傾けると90度です。最大は359度です。

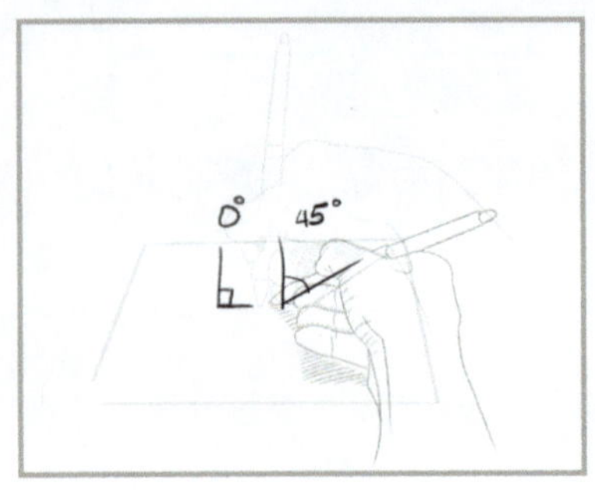

傾斜高さ

ペンを持つ角度です。垂直に立てた状態が0度です。寝かせた状態が90度ですが、実際は寝かせるとタブレットの上にペンが横になってしまうのでこの値はほぼ実現不可能です。リアルな感覚を得るために、この項目のカーブを調整する必要があるかもしれません。ペンの向き(東西南北)は関係ありません。

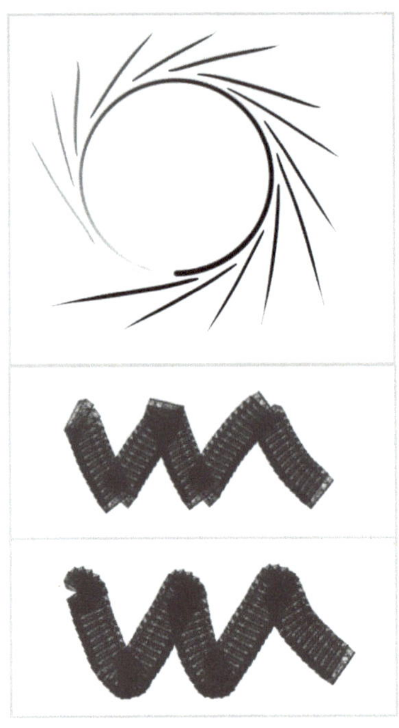

描画角度(ソフトウェア)

ペイントしている方向の情報です。上の図のサンプルでは、水平に近い線は薄くなっています。359度の時に最少で、1度の時が最大になっています。内側の円を見てわかるように、連続して計算されます。

角を丸くする

描画角度センサには、**角を丸くする**チェックボックスが用意されています。最初の例は、角を丸くするをオフにしているので、角がシャープになっています。角を丸くするにチェックすると、角を丸く埋めるようになります。

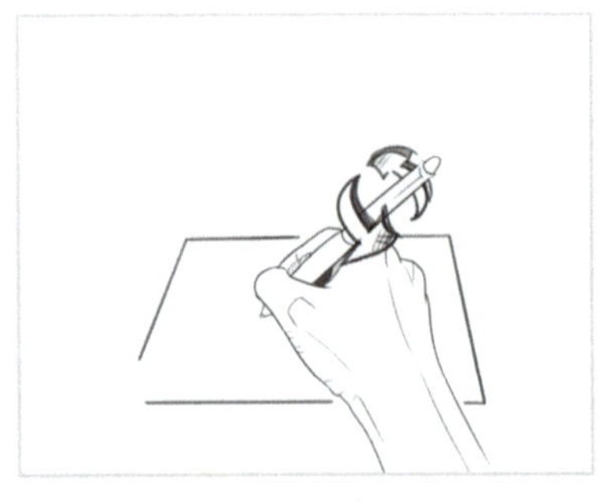

回転

スタイラスのひねり角度です。このセンサをサポートしているタブレットは多くありません。Wacomの6Dアートスタイラスなどの高級ペンではサポートされています。値は0度から360度です。

速度(ソフトウェア)

ペンストロークの速度によってこのセンサの値は変わります。ペンを早く動かすと、高い値になります。

距離(ソフトウェア)

ブラシストロークが長くなるほど値が減ります。インクをつけたペンのようなエフェクトを再現します。指定した長さ(ピクセル)にあわせて値が変化していきます。以下の例は、繰り返しチェックボックスをオフにした例とオンにした例です。繰り返しをオンにすると、インクがなくなっても、またインクが補充されて、効果が最初から繰り返されます。

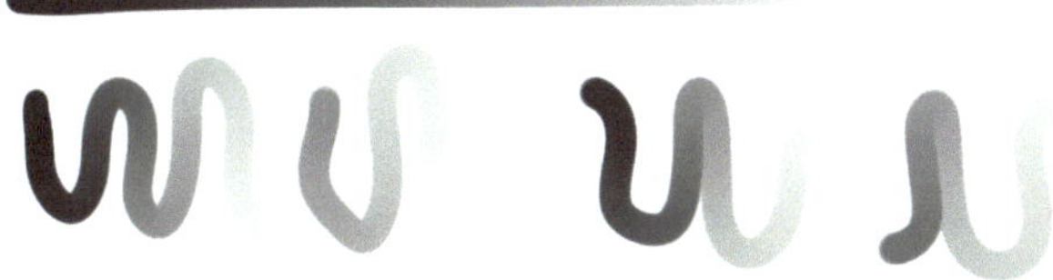

時間(ソフトウェア)

ブラシがストロークをやめるまでのカウントダウン設定のようなものです。時間の持続を3秒に設定すると、3秒に近づくほど値が減少します。3秒たつと、繰り返しチェックボックスにチェックを入れていないと値は0になったままです。繰り返しにチェックした場合は、またカウントダウンが繰り返されます。

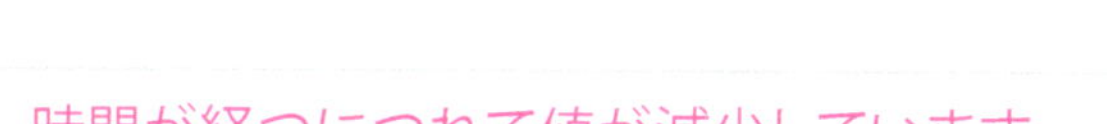

時間が経つにつれて値が減少しています。

ファジー(ソフトウェア)

ブラシストロークにある種のランダムさを追加します。以下の例では不透明度にファジーを追加しました。上のストロークはファジーなし、下のストロークはファジーありです。このエフェクトのコントロールはカーブでのみ行います。

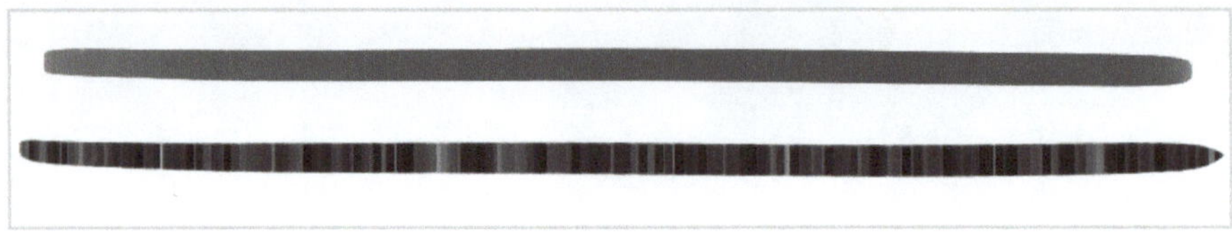

フェード(ソフトウェア)

描点の発生数によって値が変化します。距離センサと似ています。距離センサはブラシストロークの距離によって値が減少します。フェードでは描点の数によって値が減少します。ブラシの間隔を変更するとフェードがよりわかりやすくなります。

遠近法グリッド(ソフトウェア)

消失点に近づくほどストロークが変化します。アシスタントツールの遠近法グリッドに対して機能します。遠近法グリッドツールで作成したグリッドに対しては機能しません。個々の遠近法グリッドに対して、独立して機能します。

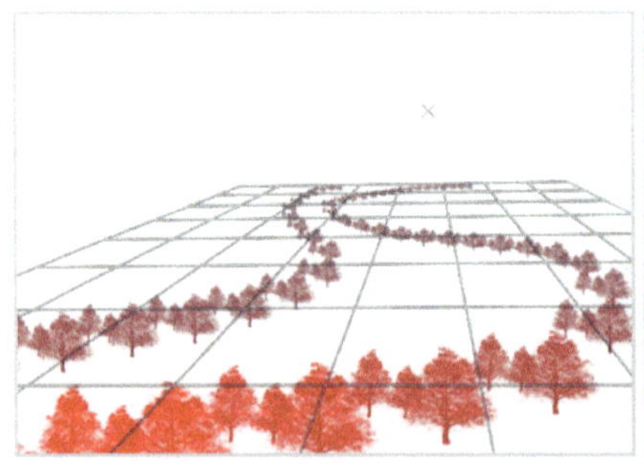

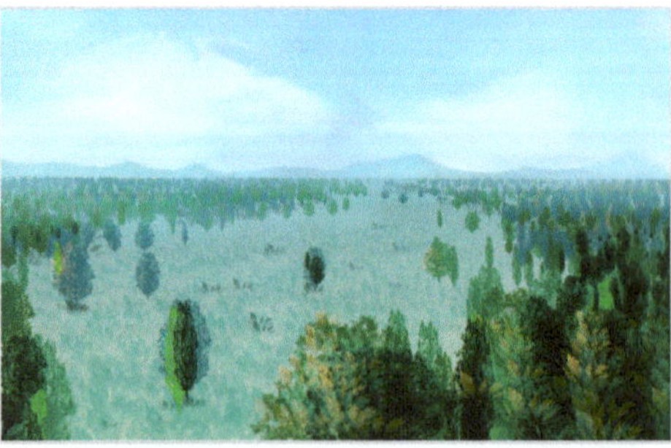

上の例では、木のブラシを作成して、サイズ設定に**遠近法グリッド**センサを割り当てました。消失点に近づくほど自動的にブラシサイズが小さくなっています。大きさを考えなくても自動でサイズ変更を行えます。この機能を使う際には、グリッド内にストロークが留まることが重要です。グリッドの外では遠近法グリッドセンサは無視されて、予期しない結果になるかもしれません。

接線筆圧

エアブラシスタイラスで使用されるセンサで、スタイラスの上部についたホイールでコントロールします。値は正の値も負の値も取ることが出来ます。0がニュートラルポジションです。バレルプレッシャーと呼ばれることもあります。興味があれば、Wacom Intuos エアブラシを検索してみてください。

メモ

あなたのペンはセンサのすべてをサポートしているわけではないはずです。どのセンサをサポートしているかテストするには、設定項目にセンサを割り当ててスクラッチパッド内で試し書きをしてみてください。ペンの設定ではどれかの項目をオンにしておく必要があります。各センサをオンにして他のセンサをオフにする、という作業を繰り返して実験します。

カスタムブラシプリセットの共有

Kritaではあなたが作成したブラシプリセットを他のユーザと共有することができます。ブラシのファイルフォーマットはKPPです。このファイルにはプリセットサムネイルとブラシの設定が保存されています。新しいブラシを作成すると、あなたのPCのpaintoppresetsフォルダにブラシファイルが追加されます。保存場所を見つける簡単な方法はリソースマネージャを使うことです。メインメニューの**設定 > リソースを管理**からリソースマネージャを開くことができます。**リソースフォルダを開く**ボタンをクリックしてpaintoppresetsフォルダを見てみましょう。

ブラシ先端を追加した場合は、同じリソースフォルダのbrushesフォルダに追加されます。カスタムブラシを配布する場合は、通常、brushesフォルダとpaintoppresetsフォルダを圧縮(zip)して配布します。もちろん、デフォルトのプリセットではなく、追加したファイルだけをパッケージ化します。

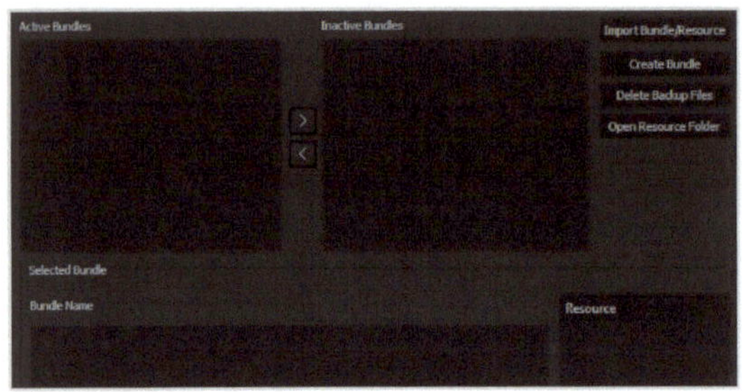

リソースマネージャではブラシとアセットの管理を行えます。使用したいバンドルをアクティブにすることもできます。アクティブではないバンドルはKrita内で使用されません。

ファイル共有のもう一つの方法は、バンドルを作成することです。**バンドルを新規作成する**ボタンをクリックして、ブラシ、パターン、プリセットといったものを追加します。バンドルを作成する時には、左側の領域に名前や説明といったメタデータを入力します。バンドルはリソースフォルダのbundlesフォルダに保存されます。

バンドルファイルの実体はzipファイルです。ダウンロードしたバンドルがなぜかうまく読み込めない、という場合には、バンドルファイルを手動でzipとして展開して、中身のブラシやプリセットをコピーして使うこともできます。バンドルの拡張子を.zipにリネームすると展開プログラムにzipファイルとして認識させることができます。

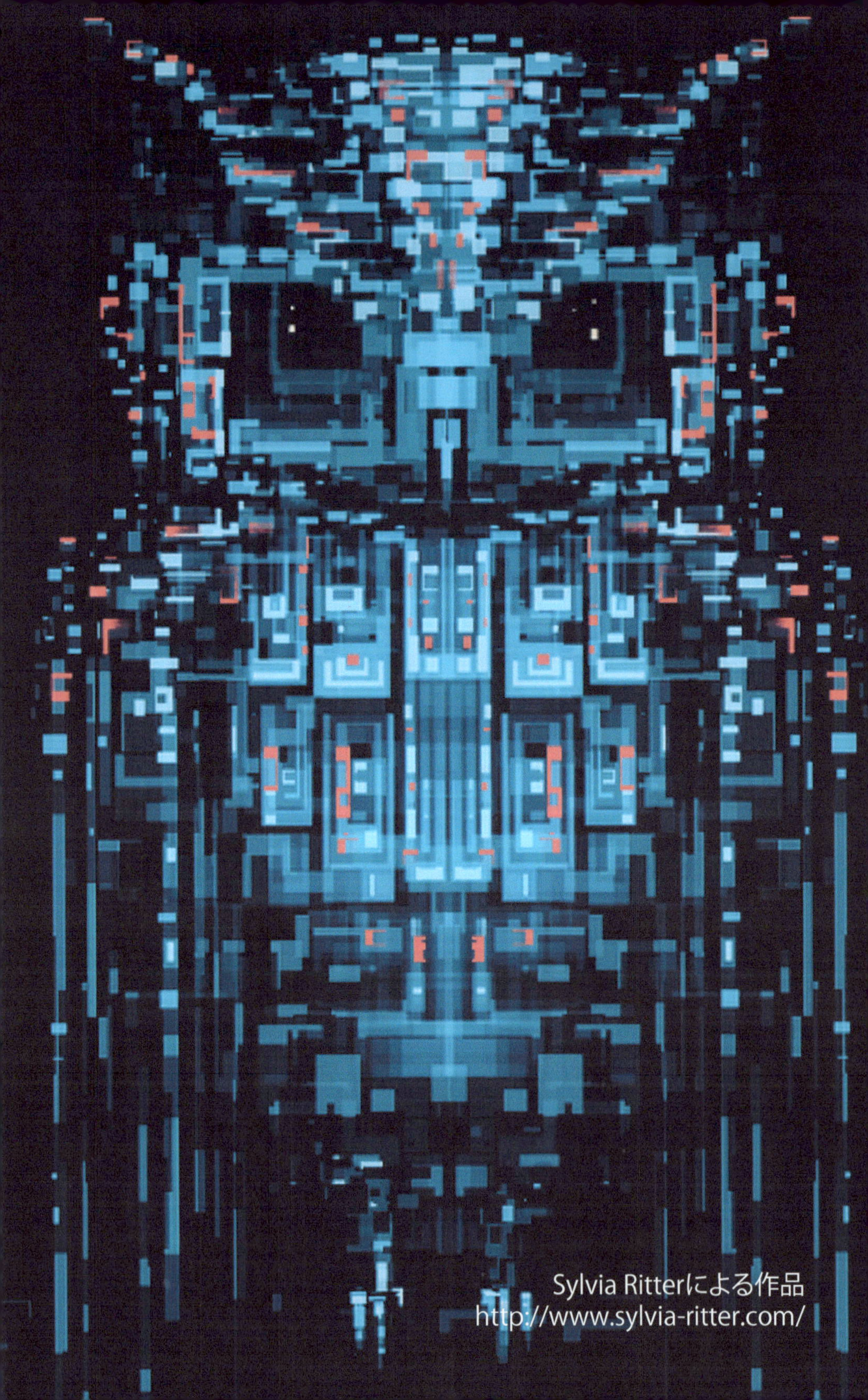
Sylvia Ritterによる作品
http://www.sylvia-ritter.com/

第8章

ブラシエンジン

前の章ではブラシエディタの一般的な設定を見てみましたが、各ブラシエンジンの詳細については踏み込みませんでした。もしこの章で、ブラシエディタのどこに何の設定があるのかわからなくなったら、一つ前のブラシエディタの概要の章を参照してください。7章にはブラシエディタの機能と画面構成についての説明があります。

Kritaには強力なブラシが数多く含まれています。Krita向けのブラシを外部から読み込むこともできます。それでも欲しいブラシが見つからなかったり、自分でブラシの挙動を調整したい時には、ブラシエンジンについて学ぶ必要が出てきます。

それぞれのブラシエンジンの挙動は異なっています。図形エンジンのように単純なものもあれば、Pixelエンジンのように多くの説明が必要とするものもあります。これから各ブラシエンジンを1つずつ見ていきます。ただブラシエンジンの全てを説明しきれているわけではありません。それには別の本が丸ごと1冊必要になるでしょう。

各セクションでは、ブラシエンジンのサンプルブラシを紹介します。次に、各ブラシエンジンの独自設定について説明します。各プロパティを少しずつ説明していくので、そんなに怖くないことがわかってくるはずです。

Pixelエンジン

他のペイントアプリケーションでの一般的なブラシの挙動と似ているため、最初に説明するのに適したブラシエンジンです。他のペイントアプリケーションにおいて、ブラシエディタでは最初にブラシ先端の形状を選択します。葉の形だったり、石のテクスチャであったり、単純な円といったものです。それから、不透明度、拡散、回転といったパラメータを設定していきます。KritaのPixelエンジンのプロセスも同様です。

Pixelエンジンにはブラシ作成の設定オプションが一番豊富に提供されています。そのため、数多くのブラシプリセットがこのブラシエンジンを使用しています。

説明の繰り返しを避けるため、Pixelエンジンの説明で触れた項目は、他のブラシエンジンの説明では触れません。残りのブラシエンジンでは、それぞれ固有の設定項目について説明します。説明が難しい設定には例を用意しています。

設定項目を本当に理解したいと思うのなら、説明を見ながら実際に設定を操作してみることをお勧めします。では、Pixelエンジンの最初の項目からはじめましょう。

ブラシ先端設定

ブラシの先端の形を設定します。ブラシ先端のタイプは3種類用意されています。ブラシ先端のタイプを変更すると、他のタイプの中で行った設定はリセットされます。

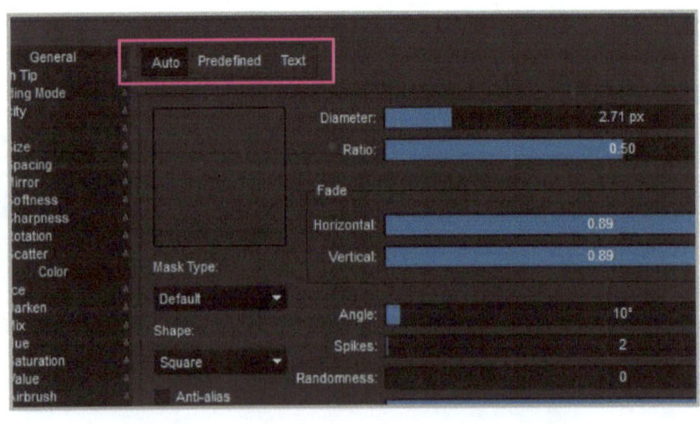

一度に選べるブラシ先端のタイプは1つだけです。3つのブラシ先端タイプから選択できます。

ブラシ先端 - オート

スライダーとチェックボックスによるパラメータ設定で、ブラシ先端の形状を作成します。単純な形状のブラシを作成できます。以下の例は、設定を少しずつ追加した時の形状変化を示しています。

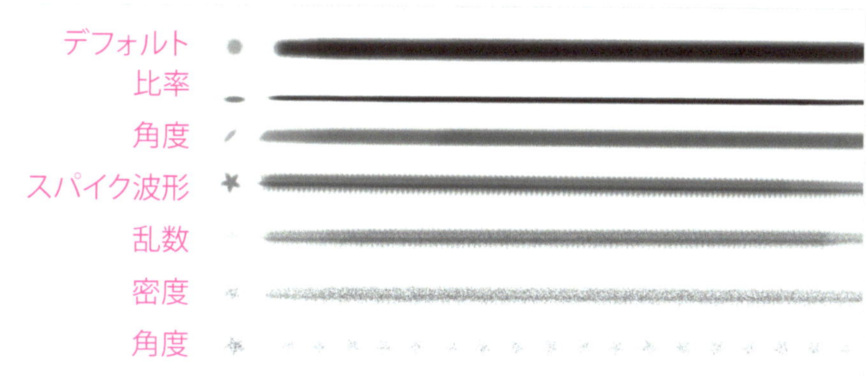

スパイク波形の設定が先端に影響するのは、ブラシ形状が円ではない時のみです。乱数と密度のパラメータの結果が似ていることも注目してください。

乱数のパラメータは、キャンバス上でピクセル情報をランダム化します。密度パラメータは、低く設定するとピクセルを減らしていきます。

注意

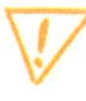

乱数の設定は密度より計算コストが非常に高いものになります。乱数の使用は出来る限り避けるべきです。使用するとブラシが非常に遅くなる恐れがあります。

ブラシ先端の設定の左側部分からは、先端で使用する基本的な図形を設定できます。先端形状のプレビューと、先端のマスク設定も行えます。

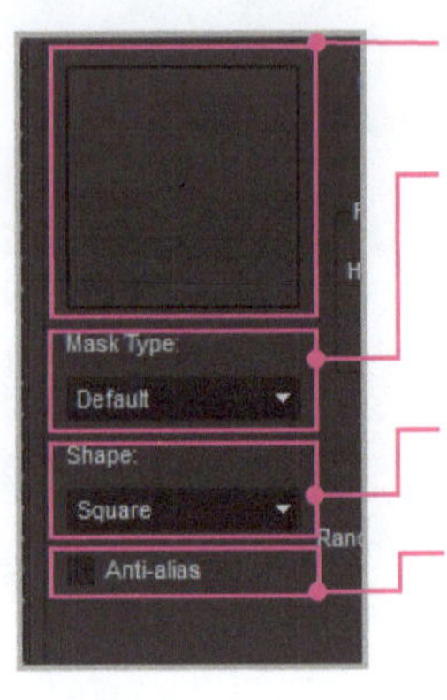

ブラシ先端形状のプレビュー表示

マスクのタイプは、ブラシ先端の透明へのフォールオフを設定します。カーブエディタ、もしくはフェードの設定で指定できます。

円か四角の形状を選択します。

アンチエイリアシングを使うと、ブラシのエッジがスムーズになります。プレビューにもアンチエイリアシングが適用されます。

精度設定

ブラシ作成では、ブラシの品質とパフォーマンスでバランスを取る必要が出てくることがあります。ブラシサイズを非常に大きくするとブラシが重くなります。精度設定は、品質とパフォーマンスの調整のためにあります。精度の設定は1から5までです。精度を5にすると、ブラシは最高品質で描画されます。精度を1にするとブラシの描画品質は下がる代わりにパフォーマンスは向上します。ここでのパフォーマンス向上は、ブラシのラグが減り、ペンの動きへの追従がよくなるという意味です。

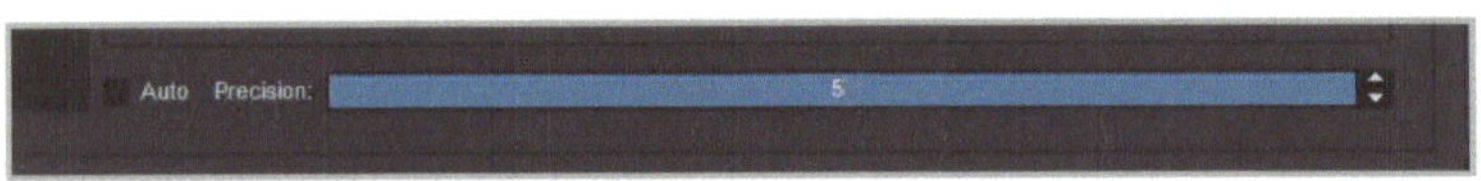

また、精度にはオートのチェックボックスがあります。これにチェックをいれると以下の2つのパラメータから精度設定が自動で計算されます。精度パラメータの説明は以下です。

- **ブラシの開始サイズ** - 0から99pxを設定できます。品質を下げる境目になるサイズを指定します。例えば、線画を描いていて、ブラシが通常20ピクセル以下のサイズの場合は、20に設定します。
- **デルタ** – 0から99pxを設定できます。品質を下げる際の差分値を設定します。デルタを10にして、ブラシの開始サイズを20にすると、ブラシサイズ20に10を足したブラシサイズ30で最初に精度が下がります。

例えば、ブラシの開始サイズが20で、デルタを15に設定したとします。このブラシ品質は以下のように変化します。

- **精度5** – ブラシサイズが35ピクセル未満の場合
- **精度4** – ブラシサイズが35ピクセルから50ピクセルの場合
- **精度3** – ブラシサイズが50ピクセルから65ピクセルの場合
- **精度2** – ブラシサイズが65ピクセルから80ピクセルの場合
- **精度1** – ブラシサイズが80ピクセル以上の場合

ブラシサイズの設定は1000ピクセルまで可能なので、高い精度から低い精度まで分布させるにはデルタの設定を大きくする必要があります。プリセットの中にはブラシの開始サイズを0pxに設定して、デルタだけ指定しているものもあります。この場合、デルタ値だけで精度が決まります。例えば、ブラシの開始サイズが0pxで、デルタが10pxの場合、精度は以下のようになります。

- **精度5** – ブラシサイズが10ピクセル未満の場合
- **精度4** – ブラシサイズが10ピクセルから30ピクセルの場合
- **精度3** – ブラシサイズが30ピクセルから40ピクセルの場合
- **精度2** – ブラシサイズが40ピクセルから50ピクセルの場合
- **精度1** – ブラシサイズが50ピクセル以上の場合

ブラシサイズに合わせて精度を自動で決めるのも便利ですが、精度を手動で指定する方がシンプルな時もあります。

ブラシ先端 - 定義済み

ブラシ先端タイプの**定義済み**には様々なブラシ先端形状が登録されています。木の葉や、夜空の星といった形のブラシ先端が必要な場合に、このタイプを選択します。

ブラシ先端一覧の下にあるテキスト入力フィールドでは、名前からブラシ先端を絞り込めます。リソースをインポートボタンからは、PhotoshopのABRファイル、PNGファイル、GBR(GIMPのブラシファイル)などを読み込むことができます。ABRファイルのような外部のブラシパックを読み込むと、新しいタグが自動的にブラシ先端のタグリストに追加されます。

形状の選択の他に、サイズ、回転、間隔の初期値を決めるスライダーがあります。ここで設定するのは初期値で、他の設定項目から変化させたり、ランダム性を追加することができます。ここでは主にブラシ先端の形状について設定を行います。

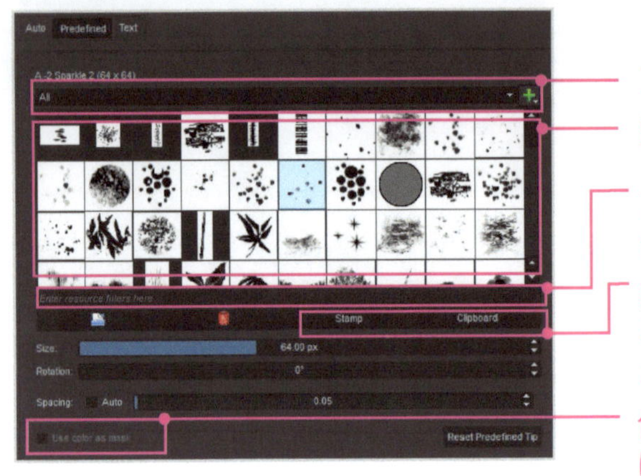

ブラシ先端のタグ

登録済みのブラシ先端

ブラシ先端を名前でフィルタリング

新しいブラシ先端を作成するスタンプ、クリップボードボタン

色をマスクとして使う設定はブラシ先端がカラーの時のみ利用可能です。

スタンプからブラシ先端を作成

キャンバスの内容からブラシ先端を作成することができます。表示されているレイヤーの中身が使用されます。選択領域がない場合は、キャンバス全体が使用されます。キャンバスの一部のみをブラシ先端に使用したい場合は、使用したい部分の周りを囲む選択を作成してください。

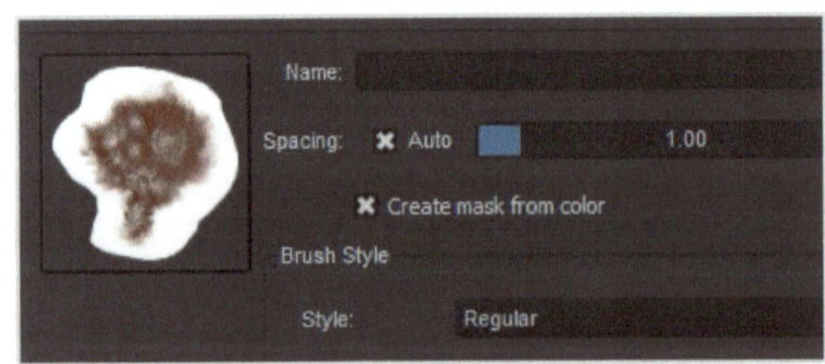

スタンプブラシダイアログ：ブラシ先端として使用したい部分だけを選択しています。

ブラシ先端として使用したい部分を選択したら、ブラシエディタに戻り、ブラシ先端設定の定義済みタブの画面から、スタンプボタンをクリックします。すると上図のようにスタンプブラシ作成のダイアログが表示され、作成されるブラシ先端のプレビューを確認できます。設定が終わったら**OK**をクリックします。これで新しいブラシ先端が定義済みブラシ先端の一覧に追加されます。

スタンプダイアログのオプション内容は以下になります:

- **名前** - 定義済みブラシ先端に名前をつけることができます。
- **間隔** – ブラシ描点間の距離を指定します。
- **Create mask from color(色をマスクとして使う)** – 先端の形状を白黒に変換し、グレースケールの画像をマスクとして使用します。白部分が透明に、黒部分は不透明になります。
- **ブラシのスタイル** – 普通(通常)か、動きのある(アニメーション)ブラシであるかを選択します。
- **選択モード** – ブラシのスタイルを動きのあるブラシにした時のみ使用されます。アニメーションブラシの中身の選択方法を指定します。詳細については次で説明します。

アニメーションブラシ

複数のブラシ先端形状をアニメーションブラシとして登録することができます。ブラシスタイルでは「動きのある」ブラシという呼び方になっていますが、複数ブラシ先端を1まとめにできる、という表現の方が正確かもしれません。

アニメーションブラシ先端の作成では選択領域は考慮されません。そのため、アニメーションブラシを作る際には新しいドキュメントを作成して準備する方がシンプルです。この例では、100×100ピクセルのドキュメントを作成しました。レイヤーを4個作成し、それぞれに1から4の数字を描いています。すべてのレイヤーを表示しています。

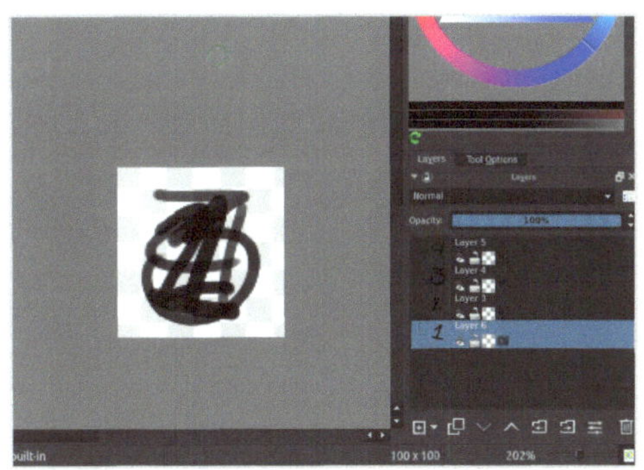

アニメーションブラシ先端作成のためのセットアップ:新しいドキュメントとして準備しています。

ではブラシエディタのスタンプダイアログを呼び出して、ブラシのスタイルを**動きのある**に指定します。次に選択モードを指定します。選択モードの内容は以下です。

- **コンスタント** – 一連のブラシ先端の中から、最初のブラシ先端だけを表示します。
- **ランダム** - 複数のブラシ先端から使用するものをランダムに選択します。
- **インクリメンタル** - 最初のブラシ先端から順番に各先端を使用していきます。
- **圧力** - 筆圧によってどのブラシ先端を使うかが変わります。筆圧が弱いと一番上のレイヤーのブラシ先端を、筆圧が強いと、一番下のレイヤーのブラシ先端を使用します。
- **角の(角度)** – ペンの移動する角度によって使用するブラシ先端が変わります。

アニメーションブラシを使ったプリセットは多くありません。ただ、アニメーションブラシを使用することで、ランダム性を追加した興味深いストロークが行えます。

クリップボードからのブラシ先端の作成

クリップボードにあるデータからブラシ先端を作成することも可能です。ブラシエディタで、ブラシ先端設定の定義済みタブの画面からクリップボードボタンをクリックするとクリップボードからブラシ先端が作成されます。クリップボードへのデータのコピーは選択をしてから**編集 > コピー**、もしくは**Ctrl + C**で行います。クリップボードにデータがある状態でブラシエディタを開くと、クリップボードからのブラシ先端作成ダイアログにサムネイルが表示されます。クリップボードにデータがない場合、サムネイルエリアにはテキストでデータがないという表示がされます。インターネットの画像をコピーしたり、他のグラフィックエディタからデータをコピーする場合に便利です。

ブラシ先端 - テキスト

文字をブラシ先端として使用します。パイプモードにすると、設定したテキストから1文字ずつ描画します。Wingdingsのようにシンボルで作られたフォントを活用することも可能です。ブラシサイズ設定は使用されません。ブラシの大きさを変更するにはブラシエディタ内でフォントサイズを変更する必要があります。

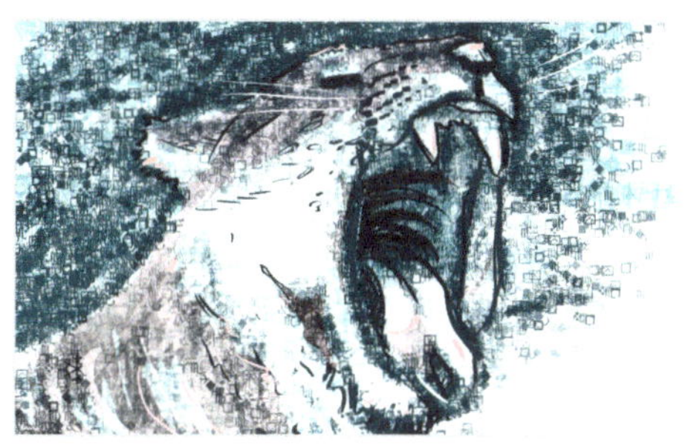

シンボルを含んだフォントでペイントした例です。http://www.dafont.comのDingbatsカテゴリなどに、シンボル系のフォントのコレクションがあります。

合成モード設定

合成モードは、ペイントしたストロークがレイヤーにどう影響するかを決めるものです。合成モードが通常の場合、ブラシストロークは普通に上塗りして合成されます。乗算といった合成モードを選ぶと、レイヤーに色を乗算して暗くする結果になります。合成モードは効果によってカテゴリ分けされています。

消しゴムボタンは、合成モードを消しゴムモードに切り替えるボタンです。Kritaでの消しゴムは、消しゴム合成モードを使ったブラシのことです。ブラシの合成モードの変更は頻繁に行うものなので、ブラシエディタを開かなくても上部のツールバーから変更できます。

合成モードは常に使用される設定です。そのため、合成モードの設定の横にはオン、オフを切り替えるチェックボックスがありません。ブラシエディタ内で選択した合成モードは、ツールバーのブラシの合成モードのドロップメニューにも表示されます。(消しゴムモードボタンの左側)

強度プロパティ

ブラシエンジンの設定項目の大部分で、一番上に強度を設定するスライダーが用意されています。

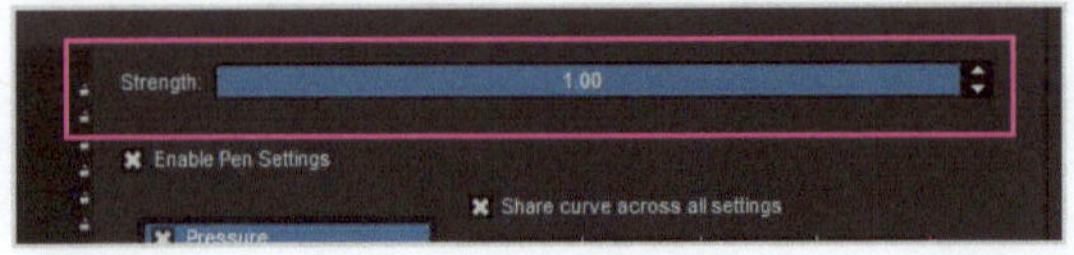

特定の設定項目の強度をコントロールします。通常0から1の値です。

強度プロパティでは、そのプロパティが存在する設定項目の効力の強さをコントロールできます。強度が1だと100%の強さ、強度が0だと設定項目をオフにしたのと同じです。項目によってはより広い範囲の値を強度に設定できます。

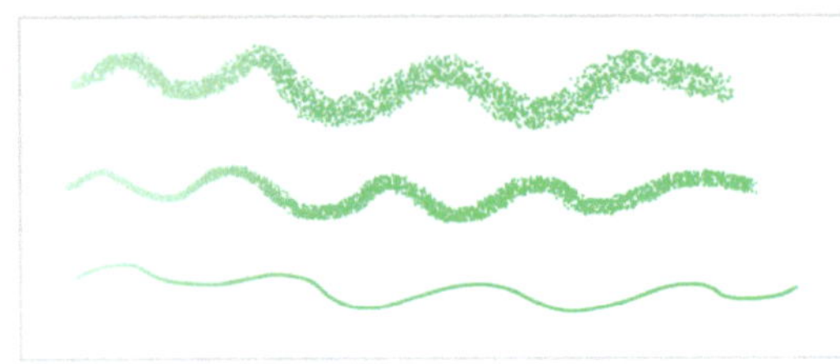

拡散の設定項目に対する強度プロパティを変更した場合のストロークです。一番上が最高の強度で、一番下が強度を0にした場合です。

色ぼかしエンジン

色ぼかしエンジンを使うと、色を塗るだけではなく、下地の色とのブレンドが行えるブラシを作成できます。混色だけを行うブラシも、色を追加しつつ既に存在する色とのブレンドを行うブラシも作成できます。

他のブラシエンジン同様、まずサンプルとなるブラシを試してみましょう。ストロークを分析して、特徴を学びましょう

上の図ではBasic_mixブラシを使いました。ブラシエディタで色ぼかしエンジンを選択すると、Basic_mixがプリセット一覧の最初に表示されます。少しずつ筆圧を強くした結果です。ただ、これだけでは特徴がわかりにくいかもしれません。色ぼかしブラシの特徴は、他のキャンバス上の色と出会った時に発揮されます。

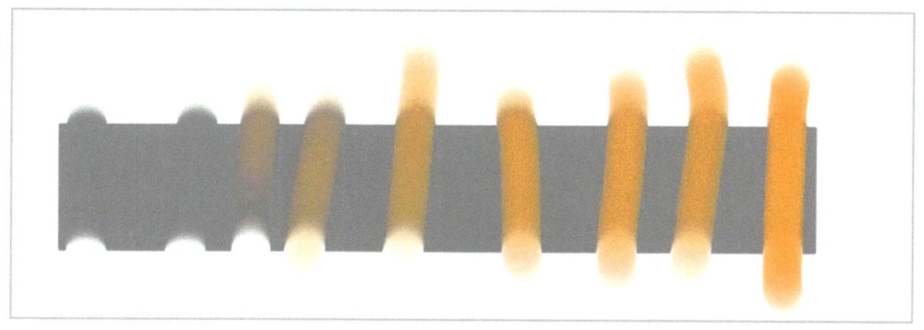

この例では、灰色の四角を用意して、その四角の上をオレンジ色のブラシで垂直にストロークしました。左から右に、徐々に筆圧を高くしました。左側では既にある色のにじみがメインですが、右側ではオレンジ色が追加されています。一番右は100%の筆圧で、ここでは灰色のにじみはあまり見えず、少し暗いオレンジだけが追加されています。このBasic_mixブラシには2つの効果があります。高い筆圧では設定された色を追加し、低い筆圧では下地色のブレンドのみを行います。

これは自然に存在する画材の挙動ではありませんが、色の追加と、既にある色のブレンドの両方を繰り返し行いたい場合に便利です。こうした、色の追加とブレンドの性質を併せ持つというのがKritaの色ぼかしエンジンのブラシでよくみられる特徴です。

他のペイントプログラムでは、ブレンドのツールは新しい色の追加をせず、ただ元々存在する色のブレンドを行います。そうしたブレンドのみを行うブラシプリセットとしては、Smudge_texturedやSmudge_rakeがあります。どのようにBasic_mixを設定すれば、これらのSmudgeプリセットのように「色を追加」する部分をオフにできるのでしょうか?

色にじみエンジンには多くの設定項目がありますが、ブレンドに関係ないものも存在するので、どのように設定を変更したらよいかわかりにくいかもしれません。色ぼかしエンジン固有の設定項目は以下になります:

- **ぼかし長さ** – スミアリングと艶消しの切り替えがあります。
- **ぼかし半径** – ぼかしを計算する時に考慮する領域の大きさを指定します。艶消しモードに影響します。

- **色割合** – ぼかし計算で追加する色の割合を決定します。この設定項目をオフにすると、色の追加は行われません。
- **オーバーレイモード** – ぼかしを行う時にすべての表示レイヤーの内容を考慮するかを決定します。

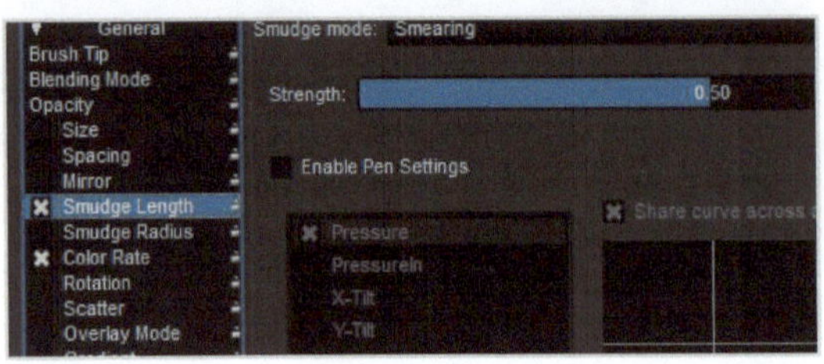

ぼかし半径を変更すると、下にある色をどのように塗り広げるかが変わります。

さて、先ほどの質問についての答えですが、色割合が色の追加を設定する項目です。色割合の設定のチェックボックスのチェックを外せば、色の追加は行われずに存在する色のブレンドだけを行うことができます。

ぼかし長さ: スミアリングと艶消し

色ぼかしエンジンで一番大事な設定である、ぼかし長さの設定を見てみましょう。このぼかし長さの設定のチェックボックスをオフにすると、色のブレンドを行うことなしに、色をただ塗り広げることができます。

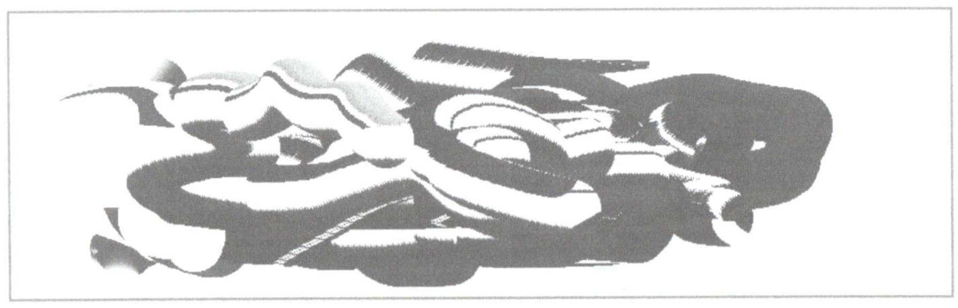

上の例を見てもわかるように、ぼかし長さをオフにすると、色ぼかしブラシのコントロールは難しくなります。では、チェックを再びオンにして、2つのぼかしモードを見てみましょう。スミアリングと艶消しです。

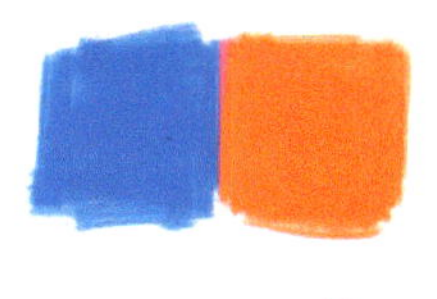

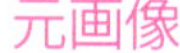

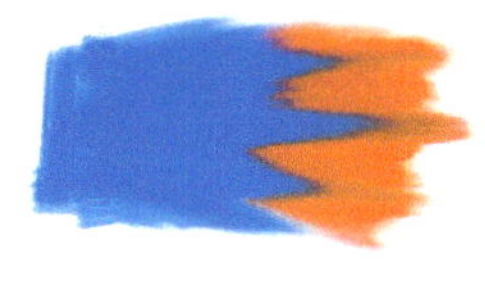

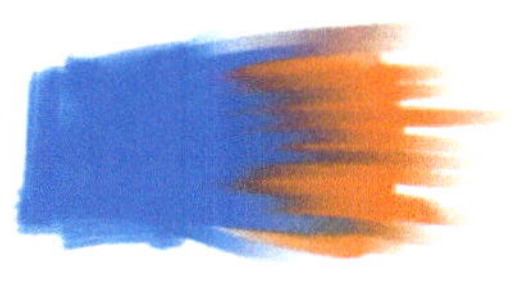

元画像　スミアリング　艶消し

上の例では色割合はオフにして、色の追加は行わないようにしました。スミアリングは指先でペイントを広げるのに似ています。艶消しではブラシの形とサイズを保持して塗り広げを行い、スミアリングのようにフェードアウトしません。

効果の強度の設定は0から1まで可能ですが、0.7の周辺に設定することをおすすめします。高い値になると水分が多すぎるような挙動になって制御が難しくなります。強度が低いと効果が弱くなってしまいます。

スケッチエンジン

ラフスケッチのような風合いを持ったブラシを作成するエンジンです。ラフな感触があるペンのブラシや、にじみ感のあるブラシを作成できます。ストローク中に別のストロークに近づくと特別な挙動になります。スケッチブラシに固有の設定は以下になります:

- **ブラシのサイズ** – ブラシが影響を与える範囲を設定します。通常はブラシ先端の設定項目の中でブラシサイズを決定していますが、スケッチエンジンではブラシ先端でのサイズ設定は無視されます。スケッチエンジンのブラシの大きさは、ブラシエディタのブラシのサイズの設定項目で行う必要があります。そのためツールバーにあるサイズスライダーはスケッチエンジンに対しては効果がほとんどありません。
- **線の幅** - ブラシストロークの厚みを設定します。通常は、他のサイズ設定も線の幅として使用されます。

- **拡大縮小をオフセット** - ブラシストロークを曲げた時に、接続線がどのように配置されるかを決定します。ブラシのサイズの設定項目にある拡大縮小をオフセットの項目と連動します。

スケッチエンジンでは密度の設定も重要です。ここでの密度は、線の角部分に作成される接続線の密度を指定します。望む効果を得るためにカーブを編集することも可能です。

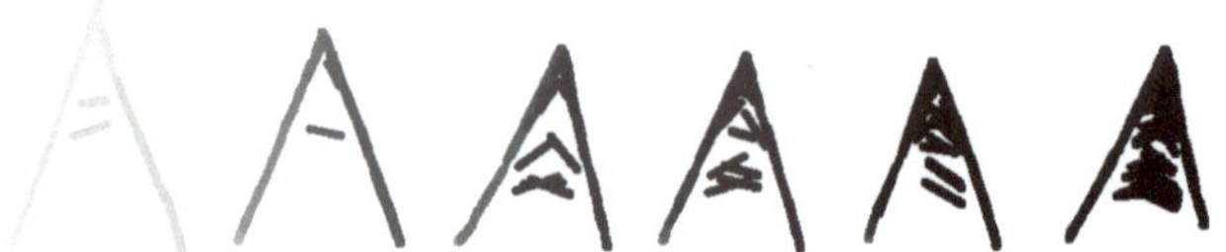

以下はスケッチエンジンの様々なブラシ設定を使った例です。スケッチエンジンのブラシを使用する時には、密度設定に注意する必要があります。密度の設定によって、ハッチングのような効果が発生します。線画を作るためにスケッチエンジンを使用する場合には、ハッチング効果は望ましくないかもしれません。

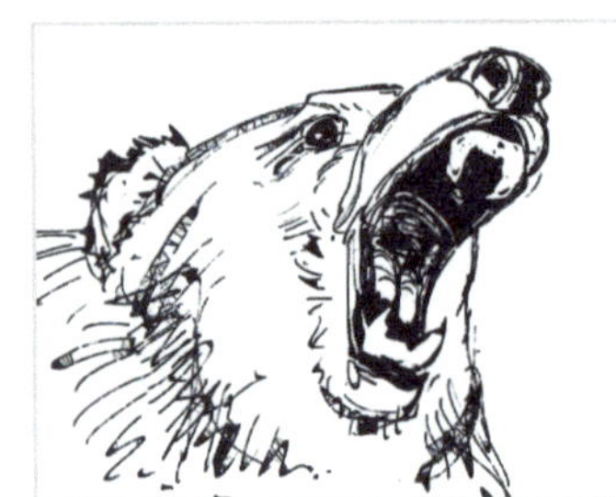
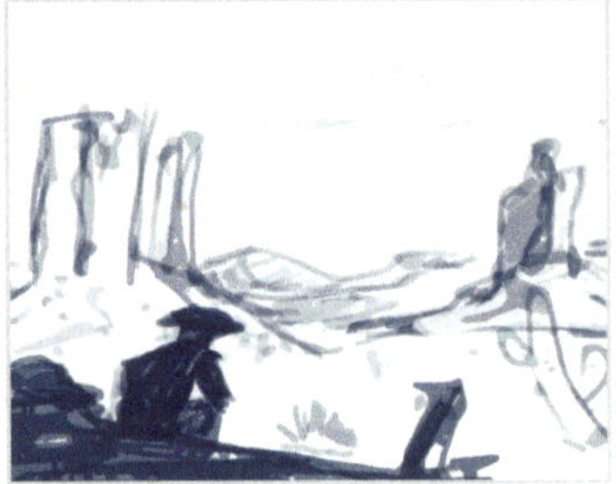
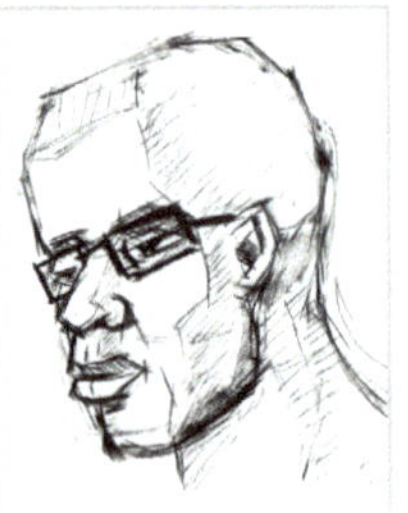

スケッチではブラシサイズを小さくすることが多いので、消しゴムに切り替えた時に困るかもしれません。デフォルトでは消しゴムサイズはブラシサイズと同じになるので、この場合消しゴムサイズも小さくなってしまいます。ブラシエディタから**消しゴムの切り替えサイズ**オプションをオンにすると、消しゴムに独立したサイズを割り当てることができます。この設定を使うと、スケッチと消しゴムを切り替えて使う時に、毎回ブラシサイズを調整する必要がなくなります。

ブラシのサイズプロパティ

スケッチエンジンのブラシのサイズの設定には、線の幅プロパティ以外にもいくつか追加の設定項目があります。

- **拡大縮小をオフセット** – ハッチング線の長さの設定です。
- **距離密度を使用する** - 線同士の距離が近い場合のみ、ハッチング効果が起こるようにします。
- **磁化する** – 線が近いときのみハッチング効果を発生させます。
- **ランダム RGB** – 描画時に色相にランダム性を追加します。ランダムという名前ではありますが、完全にランダムではなく、オリジナルの色相の近辺にとどまります。例えば、青の場合、ランダムRGBをオンにしても緑と紫の領域にとどまります。

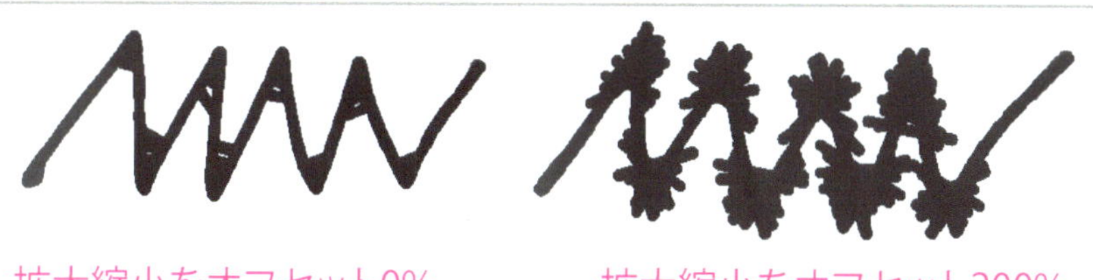

拡大縮小をオフセット0%　拡大縮小をオフセット200%

- **ランダム不透明度** – 各ブラシサンプルの不透明度をランダム化します。
- **距離不透明度** – ペンを早く動かすと線が途切れるようになります。
- シンプルモード – これをオフにすると、磁化効果は動作しません。
- **接続線の描画** – ブラシストロークに追随する線です。この設定と、磁化設定をオフにすると、接続線は描画されません。

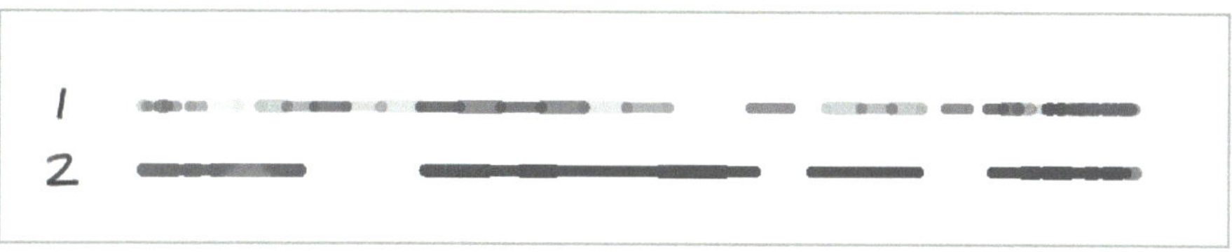

1.ランダム不透明度の結果 2.距離不透明度の結果

絵筆エンジン

アナログ画材での絵筆は動物やナイロンの毛の集合体です。このブラシエンジンは、現実の絵筆をシミュレーションしようとするものです。丸筆以外の形状のブラシも作ることができます。絵筆エンジンの一番ユニークな特徴は、サイズが大きくなった時に毛量が増えるシミュレーションができるということです。

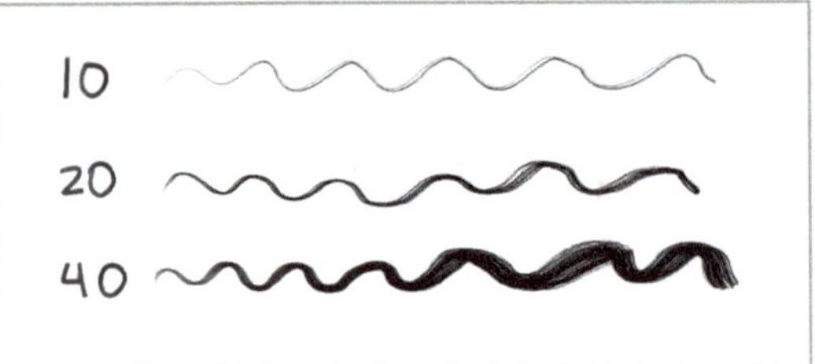

ブラシサイズを大きくすると、現実のブラシと同じように毛量が増えます。

この例では、同じブラシのプリセットを10ピクセル、20ピクセル、40ピクセルの3つのブラシサイズで使用しています。ブラシサイズが大きくなると、ブラシの毛量が増えます。Pixelエンジンではこうした挙動は不可能です。小さいブラシにはそもそも物理的に絵筆の毛を設定できません。絵筆エンジンを使うと、ブラシ先端形状を単純に拡大縮小する以上のバラエティを生み出すことができます。

毛先のオプション

- **拡大縮小** - ブラシを拡大縮小します。マイナスに設定するとブラシ形状が反転します。
- **ランダムオフセット** - 拡散と似ています。高い値にすると、毛同士の距離が離れます。
- **剪断** - ペイント時に、個々の毛を剪断変形します。
- **密度** - 毛の密度を決定します。低い値にするとまばらになります。ブラシ先端の密度設定に追加してこの設定が適用されます。
- **マウス擬似筆圧** – マウスで描画する時に、ストローク終わりの筆圧が軽くなるような擬似的な筆圧を計算して作り出します。
- **しきい値** – タブレット向けの機能です。これを設定すると、「キャンバスに触れている」毛先のみがペイントされるようになります。

- **Connect hairs(毛の接続) –** 縮れたような見た目になるように毛先の間に接続線を追加します。効果はランダムオフセットの設定に依存します。
- **アンチエイリアシング** – キャンバス上の毛先をスムーズにします。
- **毛先を合成する** – 1つの描点の中での毛先の色を合成する効果ですが、結果はわかりにくいです。

インクかすれ

ペイントしていると絵の具が無くなってしまう、という挙動をシミュレーションするものです。値を高くすると、より長くペイントを続けることができます。

- **不透明度** – ストロークを続けると、不透明度が下がります。
- **彩度** – ストロークを続けると、彩度が下がって灰色に近づきます。
- **インクをにじませ** – レイヤー上の色をピックして描画を行います。色ほかしブラシと同様にぼかすことができます。

メモ

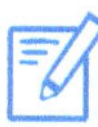

彩度の重み付けをオンにすると、毛先のインクの重み付けの設定によって、インクかすれの不透明度の反映具合が決まります。

彩度の重み付け

様々なブラシパラメータによって彩度変化をコントロールできます。パーセントで設定するので少し複雑です。

図形エンジン

図形エンジンのブラシは、自動的に内側が塗りつぶされたストロークを作成します。このブラシエンジンはAlchemyという他のフリーツールから移植されたものです。図形エンジンの機能は元となったAlchemyより限定されています。

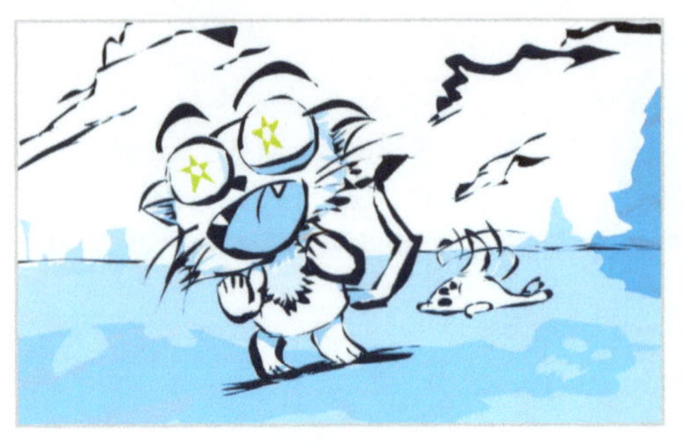

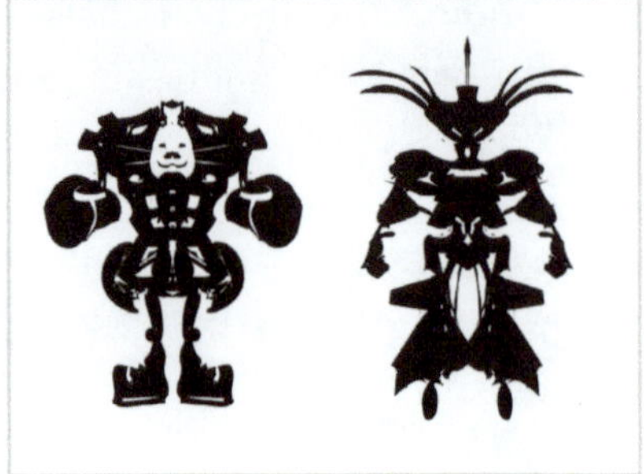

左の例では、作成した線の上をもう一度なぞることで、滲みと動きがある線を作り出しています。右の例では、図形エンジンのブラシと対称描画ツールを組み合わせています。消しゴムモードに切り替えると、同じ操作で消すこともできます。

Alchemyほどではないですが、便利な設定がいくつか用意されています。

- **速度** - ペンストロークをX軸、Y軸方向に増幅します。
- **平滑化** - 平滑化をオフにすると、ブラシを早く動かした時に結果が角張ったものになります。
- **置き換え** - 描画をすると、図形全体がストローク方向の反対方向に移動します。実際に触ってみないと理解は難しいでしょう。ペンをあげずに描き続けると効果がわかりやすくなります。
- **全域塗りつぶし** - 重なったストローク部分もくり抜かれずに塗りつぶされます。
- **ハードエッジ** – アンチエイリアスがない、ハードエッジを作成します。後でアルファのロックを適用する用途で、色の領域の塗り分けをする際に便利です。また、レイヤーを色に従って分割する機能を使う時にも役立ちます。

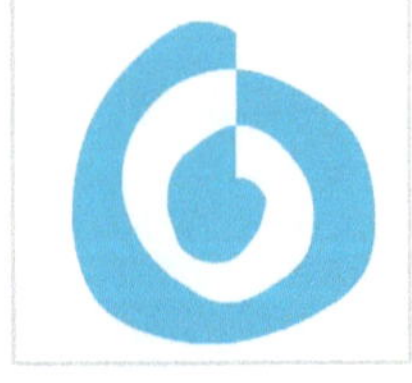

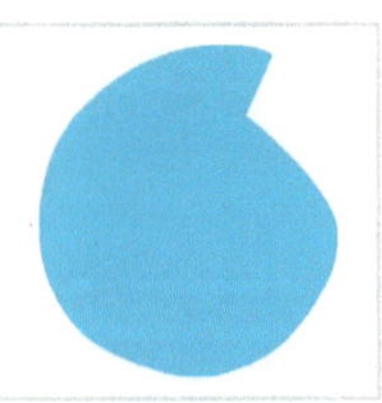

右側では全域塗りつぶしをオンにしています。オンにした方がコントロールしやすいですが、オフにすると混沌として動きのある結果を得ることができます。

スプレーエンジン

スプレー缶、エアブラシのような効果を得られるエンジンです。最初は限られた機能しかないように感じるかもしれませんが、設定を突き詰めると面白い効果を実現できます。

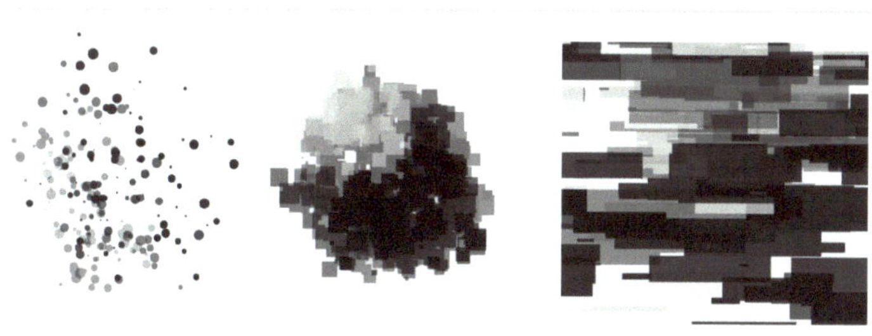

上の例はすべてスプレーエンジンの結果です。左側のようなスパッタリング効果も、右側の不思議なものまですべて可能です。右側の例では四角の選択範囲を作成して、その中に描画がおさまるようにしました。このブラシでは極端なアスペクト比を設定していて水平部分に伸びる印象になります。これからスプレーエンジンの各パラメータについて説明します。

スプレー領域

スプレー領域はスプレー効果が及ぶ範囲を決定します。スプレーではパーティクルを生成するので、パーティクルについてのパラメータも変更可能です。

- **直径** – スプレー領域の大きさです。
- **アスペクト比** – ブラシの水平と垂直方向の比率を変更します。
- **角度** - ブラシ先端の角度を回転させます。
- **拡大縮小** - 直径と似ていますが、拡大縮小を行うと距離に影響します。通常の場合は1のままにしておくことをおすすめします。
- **間隔** - ブラシ描点間の間隔を指定します。
- **パーティクルカウント** - 各描点に適用するパーティクル数です。

- **パーティクル密度** - パーティクルの適用割合のパーセントを指定します。この設定は動作を非常に遅くする可能性があるので、低い設定のままにしておくことをおすすめします。
- **ジッター運動** - パーティクルのクラスタがどの程度分散するかを決めます。高い値にするとパーティクルがより分散します。
- **ガウシアン分布** – 中央に多くの点が集まるようになります。

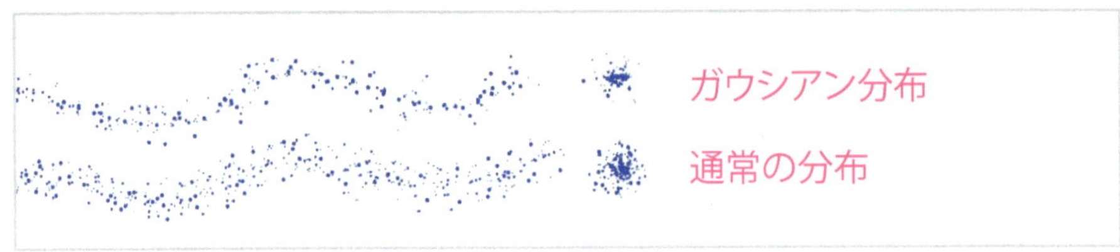

上の図ではガウシアン分布をオンにしたもので、より中央に点が集まっています。通常の分布では、スプレー領域全体に点が分布することになります。

図形をスプレー

スプレーで散布される個々のパーティクルは独自の形状を持つことができます。形状をコントロールするプロパティが用意されています。この設定項目のチェックをオフにすると、ブラシ先端で設定した形状がパーティクルとして使用されます。

- **図形** – パーティクルで使用する形状を選択します。楕円と矩形がよく使用されます。
- **幅** - パーティクルの幅です。
- **高さ** – パーティクルの高さです。
- **比例** - 幅と高さの設定をパーセント指定に変更します。スプレー領域直径にあわせてサイズを変更したい場合に便利です。
- **テクスチャ** – 図形の設定で画像を選んだ時は、ここからパーティクルで使用する画像ファイルのパスを指定します。

Shape Dynamics(シェイプダイナミクス)

スプレー領域のサイズと回転にランダム性を追加します。

- **ランダムサイズ – スプレ**ー図形のサイズをランダムに設定します。サイズを正確にコントロールしたい場合は、この設定ではなく設定項目でのサイズ指定を使うことを検討してください。
- **固定された回転** - スプレー領域の設定項目にある回転の指定と同様に、回転を固定します。
- **回転をランダム化** – 回転をランダム化し、ランダム範囲を指定します。
- **カーソルの重み付けに従う** – 1に設定すると、ブラシ先端形状はカーソルに向かって配置されます。0に設定すると何も効果はありません。
- **角度重み付け** – ストロークの方向にあわせてブラシ先端が回転します。

カーソルの重み付けに従う　角度重み付け　固定された回転

Shape Dynamicsの設定は主に回転を変更します。上の例のように四角のブラシ先端にすると効果がわかりやすくなります。円形を散布するスプレーブラシの場合、この設定を変更してもほぼ何も変わらないように思えるかもしれません。

色オプション

色の要素をランダム化します。色相、彩度、明度の変更が含まれます。不透明度を変更するオプションもあります。ストロークにバリエーションを作り出すことができます。

ハッチングエンジン

ハッチングエンジンはペン画のようなハッチングを再現するものです。コスト上グレースケールを印刷することができない場合などにも使用されます。筆圧をかけると、より濃い結果になったり、ブラシ範囲が大きくなったりします。スケッチ風のブラシも、スクリーントーンのようなブラシもあります。

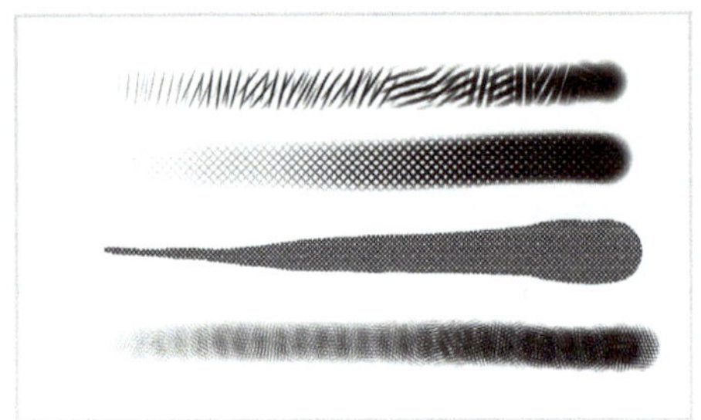

様々なスタイルのハッチングが可能です。

ハッチングオプション設定

ストロークが濃い場合のハッチングの見た目をコントロールします。X原点、Y原点の値を変更することで、ハッチングの位置をずらすことが可能です。

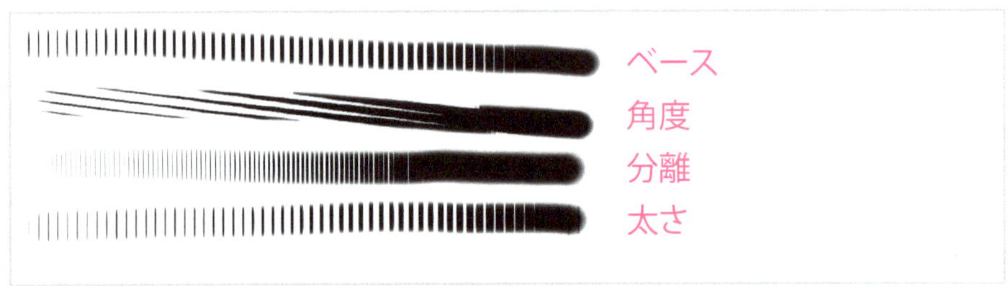

クロスハッチングスタイル

ストロークが濃くなると、ハッチングをクロスハッチングに変化させることができます。線を追加して密度をあげます。追加できるクロスハッチングエフェクトは以下です。

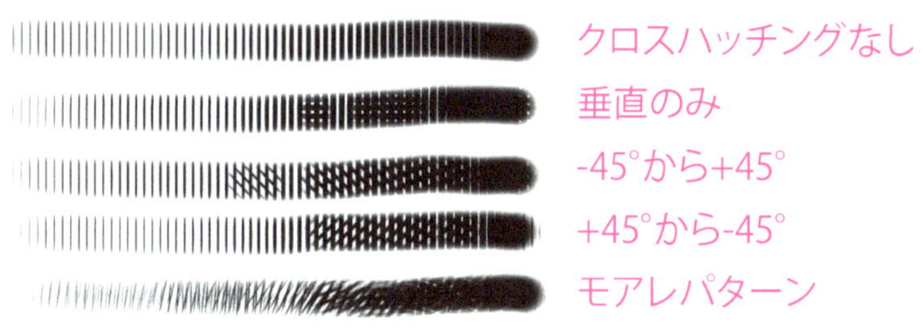

グリッドエンジン

これは拡大した高解像度のドット絵のようなものを描くエンジンです。四角や円といった形状を、グリッド状に配置します。ストローク内容は常にグリッド状になり、全体を塗りつぶすことはできません。ブラシサイズによってグリッドは変化します。

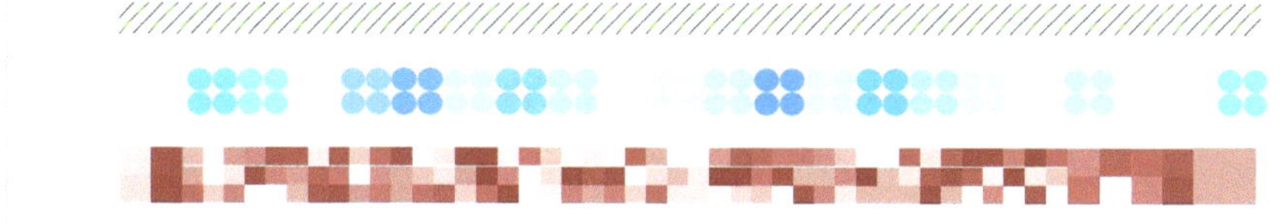

ブラシのサイズ

ブラシのサイズの設定にはグリッドの大きさに関わる設定があります。

- **グリッドの幅、高さ** – ブラシのグリッドの大きさを指定します。
- **分割レベル** – 1つのグリッドを等分割して複数の図形を配置します。
- **筆圧で分割** – 筆圧によって分割レベルを上げます。
- **拡大縮小** – ブラシサイズ全体を拡大縮小します。アスペクト比は維持されます。
- **垂直方向、水平方向の境界線** – 各グリッドの間に隙間を挿入します。
- **ジッター境界線** – ブラシストロークごとに、高さと幅にランダム性を追加します。

使用できるブラシ先端形状は限られています。パーティクルの種類の設定でブラシ先端形状に使用する図形を選択します。楕円と矩形が一般的に使用されます。

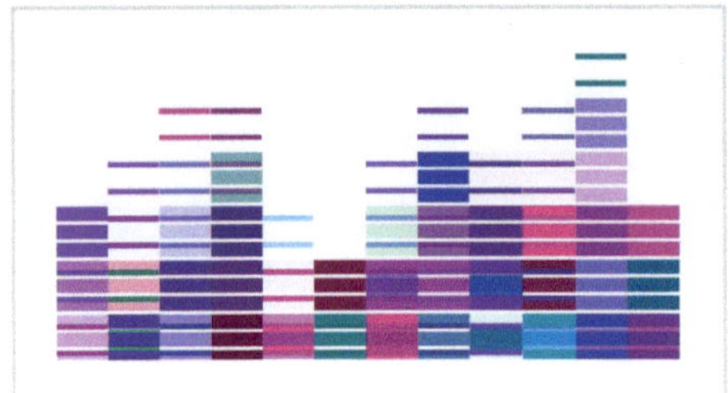
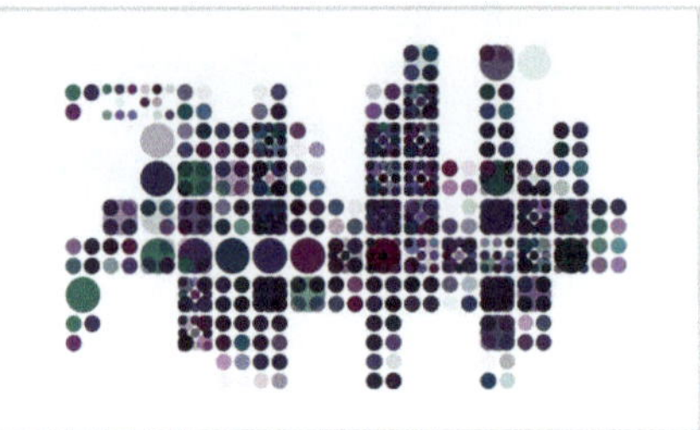

上図はグリッドブラシの効果についてのサンプルです。

色オプション

グリッドエンジン固有設定の最後のものは色オプションです。ストロークの描点の色にバラエティを追加します。

- **ランダムHSV** – 色の色相、彩度、明度をランダム化します。各プロパティは0にするとランダム化が行われません。高い値を設定するとより分散します。
- **ランダム不透明度** – パーティクルがランダムの不透明度を持つようになります。
- **パーティクルあたりの色** - 筆圧による分割がオンになっている時に、分割されたパーティクルが独自の色を持つ可能性ができます。
- **入力レイヤーをサンプリングする** - 色情報がある領域の上にのみペイントを行います。
- **背景を塗りつぶす** - グリッドのパーティクルの背景部分を、背景色で塗りつぶします。
- **背景色と混合する** - 筆圧が低い時に、パーティクルに背景色をブレンドします。

曲線エンジン

曲線エンジンは接続した線で作られたストロークを生成します。実際の例を見た方がわかりやすいはずです。下の左図は、作成されるストロークの例です。右の例は、曲線エンジンを線画に使用した例です。カスタムブラシコレクションのCazu Brush Collectionにはすばらしい曲線エンジンのブラシが含まれています。このブラシはkrita.orgのリソースページからダウンロード可能です。

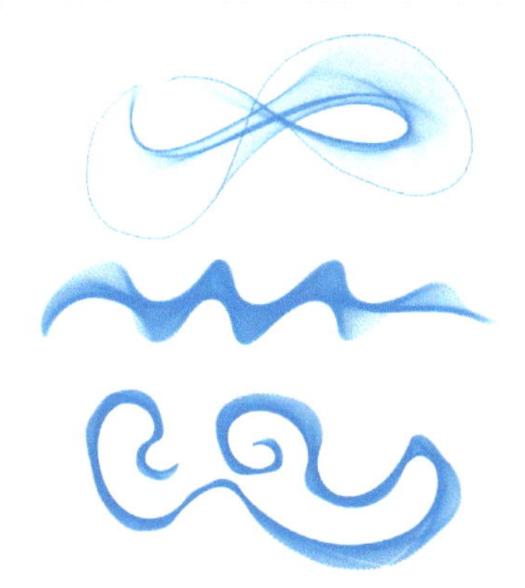

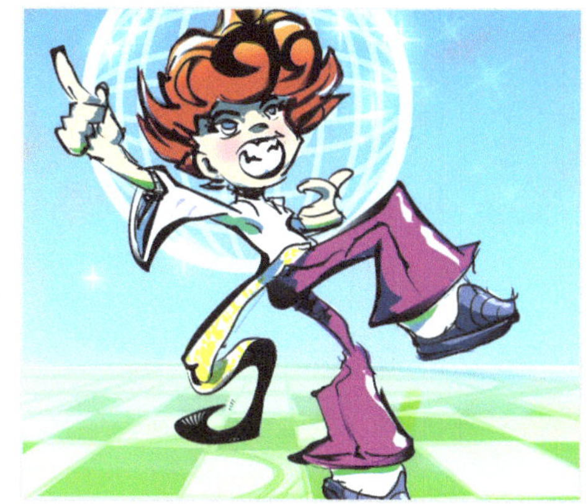

ブラシストロークは2つの要素から構成されています。接続線と、曲線です。接続線は、ペンで描く部分の線です。曲線は、自動的に生成される部分の線です。オプションの一つに、接続線の描画があります。これをオフにすると、曲線部分のみが残ります。

- **線の幅** - 線の幅を決定します。
- **履歴サイズ** - 曲線部分の描画に使用する部分の距離を指定します。
- **不透明度カーブ** – 曲線部分の不透明度を指定します。

ダイナミックな結果を得るには、履歴サイズの設定が鍵となります。高い値を設定すると極端に、誇張された線になります。

ダイナミックエンジン

これはダイナミックブラシツールで使用されているエンジンです。ダイナミックブラシツールをツールボックスから使うのは快適ですが、ブラシエンジンとしてのダイナミックエンジンは使いこなすのが難しくなっています。ブラシのサイズには、2つの設定のタブがあります。力学特性の設定と図形の設定です。力学特性の設定では、ブラシのサイズ、重み(質量)、ドラッグ(抵抗力)を決定します。図形のタブでは、ブラシの先端の形を設定します。私自身はスムージング効果が欲しいときは、ブラシエンジンとしてのダイナミックエンジンは使わずに、ダイナミックブラシツールの方を使うようにしています。

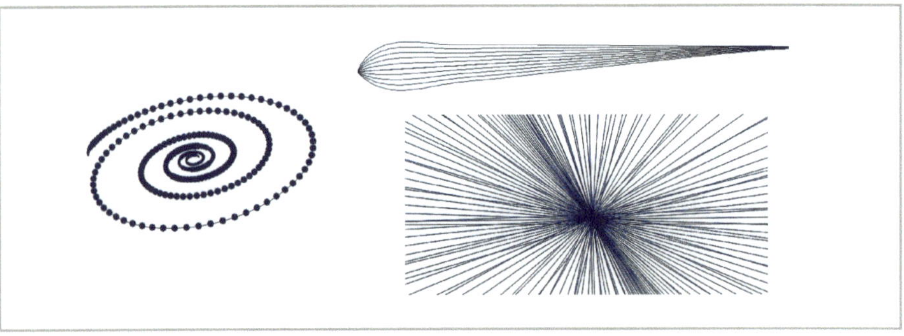

パーティクルエンジン

このエンジンは曲線エンジンと似たところもありますが、よりスムーズで煙のような効果を産み出すことができます。接続線がないので滑らかな結果になります。

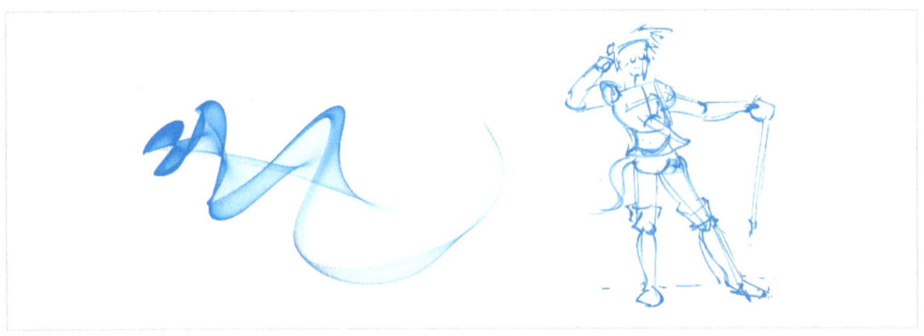

このエンジン独自の設定はすべてブラシのサイズの設定に含まれています。パーティクルサイズを上げると、線画増えて、ブラシが大きくなったような効果が得られます。dxとdyスケールは、ペンの動きに対するブラシストロークの速度追従に対して影響します。マイナスの値を設定すると予測できない結果になるため注意してください。重力の設定も慎重に扱う必要があります。デフォルトは地球の重力と同じ.986です。高い値に設定するとブラシ速度が上がります。変な値をいれるとブラシが扱えないようなものになるので注意してください。

クローンエンジン

これはブラシエンジンの1つですが、写真編集ツールに近い機能を持っています。名前が示しているように、キャンバスの一部をクローン複製して、別の場所に適用することができます。クローンエンジンの独自設定は描画モードの設定項目にあります。

- **ヒーリング** – クローン機能をヒーリング機能に切り替えます。既にその場所にあるものをスムーズにする機能です。他のアプリケーションでのヒールブラシと似た機能になります。
- **遠近法を補正** - 遠近法グリッドツールを使うと、このチェックボックスを使えるようになります。アシスタントツールの遠近法グリッドとは無関係です。
- **ソースポイント移動** - これをオフにするとブラシ先端にクローンターゲットがブラシ先端になり、ストロークの間、ソースポイントは移動しなくなります。
- **すべての可視レイヤーからクローン** – ソースポイントのすべての可視レイヤーの情報を使用します。これがオフの場合は表示レイヤーからのみクローンします。

Ctrlを押しながらクリックして、ソースポイントを選択します。ソースポイントはクローンのコピー元になります。キャンバスでペイントした時に、ソースポイントの情報を参照してクローン描画を行います。ツール内の説明にあるように、他のレイヤーからのクローンを行うには、他のレイヤーで**Ctrl＋クリック**でソースポイントをピックしてから、コピー先のレイヤーで**Ctrl + Alt +クリック**してください。私はこのツールの使い道を写真のリタッチ以外に見つけていません。

変形エンジン

画像に歪み変形を起こします。移動、広げる、狭める、回転、曲げるといった操作ができます。設定は、変形のオプションから可能です。

- **ブラシのサイズ** – 変形エンジンのブラシの直径、角度、密度といったブラシ形状の設定を行います。
- **変形のオプション** - 画像にどのようなゆがみや変形を行うかを設定します。変形モードで変形の種類を選びます。変形度のパラメータは変形の強さです。

残りのチェックボックスオプションはあまり影響がないので、そのままにしておくことになるでしょう。

- **バイリニア補間** – 少し結果がスムーズになります。
- **カウンターを使う** – 最終結果が少し遅くなります。
- **変形を受けていない画像を使用します** – 変形前の画像からサンプリングを行います。

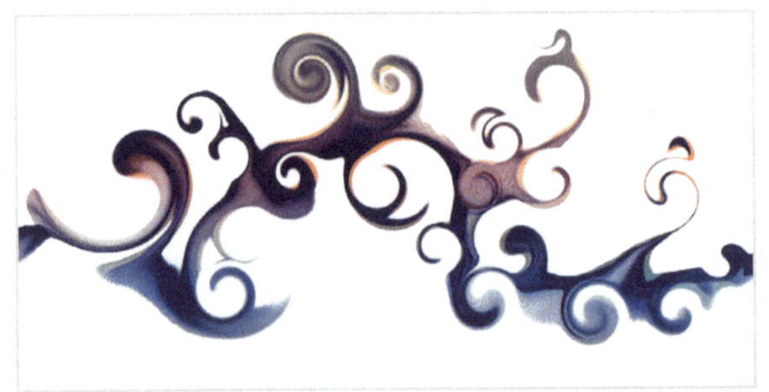

反時計回りの変形と回転変形を組み合わせると面白い効果が得られます。

フィルタエンジン

色の代わりに、フィルタ効果をキャンバスに塗ります。一部の領域だけフィルタ効果を適用したい時に便利です。設定で、どのフィルタを適用するかを選択できます。このエンジンで使用できるフィルタは限られていることに注意してください。フィルタエンジンにないフィルタを一部分だけに適用したい場合は、フィルタマスクなどを使用する必要があります。

フィルタエンジンでブラシとして使うのが面白いものには、モーションぼやけ、HSV/HSL補正、アンシャープマスクがあります。

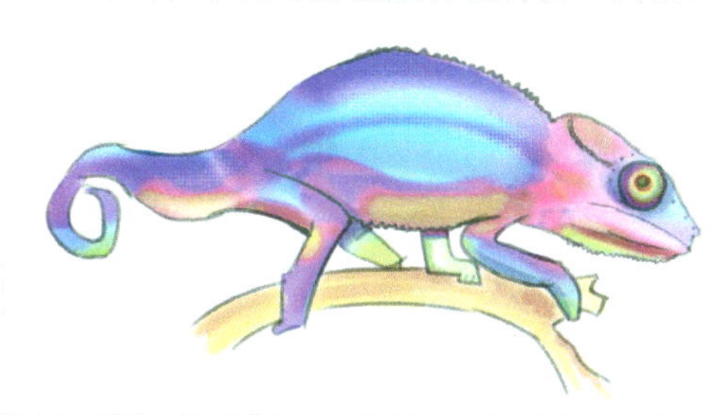

フィルタブラシでフィルタ効果をペイントして適用できます。この例ではHSV\HSL補正をフィルタブラシで適用しています。

チョークエンジン

このエンジンはチョークを再現しようとするものです。名前からは役立ちそうに思うかもしれませんが、このエンジンは他のブラシエンジンのプログラム上の基礎として作成されたという経緯があります。そのため、オプションは限られています。チョークエンジンができることのすべては、Pixelエンジンで実現できます。

Tangent Normal(接線法線)ブラシエンジン

このブラシエンジンでは、テクスチャとして使用できる法線マップを作製できます。このエンジンを最後に紹介したのは、わかりにくいエンジンであるのと共に、通常の2Dアーティストはあまり使用しないと思われるからです。このエンジンは3Dモデルで画像を使用する、テクスチャアーティスト向けのものです。また、使用する前にシーンの準備を必要とする唯一のエンジンでもあります。レイヤーをどのように構成するか理解することが必須です。

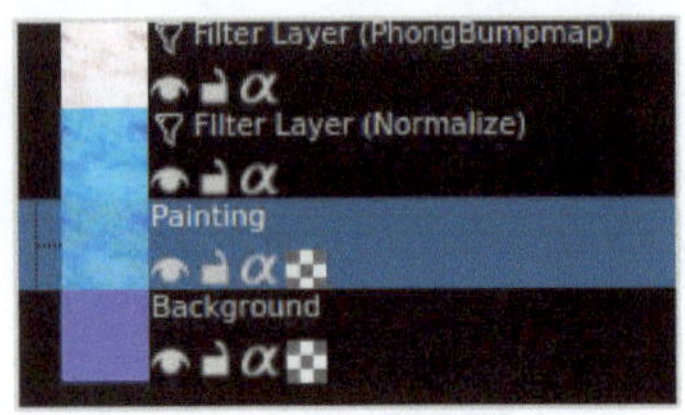

法線マップ作成に必要なレイヤー構成の例です。法線マップを頻繁に作成するなら、テンプレートを作ることをおすすめします。

上図のような順番でレイヤーを構成してください。Normalize(正規化)のフィルタレイヤーは、色のアウトプットを正しくするために追加されています。このレイヤーの表示を切り替えると、多少色の変化があることに気が付くでしょう。一番下の背景となるレイヤーはRGBカラー(赤128、緑128、青255)で塗りつぶしています。新しい画像を作成するときの背景色として指定するか、ツールバーの前景色の選択から色を指定してください。Paintingのレイヤーで、TangentNormalエンジンのプリセットを選んで描画を行います。

一番上のフォンシェーディングバンプマップのフィルタレイヤーは必須ではありませんが、法線マップの結果をプレビューするために作成しています。フィルタレイヤーのプロパティでは、光源を定義します。Use Normalmap(法線マップを使用)のチェックボックスは必ずオンにしてください。このレイヤーはプレビュー向けなので、最終的な画像のエクスポート時には表示をオフにします。

 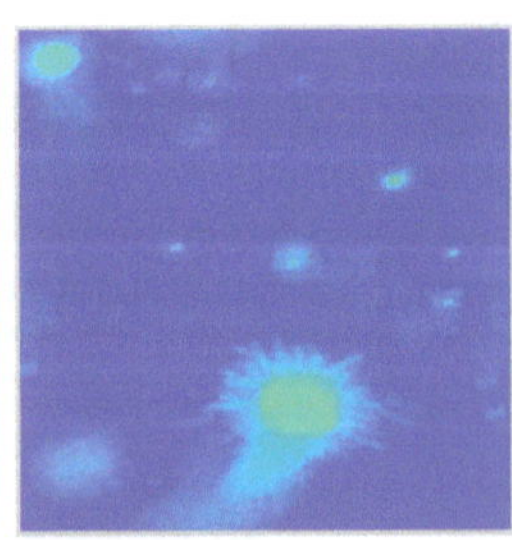 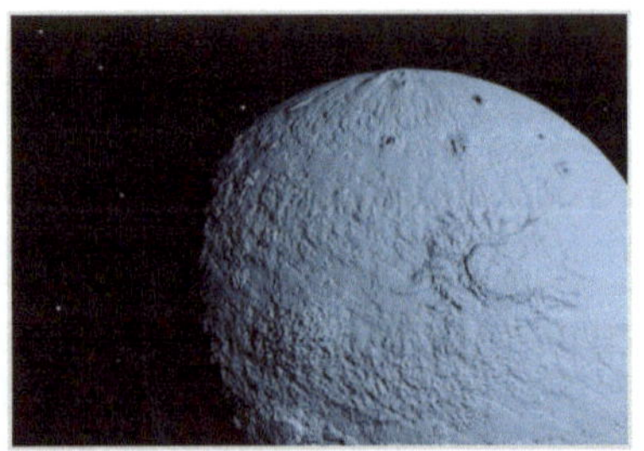

2つの法線マップを作成し、右側の3Dモデルに適用してみました。

出力先の3Dアプリケーションによっては、TangentNormalのプリセット設定を調整する必要があるかもしれません。エンジン独自のオプションはTangent Tiltの項目に含まれています。軸と色のマッピングを変更する必要があるかもしれません。

このエンジンはとても技術的なものです。興味を持ったのなら、krita.orgの詳細情報を参照してください。

ブラシエンジンについて更に学ぶには

ブラシエンジンはとても深い機能です。この本で一番長い章になりましたが、それでもさらに2倍に膨らませせることも簡単にできるくらいです!この章の説明から、ブラシエディタに含まれる情報と機能についての基礎が理解できたのなら幸いです。これからは、自分で実験して、好きなようにブラシを変更していけるはずです。

Kritaのブラシエンジンのドキュメンテーションも充実しています。ただ絵筆エンジンの説明など、まだ抜けている部分もあり、実験しないとわからない部分もあるでしょう。私自身もブラシエンジンについて時間をかけて学習してみましたが、まだ初心者の気持ちです。私が知らないクリエイティブなブラシもまだまだ数多く存在しているでしょう。もし面白いブラシができたら、オンラインでシェアしてみてください!

Tip

ラップアラウンドモードとTangentNormalエンジンを組み合わせてみましょう。テクスチャがシームレスに繋がるように作成できます。

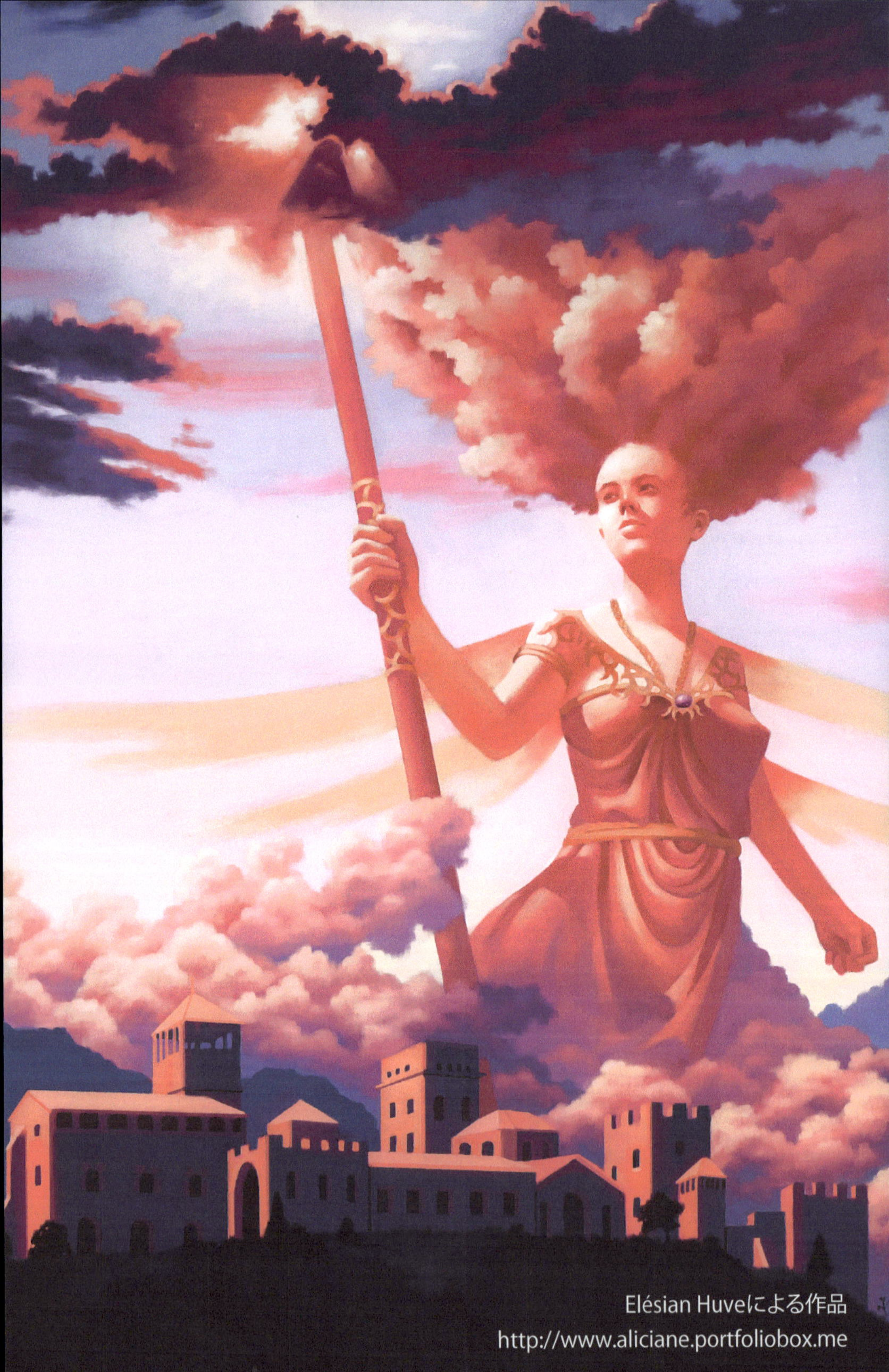
Elésian Huveによる作品
http://www.aliciane.portfoliobox.me

第9章

色の作業

色の話題について独立した章を用意するのも納得できることです。デジタルアートにおける色というものは、予想外に複雑な領域です。様々な色の選択方法を学ぶこと以上の深い内容があります。Kritaではアプリケーションも、画像も、各レイヤーも、すべてが色を持っています。Kritaはドキュメントに色情報を保存するだけではなく、あなたのモニタと、モニタの色表示の方法についても知る必要があります。作品を印刷するときにも特別な配慮が必要です。ドキュメントが正しいカラーモデルを使用していることを確認する必要があります。

色周りの概念の中には、魔法のように思えるものもあるかもしれません。カラーマネジメントについて深く理解すれば、Kritaの外で画像が使われる場合であっても画像の見た目を保証できます。

この章では、まず、色選択の様々な方法について説明します。次に、高度なカラーマネジメントオプションについて見ていきます。作業を効率化すると共に、最良の画像表示ができるようになります。最後にHDRペインティングについて簡単に触れます。

色の選択

詳細色選択ドッキングパネル

Kritaを最初に立ち上げた時、一番に目を引くのはこの画面右上の大きな色選択パネルかもしれません。

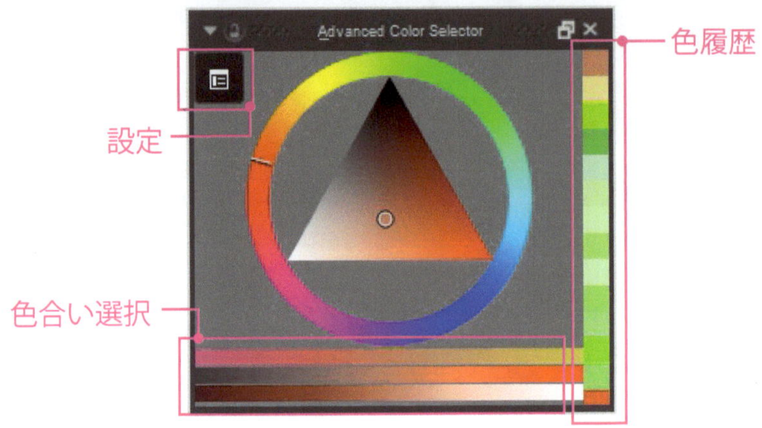

詳細色選択ではデフォルト状態でも様々なコンポーネントが表示されています。表示のカスタマイズも可能です。左上の設定ボタンから詳細色選択の設定ダイアログを開くことができます。色の選択のタブからは、Color Model Type(色モデルタイプ)の選択と、パレット図形の選択ができます。

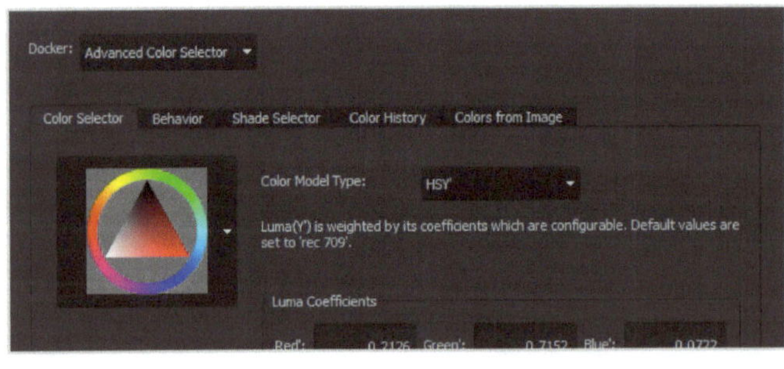

設定ボタンから詳細色選択ドッキングパネルをカスタマイズできます。

色合い選択では、現在の選択色に対するバリエーションを表示させることができます。また、今まで選択した色の履歴を表示させることも可能です。ペイントを行うと自動的に色の履歴が更新されます。

デジタル色混合ドッキングパネル

現在の前景色に、他の色を混合した結果が表示されます。混合する色は6色選ぶことができます。下側のボタンから色を選択可能です。中央のグラデーションスライダーでは色の混合割合を変更できます。上のカラースウォッチには混合結果の色が表示されます。スウォッチを選択すると、選ばれた色が新しい前景色になり、色の混合のプロセスがリセットされます。

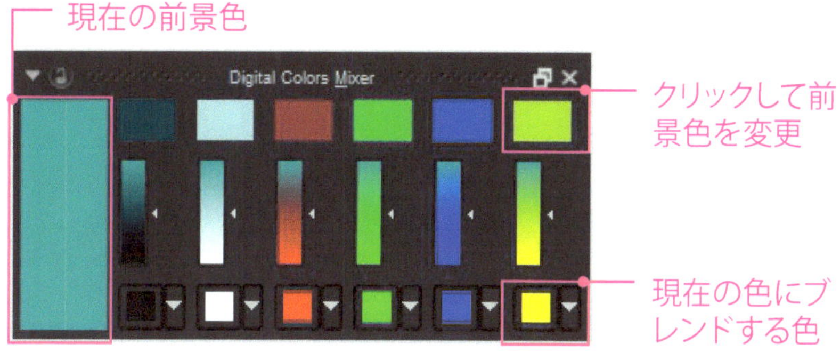

ポップアップパレット

色の選択とブラシプリセットの選択が手早く行えます。ポップアップパレットを表示するにはキャンバス上で右クリックします。中央のリングには最近選択した色の履歴が表示されます。円の外側に表示される2つの色は前景色と背景色です。

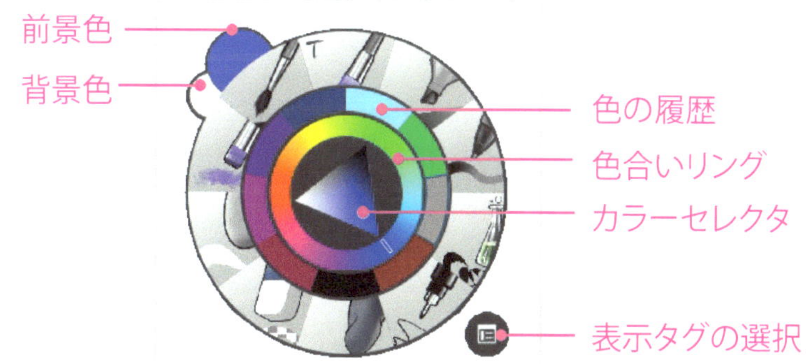

他の色ツールと同様、ここで色を選択すると、他のカラーセレクタでの選択色が更新されます。

Color Selector Tool(色選択ツール/カラーピッカー) 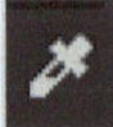

キャンバス上から色をピックして選択できます。キャンバス上で**Ctrl**キーを押し続けることでもアクセスできます。**Ctrl**を押している間このツールが一時的にアクティブになります。

特定色選択ドッキングパネル

特定の値の色を選択したい場合は、このドッキングパネルが便利です。使用するカラーモデルを指定して、色の値を指定することができます。

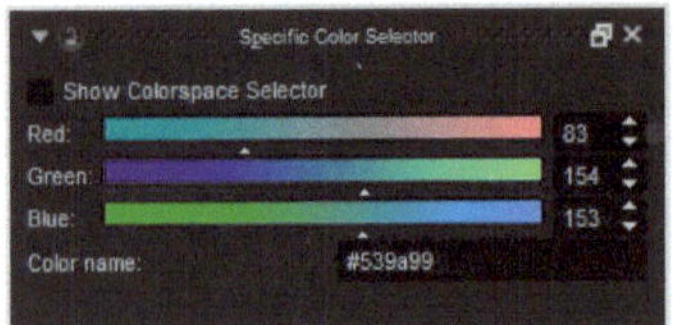

上のチェックボックスをクリックすると、カラーモデルを変更するオプションが表示されます。

ツールバーの前景色選択ダイアログにも同じようなオプションが用意されていますが、このドッキングパネルの方が早く作業ができるはずです。色名にはウェブサイトのデザインで使用される16進数の色が表示されます。スライダー項目を変更したい場合は、上の色空間選択を表示のチェックボックスをオンにしてください。

小型色選択ドッキングパネル

この小さくまとまったドッキングパネルからも色選択が可能です。左側の領域で色相を選択し、右側で明度と彩度を選択できます。詳細色選択ドッキングパネルが複雑すぎたり、大きすぎると思うのなら、このドッキングパネルを代わりに使うのもよいでしょう。

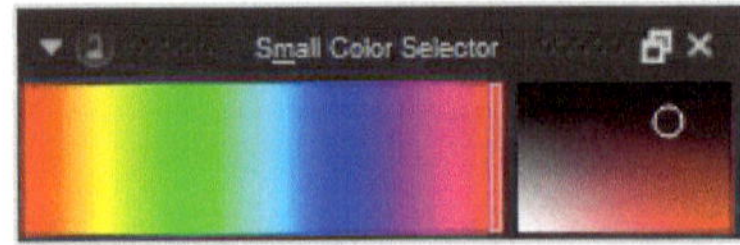

このドッキングパネルは、パネルのサイズを大きくした場合の拡大があまりうまくいきません。

アーティスティック色選択ドッキングパネル

このドッキングパネルでは、限られた階調の色のみをパレットに表示します。カラーホイールに表示する色はカスタマイズ可能です。ただし、色の範囲の限定はできません。つまり、補色やトライアド配色になる色だけを表示する、という制限を行うことはできません。

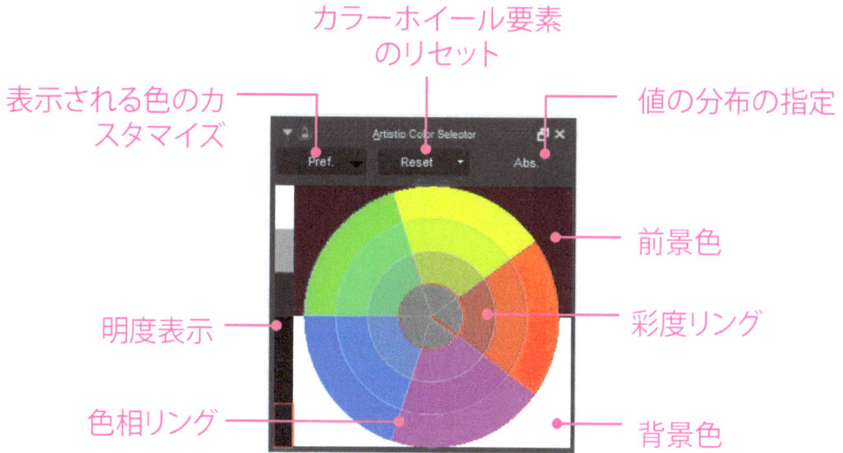

ドラッグでホイールを回して色相を変化させることができます。明度要素を選択すると、カラーホイールが指定した明度に合わせて明るくなったり暗くなったりします。

パレットドッキングパネル

あらかじめ用意した色リストから色を選択できます。このドッキングパネルから、既存のパレットへの色の追加と削除、新しいパレットの作成が可能です。表示する欄の数を指定するオプションもあります。

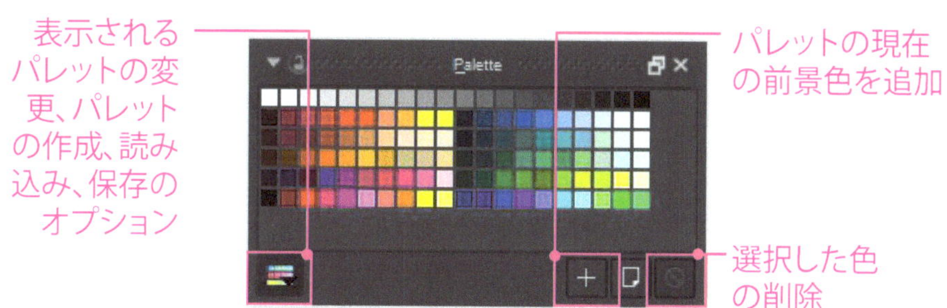

ツールバーからの前景色/背景色の選択

ツールバーでも前景色と背景色の選択が可能です。前景色か背景色の色スウォッチをダブルクリックすると色選択ダイアログが表示されます。

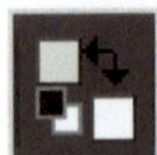

色を選択 – 前景色と背景色を選択することができます。右上の矢印アイコンは前景色と背景色を入れ替えます。左下のアイコンは前景色と背景色をリセットします。

画像からの色

キャンバスを分析して、頻繁に使用されている色を表示することができます。色スウォッチの更新が必要な時は更新ボタンをクリックします。キャンバスが 1 色のみの時は、正確な色がでないおそれがあります。表示の設定は、メインメニューの**設定 > Kritaを設定 > 色選択の設定 > 詳細色選択 > Colors from Image(画像からの色)**のタブで行います。Patch(表示色数)の数やサイズを変更すると、表示が更新されます。ショートカット:Uキー。

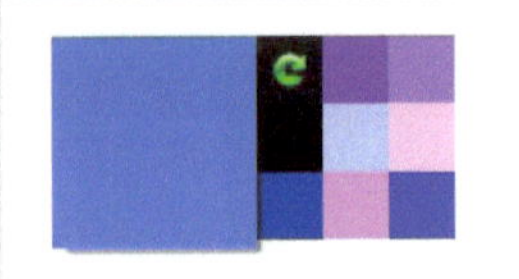

更新ボタンを押すとキャンバスを分析してスウォッチを更新します。表示する色の数とサイズは変更できます。

便利なショートカット

ミニマル色選択ポップアップ: **Shift + N**
色合い選択ポップアップ: **Shift + M**

カラーマネジメント

カラーマネジメントは、様々なデバイスが色について話すための共通言語のようなものです。スキャナは特定の色設定で作品をスキャンするかもしれません。モニタにはモニタの色表示の方法があります。プリンタにはインク使用の独自の設定があります。これらの異なるデバイスの間で色の情報を移動する場合であっても色を正確に保持しようとすることが、カラーマネジメントの役割です。

ドキュメントは色情報を保存するものなので、カラーマネジメントを知ることが重要です。どのような色情報が保存されているかを理解しないと、プリンタで印刷する時などに困難に直面することになります。他のアプリケーションでは同じ色が表示されないということも起こるかもしれません。

異なるデバイス間で色を一定に保つために、インターナショナル・カラー・コンソーシアム(ICC)という団体が設立されました。ICCはすべてのデバイスがカラーマネジメントを行うための標準を作りました。この標準によって色の表示方法だけではなく、他の形式への変換方法が指定されています。このプロセス全体がカラーマネジメントシステムと呼ばれています。

カラーモデル

緑、赤、紫といった私たちの知る色は、世界に存在する色の中のごく一部です。色は、光のスペクトラムの全体から見るとその一部でしかありません。光自体も、電磁気システムという大きなシステムの一部です。

この大きなシステムの一部だけが人間の目には見えています。この見えている部分が各色なのです。そのため、沈む太陽は空を移動していくと色が変わるように見えます。光の波長が長くなると色が変わるのです。

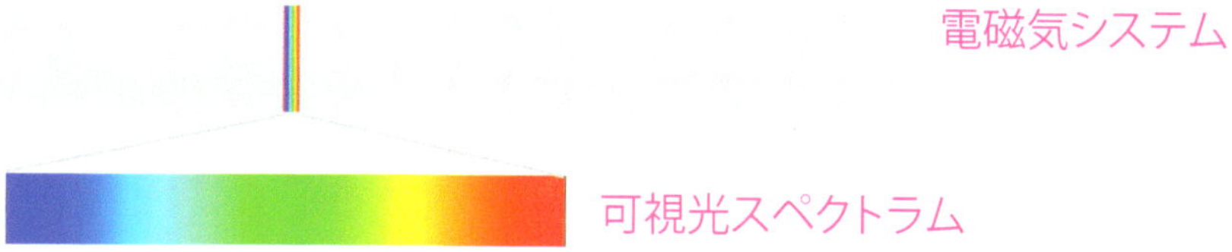

電磁気システム

可視光スペクトラム

絵を描く上では、可視光部分のみを考えます。そこから、色空間、あるいは、カラーモデルと呼ばれる概念が生まれました。色の定義、表示には様々なモデルが存在しています。全部を知る必要はありませんが、代表的なものを紹介します。

アーティストのためのカラーモデル

コンピュータで画像を作成する時、画像は印刷されるか、コンピュータモニタで閲覧することになります。ここで2つのカラーモデルについて考える必要があります。

RGB(赤、緑、青)はコンピュータモニタが使用するモデルです。RGBカラーモデルはCMYKより広い色域を持っています。つまり、より広範囲の色データを持つことが可能です。大部分のアーティストはまずRGBで作業をしてから、必要に応じてCMYKに変換を行います。

CMYK(シアン、マジェンダ、黄、黒)はプリンタが使うモデルです。作品を印刷することにしたら、カラーモデルをCMYKに切り替える必要があるかもしれません。プリンタには通常この4色に対応したインクカートリッジがあります。画像をRGBからCMYKに変換すると一部の色情報が破壊されることになります。

色度

色度はRGBやCMYKといったカラーモデルを比較する時に使われる概念です。通常、色度は色度図と共に議論されます。

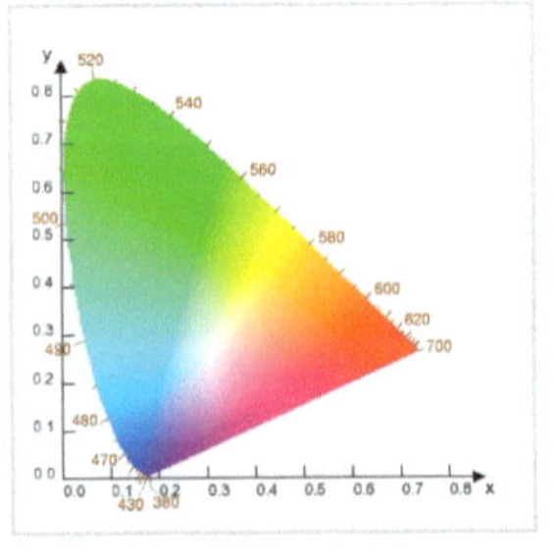

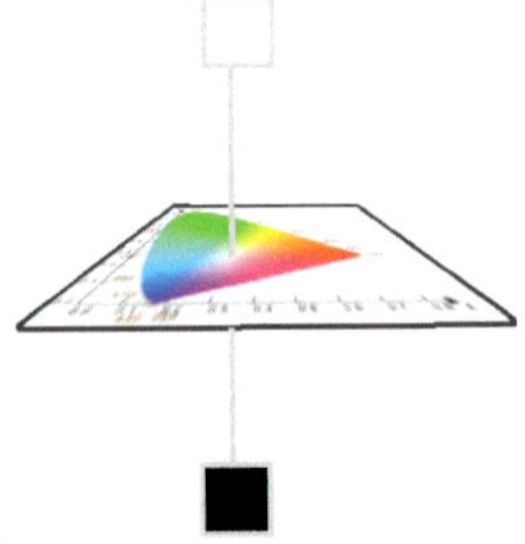

色度図はカラーモデルにどれだけの色が存在するのかを表現するために使用されます。灰色に対して相対的に色を示していることから色度と呼ばれます。明度は表現されていません。

色度図は人間の目に見えるすべての色を視覚的に表現するものです。チャートの数字については心配する必要はあまりありません。アーティストとしてカラーモデルについて話す時にはほとんど議論にあがりません。実際の色は表示することができなくても、この図は存在するすべての色を代表しています。

カラーモデルを比較するときには、色度図にカラーモデルに対応する図形を描きます。そうすることでCMYKといったカラーモデルが含んでいる色の領域を図示できます。

以下の例は、色度図におけるCMYKとRGB色空間を示しています。RGBカラーモデルにはCMYKより多くの色が含まれます。どちらのカラーモデルにおいても、存在しない色が多数あります。また、異なるカラーモデル間で変換するときに色をどうしたらよいのか、という疑問もでてくるかもしれません。

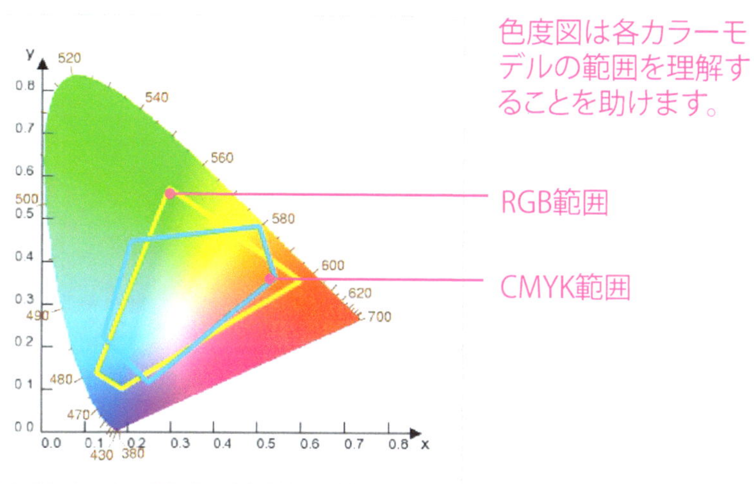

色度図は各カラーモデルの範囲を理解することを助けます。

色度図には、黒や暗い色が存在しないことに注意してください。光や色には、色度、強度、輝度といった様々な属性があります。色の暗さは、色度図とは別のもので計測されます。こうした高度な属性について知るのもよいことですが、普通に絵を描く時にはあまり役立ちません。

この話題についてもっと学びたい場合は、インターネットで検索するとさらに情報が見つかるはずです。このトピックについて深い知識を持つこともよいことですが、実際の作品制作ではあまり実用的ではないかもしれません。

その他のカラーモデル

KritaにはRGBとCMYK以外にもカラーモデルが用意されています。実際に使うことはあまりないかもしれませんが、簡単に概要を説明します。

- **グレースケール** – このカラーモデルでは、グレースケールの色情報のみを扱います。白黒で作業をしたいときに役立ちます。色選択のドッキングパネルによっては白黒ではない色が表示されたままかもしれませんが、キャンバスはグレースケールのみ表示します。
- **L*a*b*** - 色空間同士の変換で使用する、変換用のカラーモデルです。目に見えない虚数部分の数字も含みます。このカラーモデルはCMYKとRGBのすべての色を含んでいるので、このカラーモデルで作業をするアーティストもいます。
- **XYZ** – 色空間同士の変換で使用する、変換用のカラーモデルです。目に見えない虚数部分の数字も含んでいます。無視しても問題ありません。
- **YcbCr** - CRTモニタが使用されていた昔は使われていたカラーモデルです。今ではこのカラーモデルの画像はほとんど見られません。

Kritaがこれらの追加のカラーモデルを含んでいるのは、アーティスト向けというよりは開発上の理由です。Kritaの開発ではLittle Color Management System(Little CMS)という外部のカラーマネジメントシステムを使用していて、このシステムに変更を加えることを避けています。

カラープロファイル

カラーモデルのデータに加えて、ハードデバイスでの色表示方法についての設定も存在します。先ほど学んだカラーモデルは色の**データ**についての話です。カラープロファイルは**ハードウェア**側に近い話題です。スキャナやモニタにはカラープロファイルがあります。自動的に割り当てられることも多くありますが、間違ったプロファイルが付いてしまうこともあります。スキャナのカラープロファイル設定が正しくないと、スキャナソフトウェアからの画像が、Kritaでは同じように表示されないということが起こります。以下のものにカラープロファイルが関連しています:

- モニタ
- 入力デバイス(スキャナ、カメラ)
- 出力デバイス(プリンタ)
- ドキュメント(jpg、png、Kritaファイル)

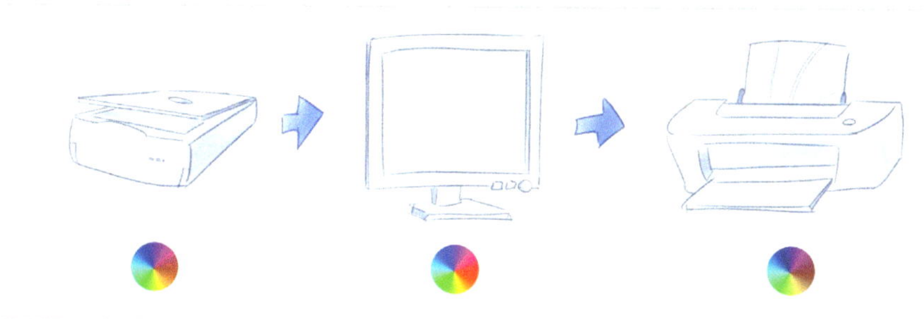

カラープロファイルを指定すると、デバイス間での色管理と変換を行う際の助けになります。カラープロファイルはカラーモデル(RGB、CMYK)とは違うシステムです。Kritaに含まれているカラープロファイルで一般的なものは以下です。

- **sRGB(デフォルト)** – 1996年に制定されたRGBの標準規格で、モニタ、プリンタ、インターネットで使用されています。よいプロファイルなので、色について特にこだわりがなければこの規格を使いつづけてもよいでしょう。
- **ScRGB** – sRGBと同じ色を含んでいますが、データは虚数を持つことができます。HDRペイントを行う時に役立ちます。
- **AdobeRGB** – sRGBより多くの色を利用できますが、sRGBほど広くはサポートされていません。

Kritaに含まれるカラープロファイルの多くは、色について熱心に活動、提言を行っているElle Stone氏によって作成されたものです。それぞれのカラープロファイルの役割を理解するのは少し難しいかもしれません。カラープロファイルについての詳細情報は、Kritaのカラースペースブラウザで確認できます。ファイルの新規作成のダイアログの**Color Space Browser**のボタンをクリックすると、カラープロファイルとカラーモデルの詳細情報についてのダイアログが開きます。

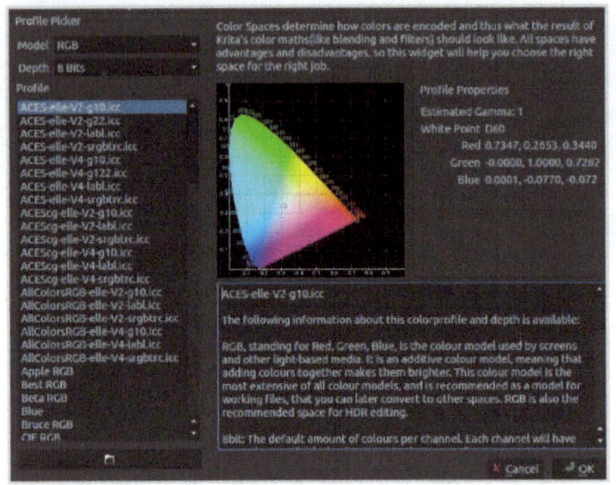

カラースペースブラウザはカラープロファイルの可視化を行うと共に、それぞれの存在理由についての説明を用意しています。

sRGBのみを常に使って、それ以外のプロファイルについては気にしない、という選択も可能です。カラープロファイルについて深く学びたいということであればインターネット上に豊富な情報があります。このトピックについて信頼できる権威として知られているElle Stone氏のサイトを見ることをおすすめします。**http://ninedegreesbelow.com**

カラーモデル間の変換

RGBカラーモデルで作業をしていても、プリンタにデータを送ることになれば、画像をCMYKに変換する必要が出てくるかもしれません。新しい色空間に画像を変換するには、メインメニューの**画像 > 画像のカラースペースを変換**を使います。ここにはレンダリングインテントを指定するオプションがあります。画像をCMYKに変換するときには色情報が失われることになります。CMYK色空間ではRGBより利用できる色が少ないからです。レンダリングインテントでは、色の削減方法を指定できます。

- **知覚的(デフォルト)** -すべての値を変換先の色空間にフィットするようにスケーリングします。すべての色が同じ比率で変更されるので、画像全体の印象は保たれるはずです。
- **相対比色** - 色範囲の外の色は一番近い色で置き換えられます。色がターゲットの色空間に存在する場合はそのまま保たれます。

- **彩度** – 色の彩度を優先して保つようにします。ビジネスロゴのようにまったく同じ色が必要な場合に便利です。
- **絶対比色** – 使用されているのと同じ色を再現しようとします。通常はカラーバンドや色のシフトといった望ましくない効果が起こります。

レイヤーの他のカラーモデルへの変換

単独のレイヤーだけを別のカラーモデルに変換することも可能です。例えば、ラフスケッチのレイヤーはグレースケールに、色のレイヤーはRGBにするということも可能です。グレースケールのレイヤーでペイントする場合、カラー情報を扱わなくてよい分パフォーマンスが少しあがるかもしれません。個別のレイヤーのカラーモデルの変換は、メインメニューの**レイヤー > レイヤーカラースペースを変換**で行います。

個々のレイヤーにはレイヤーのカラープロファイル設定が割り当てられています。各レイヤーに別のカラープロファイルを適用することも可能ですが、その場合は追加の計算が必要になります。そのためレイヤーではカラープロファイルの情報は触らずに、カラープロファイルの管理は画像レベルで行うことをおすすめします。

ソフト校正

画像のデータ自体は変更せずに、別の色空間(CMYKなど)での画像表示をプレビューすることも可能です。これは通常ソフト校正と呼ばれます。例えば、画像自体はCMYKに変換せずに、CMYKの場合にモニタでどのように表示されるかを見ることができます。この方法の利点は、印刷された時の見た目を、色情報を破壊せずにプレビューできることにあります。

ソフト校正は**画像 > プロパティ**から行えます。このプロパティで色空間変更を行っても、データ上では色空間の色変換は行われません。画像を印刷する時には、**画像 > 画像のカラースペースを変換**をつかって色データ自体のカラースペース変換を行う必要があります。

色深度(ビット)

各ピクセルが持つことができる色数は限られています。色深度を変えると、使用できる色の量が増えます。ただし、これにはトレードオフがあります。色深度を上げると、処理が重くなってしまいます。色深度を上げてもあまり変化は顕著ではないので、デフォルトの8ビットでも十分かもしれません。

使用できる色の総量はカラーチャンネルによって決まります。RGBカラーモデルでは赤、緑、青の3つのチャンネルがあります。それぞれのチャンネルの色数は色深度で決まります。

例えば、8ビットの色深度のRGBドキュメントがあったとします。8bitは各チャンネルの色数を示しています。ここでは2の8乗、つまり256になります。赤、緑、青のそれぞれのチャンネルが256色を持つので、各ピクセルでは256を3乗した1677万色が利用できることになります。Kritaで利用できる色深度は以下になります。

- 8ビット
- 16ビット
- 16ビット浮動小数点数
- 32ビット浮動小数点数

浮動小数点数の色深度はHDRペインティングで使用されます。浮動小数点数の場合は、0-255の範囲ではなく、通常は0-1の範囲の値になります。浮動小数点数では1以上の値を含むことができるという利点があります。例えば10という値で、白より10倍高い値を表現できます。カメラの露出を変えるのと似ています。

CIEとは?

カラープロファイルを見ていると、CIEという文字が頻繁に現れていることに気が付くかもしれません。CIEは光、照明についての権威的な機関である国際照明委員会の略です。CIEは1920年代に実験を行い、人が見ることができる光の範囲の測定を行いました。

私たちが色を見る時には、目の3つの錐体細胞のセンサを使っています。錐体には赤い光に反応する赤錐体、緑に反応する緑錐体、青に反応する青錐体があります。カラープロファイルとカラーモデルの中にはCIE標準を元にしているものがあります。絵を描くことにはあまり関係ないかもしれませんが、興味があればさらに調べてみるのもよいでしょう。

LUTマネジメント(HDRペインティング)

画像を後でコンポジット(3Dアプリケーションなど)で使用する必要があるのなら、このドッキングパネルが役立ちます。そうした作業を行うつもりがないのなら、このセクションは読み飛ばしても構いません。またこのセクションではHDRペインティングについても扱います。

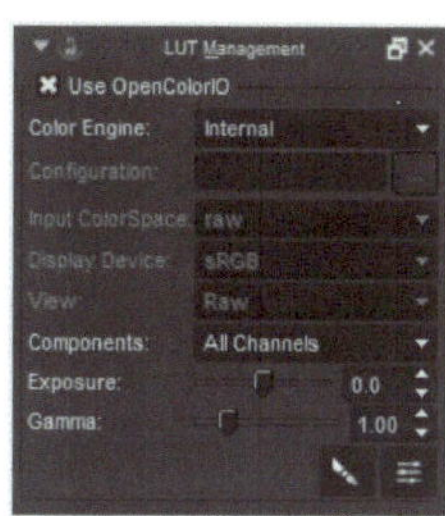

ルックアップテーブル(LUT)マネジメントドッキングパネルではカラーマネジメント方法を設定できます。

このドッキングパネルではLUTを使ったカラーマネジメントの設定が行えます。LUTはルックアップテーブルの略です。どうしてLUTがKritaに含まれるようになったかという経緯を知れば、LUTの役割もわかるでしょう。

LUTとKritaの簡単な背景情報

KritaはHDRペインティングをサポートするために、OpenColorIOという技術を利用しています。この技術はSony ImageWorksによって映画向けに2003年に開発されたものです。Sonyはこの技術のソースコードを公開し、更新を続けています。OpenColorIOはカラーマネジメントを行う多くの商用アプリケーションでも採用されています。

OpenColorIOの解決する問題の一つは、プロジェクターやHDTVといった様々なディスプレイが、異なった色空間を持つケースです。デバイスがサポートしない色空間を使うと、色が変わってしまい、アーティストが意図した結果にならないことになります。

OpenColorIOの使用

OpenColorIOを有効にするには、LUTマネジメントドッキングパネルでOpenColorIOを使用のチェックボックスをクリックします。これを有効にすると、Krita内部のカラーマネジメントの代わりに、OpenColorIO互換の方法でカラーマネジメントが行われます。

設定の中で頻繁に使用することになるのは、露出とガンマのスライダーになるでしょう。

- **露出** – ドキュメントの光と暗さをコントロールします。高い値にすると画像の光が増えて明るく見えるようになります。写真でよく使われる用語です。
- **ガンマ** – モニターから放射される光の量です。正しく設定しないと、画像が実際より暗く、もしくは、明るく表示されます。ガンマが正しくないと画像は色あせたような表示になることがよくあります。

ペイントにおけるHDR色の選択

大抵の場合は、HDR色の選択も、通常の色の選択と同じように行うことができます。外部のカラーマネジメントシステムを使っている時も、通常の色ピックのツールをそのまま使用できます。OpenColorIOといった別のカラーマネジメントシステムに最初に切り替えた場合も、ピッカーでの色はそのままになります。正しい色を表示するには、LUTマネジメントドッキングパネルで露出を変更する必要があります。露出を変更すると、色選択はその露出で使用できる色に合わせて更新されます。

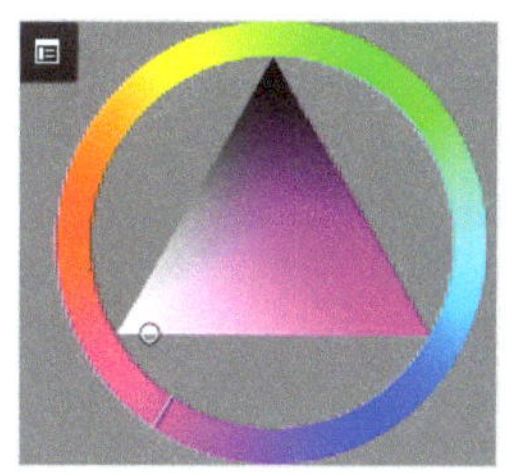
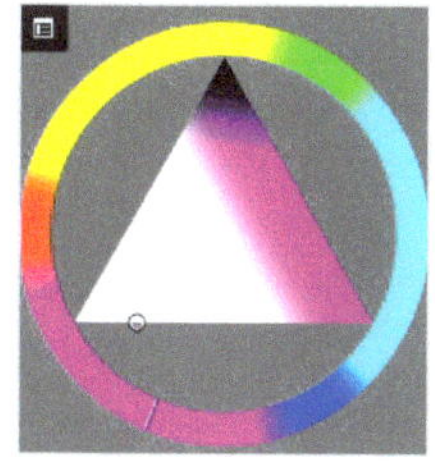

露出とガンマを変更すると使用できる色の表示が更新されます。通常(左)と調整済み(右)

RAWフォーマット

RAWはRGBやCMYK色空間とは異なっています。画像の情報は色の要素に分解されていません。RAWでは画像に変換する前のデータが含まれています。他のプロセスで画像に変換しないとデータ自体では意味がありません。

内部処理オプション

LUTマネジメントドッキングパネルの多くのオプションは変更しても何も影響がないように見えるかもしれません。これらのオプションは画像とモニタ間でのカラープロファイルと設定を計算するためのものです。色エン

ジン設定についての概要は以下になります:

- **内部(デフォルト)** – Kritaに内臓されたカラーマネジメントシステムを使って色のモデル化と色情報処理を行います。すべての色がモニタに正しく表示されるようにこの内部カラーエンジンが処理を行います。これを選んだ場合、このドッキングパネルの多くのオプションは使用不可能になります。
- **OCIO** – OpenColorIOエンジンにドキュメントのカラーマネジメントシステムの完全なコントロールを与えます。外部のアプリケーションがサポートしている構成設定ファイルを読み込むことができます。
- **OCIO(環境)** – 通常のOCIO設定と似た設定ですが、構成設定ファイルについてはPCのOCIOの環境変数から読み込みます。

ショートカット

Yキーを押しながらキャンバス上をドラッグすると露出を変更できます。露出を変更すると色を定義する光の量が調整されます。光の量によって色の表示は明るくなったり暗くなったりします。

ショートカット

Yキーを押しながらキャンバス上をドラッグすると露出を変更できます。露出を変更すると色を定義する光の量が調整されます。光の量によって色の表示は明るくなったり暗くなったりします。

- **入力色空間** - 入力画像の色空間を指定します。
- **表示デバイス** - 最終的に表示するデバイスの種類に合わせた設定です。一般的なモニタの場合はsRGBです。
- **ビュー** - 画面でどのように表示されるかをシミュレートします。

- **成分** - 色情報をどのように分離するかを指定します。画像のチャンネルに密接に関係しています。
- **現在の色をロック(アイコン)** - 構成ファイルを変更した時にも前景色が同じ見た目に保つようにロックします。
- **白黒を設定(アイコン)** - 正規化した値の範囲で、黒と白になる値を指定できます。

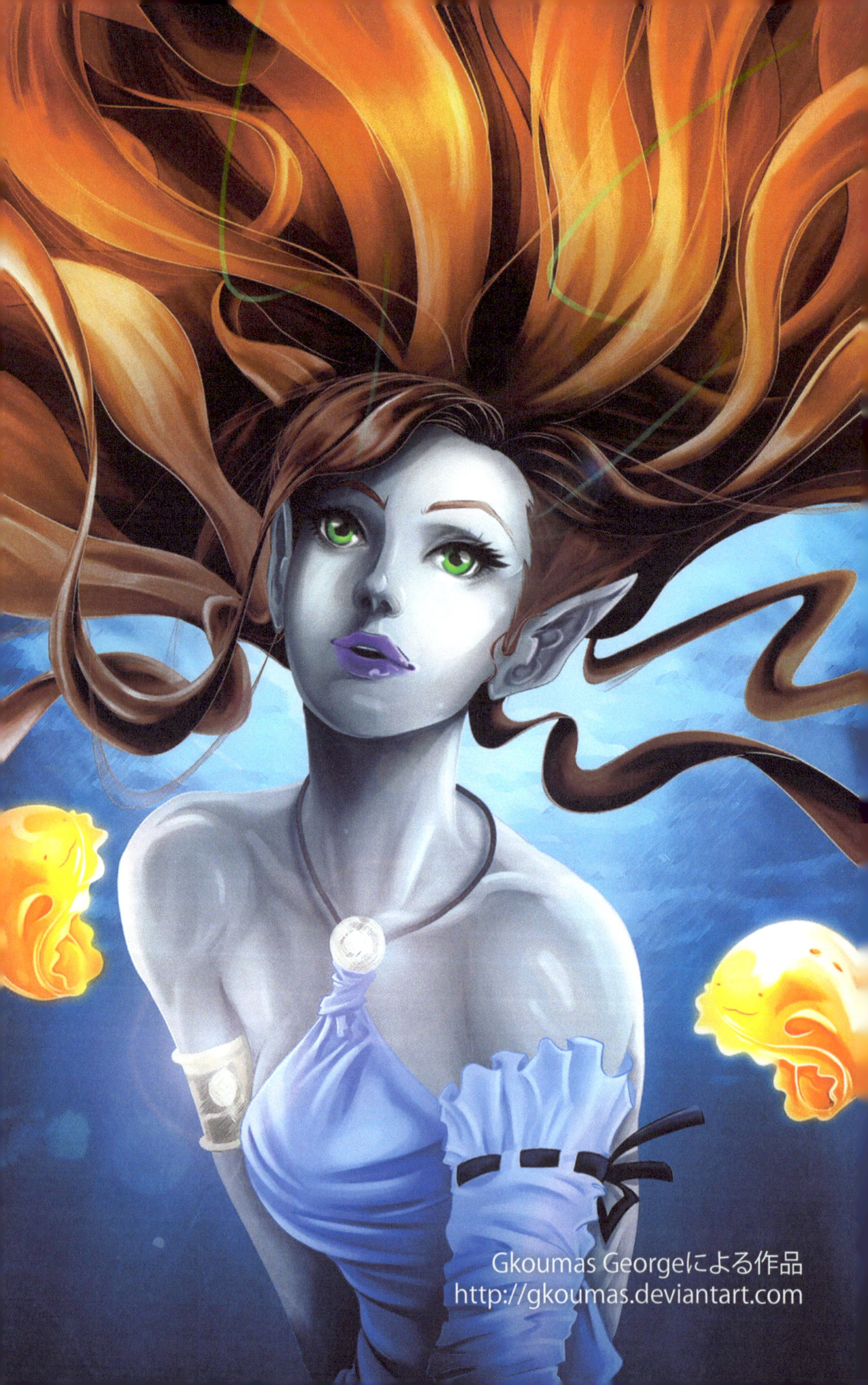
Gkoumas Georgeによる作品
http://gkoumas.deviantart.com

第10章

ベクターツール

Kritaはペイントアプリケーションであることを中核としていますが、ベクターツールもいくつか用意しています。ベクターグラフィックの利点は、ピクセル化されないことにあります。つまり、ベクターグラフィックは品質低下なしに拡大することができます。もう一つの利点は、後からも編集ができるということです。すべてのカーブポイントは後から編集が可能です。

ベクターオブジェクトを使用してみると、制限もあることに気が付くはずです。ベクターグラフィックでは、最初の線を作成した後から、追加の編集を重ねていくことになります。ベクターグラフィックでは鮮明な線を作成できますが、作品の完成までには時間がかかることになるでしょう。また、アートスタイルとの相性もあります。カートゥーンスタイルにはベクターオブジェクトも合いますが、絵画的なスタイルは難しくなります。

この章ではまずベクターツールの使い方から見ていきます。次に、オブジェクトのカスタマイズと編集について説明します。ベクターオブジェクトにはオプションとプロパティが多く存在しています。オブジェクト作成と塗りつぶしの機能も存在しています。アンカーポイントの編集にも多くのオプションがあります。最後にテキストツールとグラデーションオプションを説明します。

ベクターオブジェクトを理解する

Kritaのベクターツールは、他の多くのアプリケーションとは少し異なっています。ツールボックスのツールの多くは、ペイントレイヤー、もしくは、ベクターレイヤーのどちらかでしか動作しません。私も、Kritaを使い始めて数か月経ってようやく理解できるようになりました。ベクターツールをペイントレイヤー上で使用した場合、結果はラスタライズされます。同じベクターツールをベクターレイヤーで使用した場合には、ベクターオブジェクトが作成されます。ベクターレイヤーを使ってベクターオブジェクトが作成された場合には、後からアンカーポイントを編集できます。一方、ペイントレイヤーでは変形ツールが使用できます。Kritaのツールは選択したレイヤーにあわせて動作が変わります。

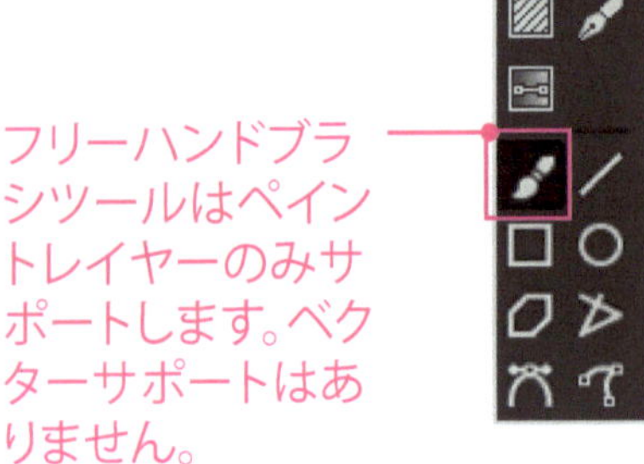

ベクターレイヤーで使用できるツールは、ツールボックスの最初のツールグループに存在しています。シェイプ選択ツール、テキストツール、カリグラフィーツール、グラデーション編集ツール、パス編集(通常は隠されています)、矩形ツール、楕円ツール、多角形ツール、ベジェカーブツールです。

ベクターレイヤー、ペイントレイヤー、どちらを使うべきかと疑問に思うかもしれません。他の質問の多くと同様に、答えは「状況による」というものです。Kritaのペイントの面に興味があるなら、ベクターツールを使うことはほとんどないでしょう。コミックの枠線やテキスト以外では、ベクターツールは見落とされたり、無視されたりします。アンカーポイントや形状の編集にも時間がかかります。それでもベクターを使う利点はあります。

シャープな線をコントロールできるのでベクターを好むイラストレーターもいます。ペイントレイヤーでは、既にある部分の上に描くと元々ペイント情報は失われます。ベクターレイヤーでは、線と形状は別に記録され、ベクターレイヤーとオブジェクトを使うと非破壊的に編集できます。ただそのかわり管理が大変になるので、注意しましょう。

ベクターオブジェクトの作成

Kritaではデフォルトではペイントレイヤーが作成されます。まず、矩形ツールが通常のペイントレイヤーでどのように動作するのかを見てみましょう。矩形ツールを使ってキャンバスに四角を描いてみます。

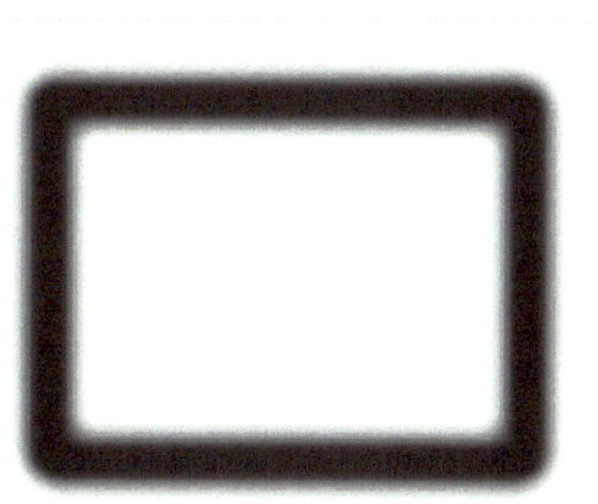

ペイントレイヤー上の四角。キャンバスに描画した後から編集はできません。

現在のブラシをアウトラインとして使った四角が描画されます。シェイプ選択ツールに切り替えても、オブジェクトを選択してアンカーポイントを編集することはできません。ペイントレイヤーで使用したので、矩形ツールは四角をベクターではなくビットマップに変換しました。これを編集するには、変形ツールを使用します。ペイントレイヤーの変形ツールの欠点は、拡大縮小すると品質が落ちることです。

では、ベクターレイヤーで同じことをしてみましょう。ベクターレイヤーを作成するにはレイヤードッキングパネルでレイヤー追加のプラスアイコンの横にある、ドロップダウンメニューの矢印をクリックします。

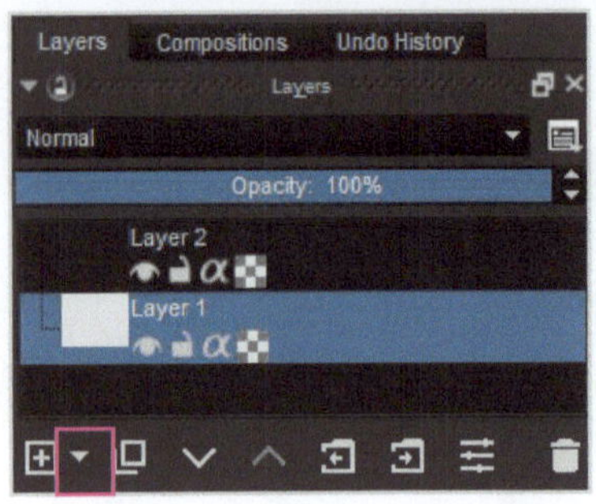

ドロップダウンメニューからベクターレイヤーを作成します。

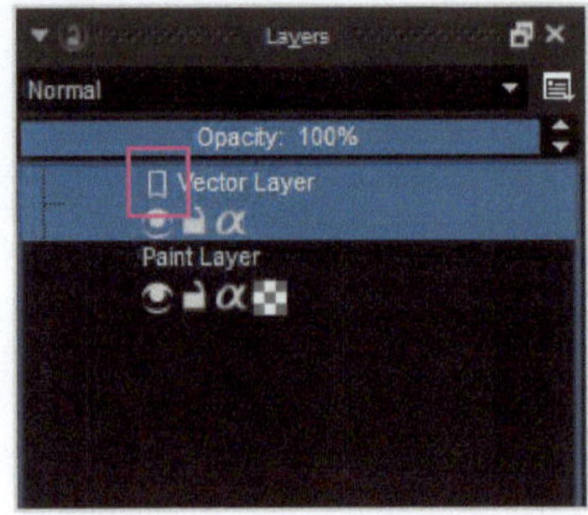

ベクターレイヤーには特別なアイコンが表示されます。

ベクターレイヤーを作成したら、レイヤーを選択します。新しく作成したベクターレイヤーが選択された状態で、再び矩形ツールを使って四角を描いてみましょう。

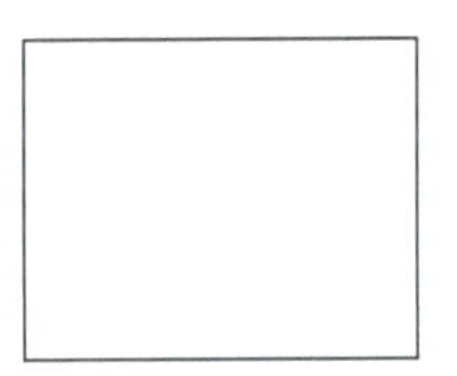

ベクターレイヤー上で四角を作成すると見た目が違うことがわかります。線の細さに注意してください。ペイントレイヤーでは適用されたブラシアウトラインは、ここでは使用されていません。

今回は作成された四角はブラシプリセットとは関係ありません。ブラシを変更して描画しても、四角は常に細い実線になります。四角はベクターレイヤーにあるので、プロパティと形状はツールのオプションで変更できます。シェイプ選択ツールを使うことで四角の編集ができます。

シェイプ選択ツール – ベクターオブジェクトの選択、移動を行います。選択されたベクターオブジェクトには、変形ハンドルが青色で表示されます。

作成した四角をクリックすると、青いハンドルが表示されます。ツールのオプションをみると、様々なオプションが存在していることがわかります。見た目のスタイルの変更から影などのエフェクトの追加まで行うことができます。

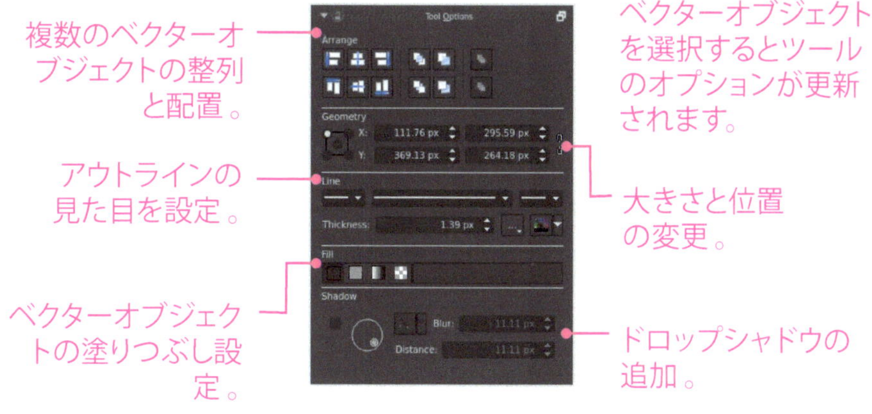

整列オプションで、キャンバスサイズに合わせて選択したオブジェクトを整列配置することができます。複数のベクターオブジェクトがレイヤーにある場合は、前後関係の変更も行えます。

レイヤーへのベクターオブジェクトの追加

ベクターオブジェクトをキャンバスに追加する基本的な方法がわかったので、他のベクターオブジェクトも追加してみましょう。キャンバスに他のツールでもオブジェクトを追加して、ストローク、塗り、プロパティを変更してみてください。

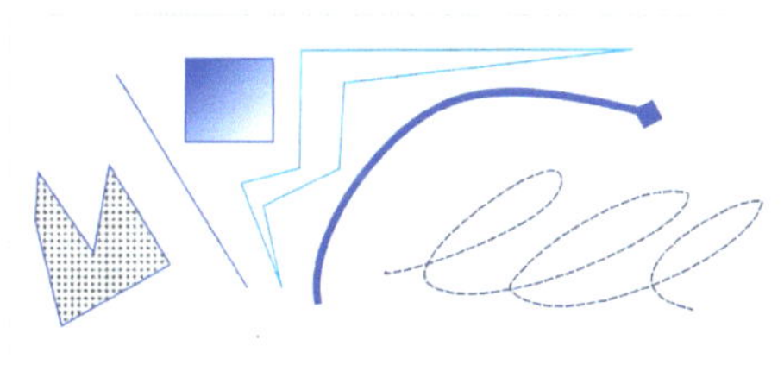

同じレイヤーにさらにベクターオブジェクトを追加してみました。

Ctrlを押しながら選択すると、複数のオブジェクトを選択できます。ベクター図形を作成する途中の場合、右クリックで一番最後のポイントをやり直すことができます。

図形を追加ドッキングパネル

ツールボックスのベクターツール以外では、図形を追加ドッキングパネルからもベクター図形の追加が行えます。このドッキングパネルが表示されていない場合は、メインメニューの**設定 > ドッキングパネル > 図形を追加**から開きます。あらかじめ用意されたベクター図形をキャンバスにドラッグすることができます。一番右側のアイコンのドロップダウンメニューから図形のカテゴリーを選択できます。

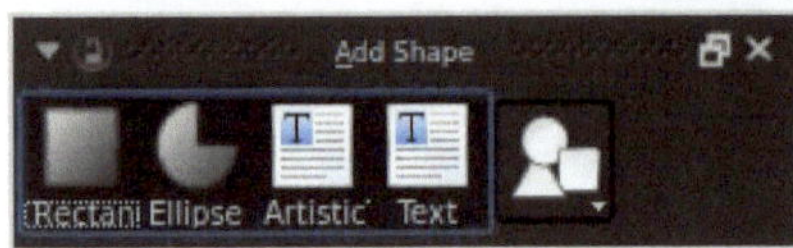

図形を追加ドッキングパネルから用意された図形をキャンバスにドラッグできます。

図形のプロパティ

ベクター図形のプロパティを保持しているドッキングパネルは2つあります。ツールのオプションと、図形のプロパティです。図形のプロパティドッキングパネルは設定>ドッキングパネル>図形のプロパティから開くことができます。このドッキングパネルを開いた状態で、楕円といった図形を選択すると、追加のオプションが表示されます。楕円の場合、弦やパイチャートのようなタイプに変更することができます。

メモ

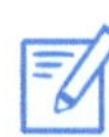

図形を追加ドッキングパネルから図形をキャンバスに追加すると、オブジェクトはベクターレイヤーに追加されます。ベクターレイヤーを選択していない場合は、新しいベクターレイヤーが作成されます。

メモ

図形を追加ドッキングパネルから追加した図形では、編集できるプロパティが限られています。アンカーポイントをフルに編集したい場合は、0から図形を作成する方がよいかもしれません。

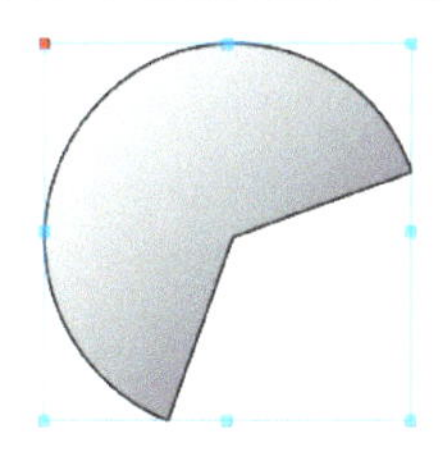

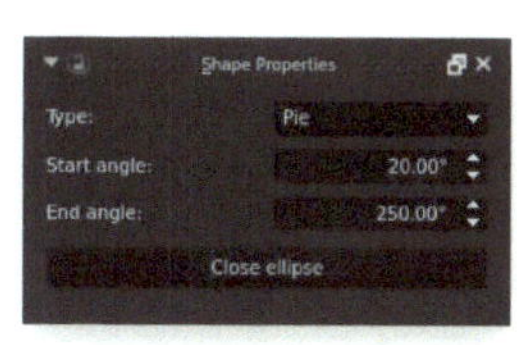

プリミティブ図形には見た目を調整する追加プロパティが存在します。

ベクター図形の編集

ここまでベクターレイヤーの作成と様々なベクターオブジェクトの追加を学びました。次は、ベクター図形の個々のポイントの編集方法を見てみましょう。ベクターレイヤーではペイントは行えませんが、アンカーポイントの編集は可能です。ベクターオブジェクトを選択すると以下の操作を行えます:

- **拡大縮小** - オブジェクトのサイズを変更します。角のハンドルをつかんでドラッグしてサイズを変更します。
- **回転** - オブジェクトを回転します。角のアンカーポイントの少し外側にカーソルを置いてください。カーソルが回転アイコンに変わります。
- **傾斜変形** - オブジェクトを傾斜変形させます。カーソルを側面のアンカーポイントの少し外側に置くと、傾斜変形のアイコンに変わります。
- **移動** – オブジェクトを移動します。オブジェクト内部にカーソルを置き、ドラッグで位置を移動することができます。

Shiftを押している間拡大縮小の比率を固定できます。**Ctrl**を押していると、オブジェクト中心を原点に拡大縮小が行えます。**Alt**を押し続けると、移動を垂直方向、水平方向に限定できます。

アンカーポイントの編集

オブジェクト全体の選択と編集以外に、個々のアンカーポイントの編集も行えます。ポイントを直接編集するには、まずシェイプ選択ツールでベクターオブジェクトを選択する必要があります。ベクターオブジェクトを選択すると、ツールボックスに新しいツールが表示されます。

パス編集ツール – ベクターオブジェクトのアンカーポイントを編集します。

パス編集を選択すると、青いオブジェクト境界からアンカーポイント表示に変わります。Kritaの一部のバージョンではこのツールが表示されないものもあります。その場合マウスを使ってオブジェクトをダブルクリックするとアンカーポイントが表示されます。楕円のような図形の場合、始点と終点といった角度といった部分しか編集を行えません。

アンカーポイントの上にカーソルを置くと点が赤くハイライトされます。この状態でクリックするとアンカーポイントを選択できます。

アンカーポイントの選択ではイライラすることがあるかもしれません。アンカーポイント自体をクリックしないと、選択全体がリセットされてしまいます。アンカーポイント自体をクリックするより、ポイントがある領域をドラッグして選択する方が簡単です。この場合ドラッグした選択領域の内部にあるすべてのアンカーポイントが選択されます。

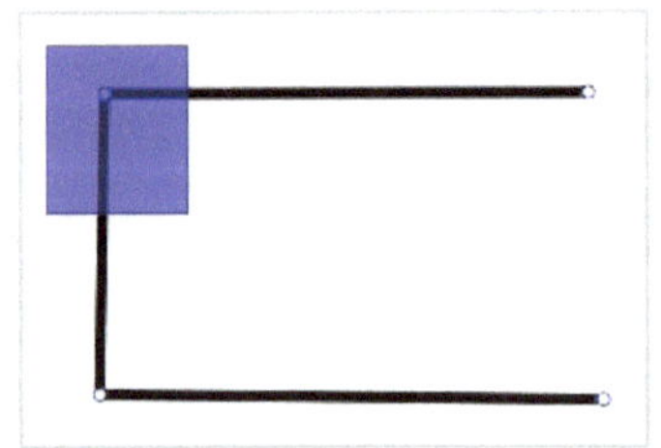

アンカーポイントを選択する場合、領域で選択する方が手早く行えます。パス編集内部ではドラッグで選択領域を作成できます。

上の図では、左上のアンカーポイントが選択されることになります。この選択テクニックはアンカーポイントの選択では使用できますが、ベジェハンドルの選択では使用できません。

アンカーポイントのツールのオプション

Kritaではアンカーポイントの追加、結合、削除、変換が可能です。13個のアイコンがツールオプションの中にあります。それぞれのグループについて説明していきます。

パス編集ツールを選択すると、アンカーポイントについてのツールオプションが表示されます。

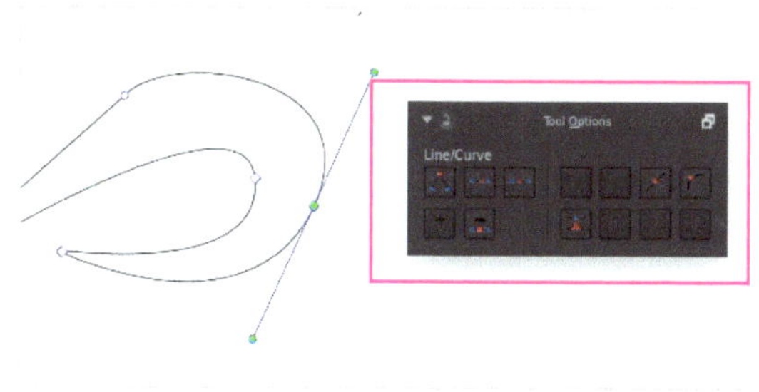

アンカーポイントのツールのオプション: パス編集ツールがアクティブでないと表示されません。テキストの場合はアンカーポイントを編集できるようになる前にパスに変換ボタンを押す必要があるかもしれません。

ベジェアンカーポイントタイプの変換

まず左上の3つのアイコンについて見てみましょう。これらはベジェポイントの見た目を設定するものです。ポイントタイプは3種類あります。コーナー、平滑化、対称です。darkテーマの表示ではアイコンが見えにくいので、以下のスクリーンショットではテーマをlightテーマに変更して撮影しています。

コーナーポイント - このベジェポイントのハンドルは方向も長さも独立して移動することが可能です。

平滑化ポイント - このベジェポイントのハンドルは常に一直線ですが、ハンドル長さは独立して変更できます。

対称点 – このベジェポイントのハンドルは常に一直線で、ハンドル長さも両側で常に同じになります。

アンカーポイントの挿入と削除

これらのアイコンは左上の最初のアイコン群の下に存在しています。アンカーポイントを選択してから、**ポイントを削除**ボタンをクリックするとポイントが削除されます。2以上のアンカーポイントを選択すると、**ポイントを挿入**ボタンが使用できるようになります。Ctrlを押しながら選択することで複数のアンカーポイントを選択できます。**ポイントを挿入**ボタンをクリックすると、Kritaは形状を維持するのに必要なポイント数を計算します。簡単な線の場合は、1個のポイントが追加されます。パスが長いカーブになっている場合、複数のポイントが追加されます。

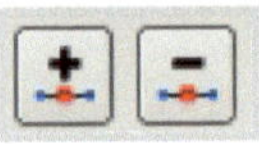

ポイントの挿入と削除

アンカーポイントと線

右側のエリアのアイコンは、線の構成を変更するものです。線のタイプを直線や曲線に変換します。

セグメントを直線に - 複数のアンカーポイントを選択してから使用します。ポイント間のハンドルを削除します。ポイント間が直線になります。

セグメントをカーブに - 複数のアンカーポイントを選択してから使用します。ポイント間に曲線になるようにハンドルを追加します。

直線ポイントを作成 - 選択したポイントから曲線のハンドルを削除します。

カーブポイントを作成 – 選択したポイントにハンドルを追加します。

ショートカット

Deleteキーで選択したアンカーポイントを削除できます。

アンカー接続ツール

ツールのオプションにある残りの4つのボタンは、アンカーポイントの分離と接続を扱います。2個のアンカーポイントを選択していないと使用できないものがあります。

ポイントで分割 - 1つのアンカーポイントを2つの独立したポイントに分割します。見た目では何も起こらないように思えても、アンカーポイントを選択して移動するとポイントが分割されたことを確認できます。

セグメントで分割 – 2つのポイントを選択している時に使用できます。2つのアンカーポイント間の線を削除します。

セグメントに連結 – 2つのポイントを選択している時に使用できます。2つのポイントの間に線を作成します。ハンドルも作成されます。

ポイントを結合 - 2つのポイントを選択している時に使用できます。2つのポイントを1つに結合します。結合したポイントは中点に作成されます。ポイント結合後も、オリジナルのポイントは消えません。

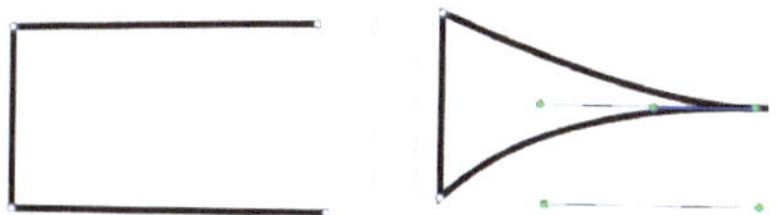

カリグラフィーツール

カリグラフィーツールにはプリセットがありません。このツールを選んで、ベクターレイヤー以外で描画を開始した場合、新しいベクターレイヤーが作成されます。カリグラフィーツールは筆圧を反映します。

カリグラフィーツール – ツールのオプションによってブラシ挙動を設定できます。角度、重み、ドラッグなどを変更できます。

他のベクターツール同様、カリグラフィのストロークは後から移動、変形、編集することができます。アシスタントや他のエディタはこのツールでは使用できないので、気を付けてください。普通のペイントプリセットでもカリグラフィのような効果が得られるので、普通のブラシを使った方がよいかもしれません。

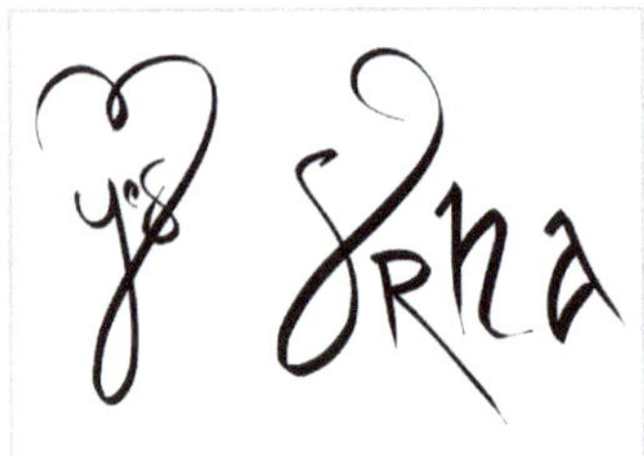

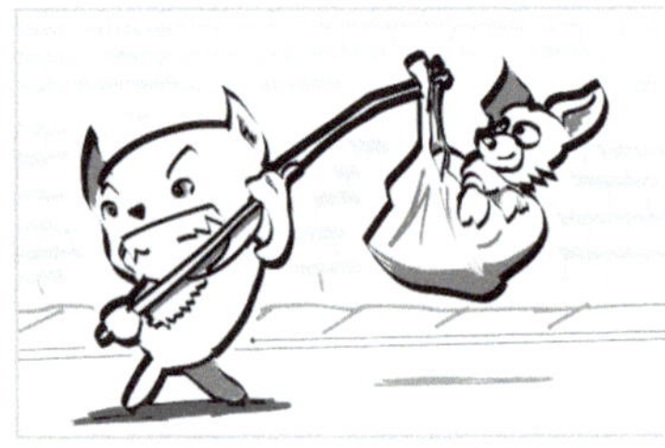

カリグラフィーツールの使用例です。

このツールの欠点はストロークにゴミが出ることが多いことにあります。次の画像では、エッジや内部にゴミがでています。ストローク形状を追求しようとした時にとても困ることになります。ストロークをパス編集ツールで修正することも可能ですが、時間がかかります。私自身は、普段はベクターのカリグラフィーツールは使わずに、フリーハンドブラシツールでカリグラフィーブラシ風のプリセットを使うようにしています。

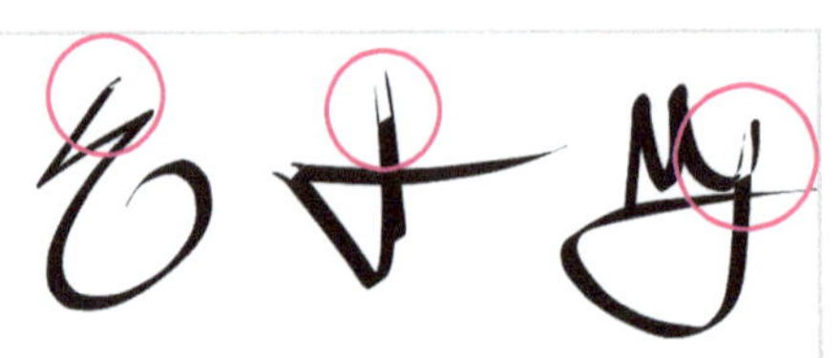

カリグラフィーツールを使用した時のゴミの例

メモ

Windowsではカリグラフィーツールはデフォルトで同梱されています。LinuxではKarbonをインストールしないと使用できません。

テキストツール

普通のアプリケーションではテキストツールは説明を読まずに使えるものですが、Kritaではそうではありません。Kritaがどのようにテキストを管理するかを理解しないと、挙動がわからずに苛立つことになるでしょう。

テキストツール – ドキュメントに様々な書式のテキストを追加します。テキストは常にベクターレイヤーに存在します。

テキストの操作を行う時はマウスを使う必要があることに注意してください。タブレットペンで操作するとテキストツールの挙動がおかしくなるというKritaのバグがあります。マウスを使うと、この問題は起こりません。開発者もこの問題を確認していて、将来は修正が行われる見込みです。

テキストを作成するときには、2つのテキストタイプから選びます。芸術的テキストと、マルチラインテキストです。芸術的テキストはパスに沿ったテキストを作成する場合、アンカーポイントに分解する場合のためにあります。マルチラインテキストは、複数の行をコピーしてきて、書式を設定する時に使用します。大抵の場合はマルチラインテキストの方が適しているので、こちらから説明します。

マルチラインテキスト

テキストエリアを作成するには、まずツールボックスからテキストツールをクリックします。キャンバスをクリックする前に、ツールのオプションを確認してください。

いくつかのオプションが表示されているはずです。

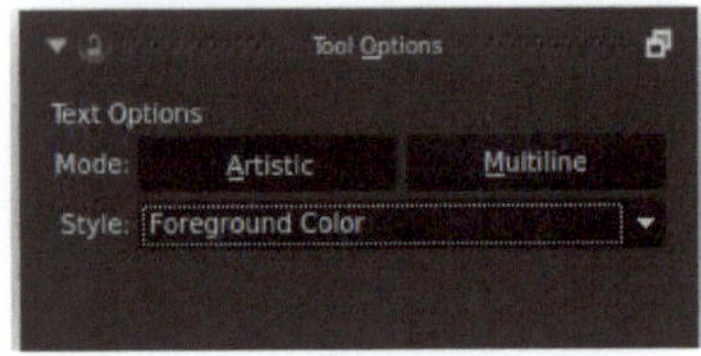

テキストオブジェクトを作成する前に、必ず正しいテキストタイプを選択するようにしましょう。

- **モード** – 作成されるテキストオブジェクトのタイプです。芸術的テキストとマルチラインテキストの2種類です。
- **スタイル** – 芸術的テキストの場合のみ使用されます。テキストの色を指定します。後から変更が可能です。

テキストオブジェクトの作成後に、テキストタイプを変更することはできません。ここでは、マルチラインテキストを選択してください。そしてキャンバスに四角のテキストボックスを描画します。すると、ボックス内に点滅する入力カーソルが表示されてテキスト入力が可能になります。文字を入力してみましょう。キャンバスで他のものを選択しても、テキストボックスは選択されたままです。テキスト編集中にはツールのオプションに関連する情報が表示されます。

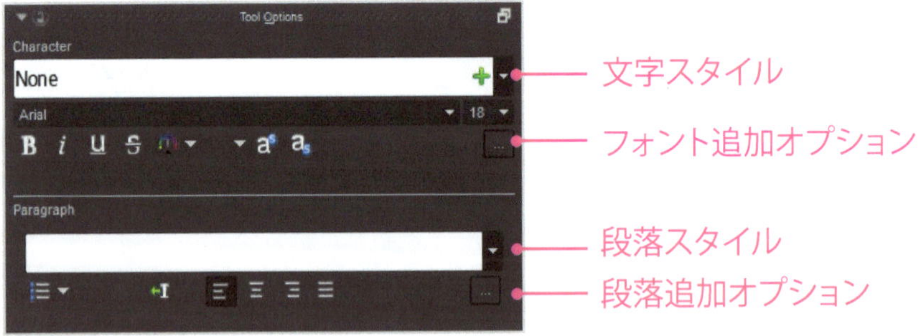

テキスト編集アプリケーションでよく見かけるようなオプションが用意されています。オプションは一般的なものなのですべてについての説明はしません。見慣れないものだけ取り上げます。

上の白いテキストボックスではスタイルをプリセットとして保存できます。テキストサイズといった設定を変更すると、スタイルのドロップダウンメニューにプラスアイコンが表示されます。これを使うと、スタイルの再利用ができます。文字スタイルと段落スタイルは分かれています。文字スタイルと段落スタイルのセクションの最後にある点線のアイコンから、追加のオプションが用意されたダイアログを表示することができます。段落には書式などの様々な追加オプションが用意されています。

注意 

テキストツールを使う時はマウスを使うようにしてください。タブレットペンを使うと挙動がおかしくなるバグがあります。このバグの修正は将来行われる見込みです。

テキストを編集する一番簡単な方法は、テキストボックスをダブルクリックすることです。シェイプ選択ツールに切り替えてから、テキストをダブルクリックしてください。それから**Ctrl + A**を押すと、テキストすべてを選択できます。選択すると、文字の太字化、色変更、フォント変更といった操作が可能です。行間設定などは段落設定で行います。

芸術的テキスト

パス上のテキスト

テキストをパスに沿って配置したいことがあるかもしれません。この機能は不規則な形のオブジェクト上にテキストを配置したり、オブジェクトの周りにテキストを配置したい時に役立ちます。

まずツールボックスのベクターツールのどれかでパスを作成します。パスはベクターレイヤー上に置く必要があることに注意してください。テキストツールを選択して、今回は芸術的テキストを作成します。キャンバスにテキストボックスを作成します。

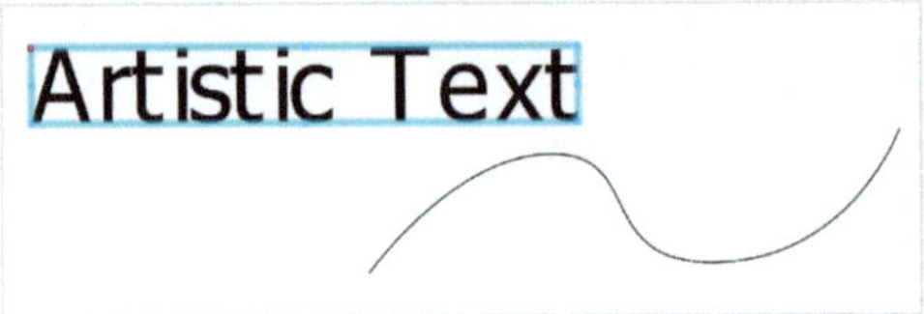

パス上にテキストを配置するには、パスとテキストの両方がベクターレイヤー上に存在する必要があります。

まずテキストを編集します。シェイプ選択ツールに切り替えて、それからテキストをダブルクリックすると、テキストボックスが編集モードになります。**Ctrl + A**を押してすべてのテキストを選択します。次に、テキストを適用したいパスの上にマウスカーソルを移動します。カーソルが手のポインタに変化するはずです。この状態でパスをダブルクリックすると、テキストがパスの上に沿って配置されます。

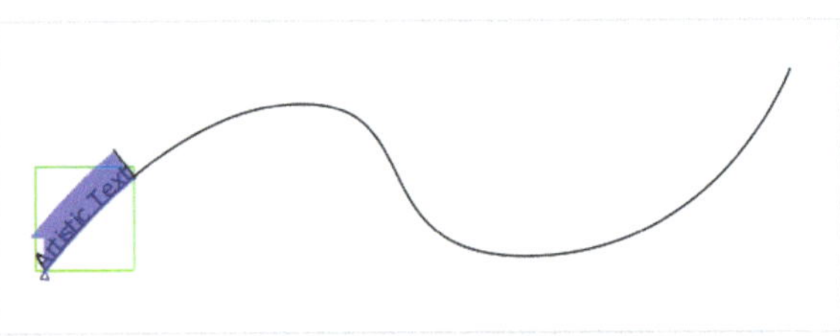

テキストのサイズはパスにフィットするように変更されます。テキスト先頭の三角のアイコンでテキスト開始位置をコントロールできます。

パス上でのテキストの開始位置の変更方法は2つあります。1つ目は、テキスト先頭の三角のアイコンをドラッグする方法です。2つ目は、ツールのオプションで、パス上のテキストのスライダーを操作する方法です。テキストをパスから取り外すには、ツールのオプションのパス上のテキストのセクションにある、パスの取り外しボタンをクリックします。

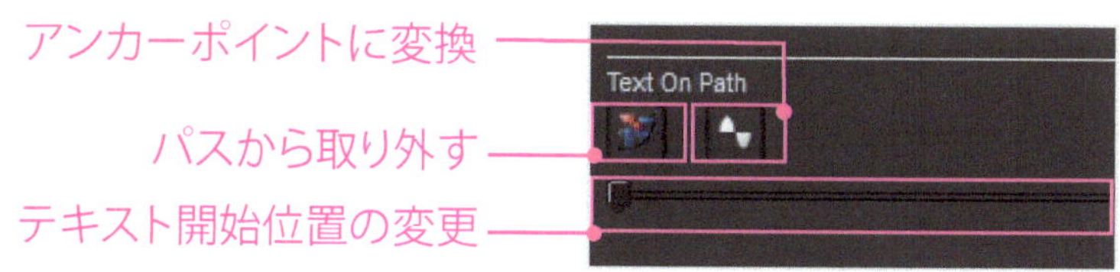

パスに変換

テキストをアンカーポイントの集合に変換するには、**パス上のテキスト**のオプションに用意されている**パスに変換**の機能を使用します。このオプションは芸術的テキストタイプのみに存在します。テキストをアンカーポイントに変換すると、テキストの編集は行えなくなります。変換は一方通行でアンカーポイントからテキストに変換することはできません。テキストをパスに変換することの利点は以下です。

1. テキストをパスに変換すると、指定したフォントがないPCやプリンタにおいても同じ見た目が保証されます。
2. テキストのアンカーポイントの編集が行えるようになります。タイポグラフィの調整が行えます。

ベクターグラデーションとパターン

ベクター図形を選択すると、ツールボックスでこれらのツールが使用可能になります。

パターン編集ツール

ベクター図形へのパターン追加とパターンの編集を行います。このツールを選択すると、パターンのオフセットと拡大縮小を行うための青い四角が表示されます。キャンバス上のコントロールでプロパティ操作が可能なので、ツールのオプションで数値を編集する必要はあまりないかもしれません。

 **パターン編集ツール** – オブジェクトにパターンをどのように適用するかコントロールします。

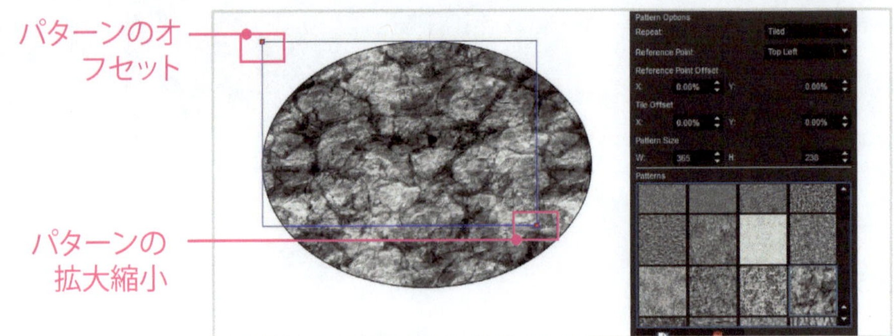

パターンの繰り返し方法を変更することもできます。繰り返しの設定はツールのオプションにあります。

- **Original(オリジナル)** – 画像の繰り返しをおこないません。
- **Tiled(タイル)** – 画像を水平方向、垂直方向にタイルとして繰り返します。
- **Stretched(ストレッチ)** – オブジェクトの範囲に合わせて画像を引き延ばします。

Stretchedを選択すると、パターンのオフセット、拡大縮小のオプションは使用できなくなります。多くの場合では繰り返しオプションをTiledのままにして置くことをおすすめします。

ツールのオプションにはパターンを編集するための追加のオプションが用意されていますが、キャンバス上で青色のボックスからもオフセットと拡大縮小が行えます。数値を入力するより青色のボックスで操作する方が簡単かもしれません。

グラデーション編集ツール

ベクター図形へのグラデーション追加と編集を行うツールです。パターン編集ツールと同様、ベクター図形を選択した時のみ利用可能です。

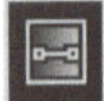

グラデーション編集ツール – ハンドルを移動、回転させてグラデーションを編集できます。通常の塗りつぶし設定より詳細なコントロールが可能です。

グラデーションが適用されているオブジェクトに対してこのツールを使うと、カラースウォッチが下側についた直線が表示されます。カラースウォッチはグラデーションのカラーストップに対応しています。カラーストップを選択すると、ツールのオプションに色が表示されます。色の右側にはカラーストップ間の距離のパーセントが表示されます。カラーストップハンドルを手動で動かす方がわかりやすいかもしれません。

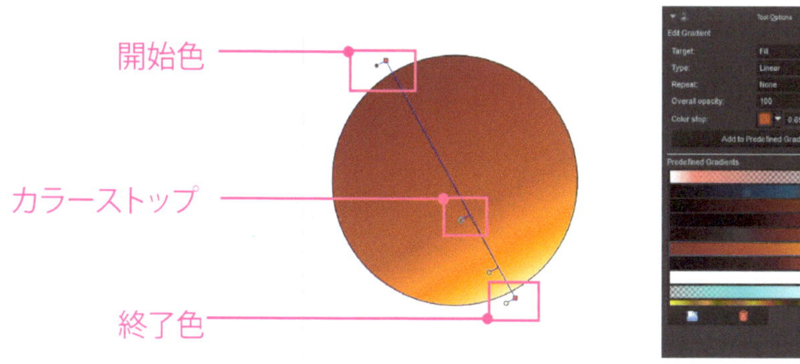

ツールのオプションで放射状(Radial)グラデーションを選択すると、以下のように追加のポイントが表示されます。この追加のポイントで開始色ストップの相対位置にあわせてグラデーションの分布を変更することができます。例えばこの追加ポイントを左に移動すると、一番明るい部分が左側にシフトします。

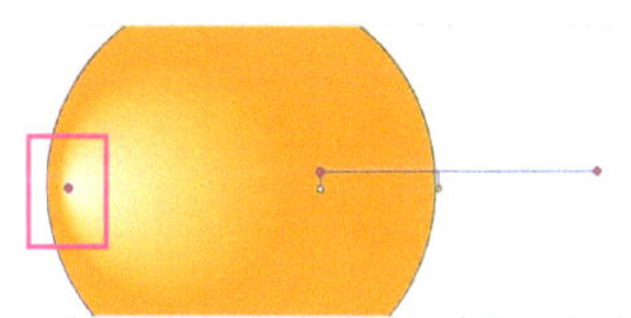

放射状グラデーションの場合、追加のアンカーポイントが表示されます。グラデーションの分布に影響を与えます。

メモ

グラデーションをプリセットとして保存しても、グラデーションの位置と回転の設定は保存されません。グラデーションを別のオブジェクトに適用するときは、位置の調整を再び行う必要があります。

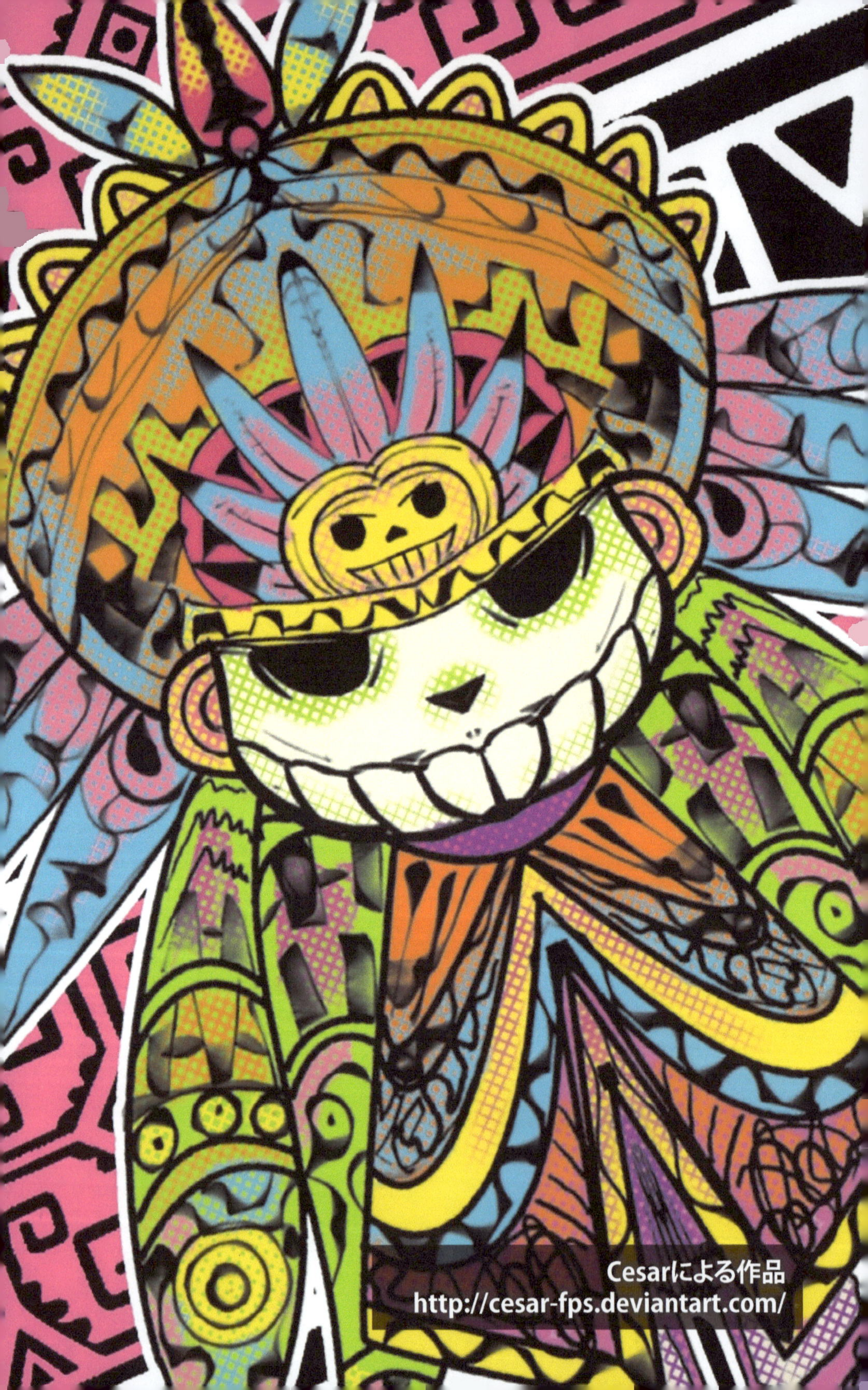
Cesarによる作品
http://cesar-fps.deviantart.com/

付録

このセクションでは各章に入らなかった内容をまとめています。ペイントする上で直接役立つ情報ではないかもしれませんが、Kritaについて深く理解するためには役立つかもしれません。

どうしてオープンソースなのですか?

オープンソースソフトウェアが魅力的である理由の一つは、自由に変更と開発内容の共有ができることにあります。これは車輪の再発明を避けるための解決方法です。多くの有料ソフトウェアでは、ソフトウェアの改良に長年の開発を費やします。それでも、開発会社が閉鎖されてしまうことがあります。そうすると何千時間もの労力が無駄になって失われてしまいます。製品に注がれた問題解決の労力を他の人が引き継ぐことができません。つまり技術の進化を劇的に妨げることになります。

Kritaの簡単な歴史

1998年のLinux Kongressカンファレンスで、Matthias Ettrichさんは既存のコードをQtを使用するように変換することが簡単である、というプレゼンテーションを行いました。Ettrichさんはグラフィックアプリケーションの GIMPをベースとして使用して、カンファレンスの前日に、Qtを使った1100行のコードを書きました。GIMPのコードベースを使って、これだけ少ない作業でQt向けのコード変換ができると証明したのです。この発表はGIMPコミュニティからの反対を引き起こしました。

当時、KDEにはKimageというMatthias Elterさんによるアプリケーションがありました。Michael Kochさんは、このプロジェクトを後にKImageShopと名付けました。ElterさんはKDEプロジェクトで忙しくなり、KImageshopの開発はしばらくストップしました。

2000年に、John Califfさんが新しいメンテナになりました。彼の情熱によってプロジェクトは蘇り、コードベースの状態も改善しました。この時代に、KImageShopは名前をKrayonに変更しました。しかし、この情熱と進捗は一時的なもので、再びKrayonは停滞の時を迎えます。これは2001年のことです。それから一年、誰もKrayonに触れませんでした。

2002年に、Patrick Julienさんがプロジェクトを引き継ぎました。作業を再開する前に、Krayonは法律的な問題から名前を変える必要がありました。そしてようやくKritaという名前に決まったのです。Julienさんはコードベースのリファクタリングを続けました。2003年に、Boudewjin Remptさんが開発に参加しました。Remptさんが開発をはじめた時には、Kritaは再び絶望的な状況にありました。ツールのほとんどが機能していなかったのです。

Remptさんがメンテナに就任してから、開発の状況は大幅に回復しました。Sven Langkampさん、Cyrille Bergerさん、Casper Boemannさん、Adrian Pageさん、Michael Thalerさんといった開発者が参加しました。

2004年に、Kritaは5年の開発の成果となる初の一般向けリリースを公開しました。新しいペイントアプリケーションの登場をプレスも喜んだようでした。この時点では、Kritaは一般的な画像編集ソフトであることとペイントアプリケーションであることの両方に力を入れていました。

2009年から、Kritaはペイントだけに注力するようになりました。また、開発者に資金を出す開発ファンドをコミュニティが開始しました。KritaプロジェクトはGoogle Summer of Codeへの参加をはじめました。Blender FoundationもTears of SteelのプリプロダクションからKritaの使用を開始しました。

2013年には、Krita Foundationが開発を助けるために設立されました。それ以来Kickstarterといったプラットフォームも使用してKrita Foundationが開発資金の確保などを行っています。

参考文献

Multi Toolkit Programming: Interoperability of different GUI toolkits for the X Window System
http://www.linux-kongress.org/1998/abstracts.html

History
https://krita.org/about/history/

The History of KImageShop / Krayon / Krita
https://krita.org/item/the-history-of-kimageshop-krayon-krita-2/

Kritaの開発サイクル

Kritaの開発と改善は日々行われています。常に機能追加も行われていますが、ユーザとしてはすべての変更を即座に試したいとは思わないかもしれません。機能追加の変更によってバグが増えてしまい、Kritaがクラッシュすることもあります。安定した挙動を望む時は、変更を含むビルドを使うことは危険かもしれません。

Kritaのようなアプリケーションはリリースサイクルに沿って開発を行っています。Kritaの各バージョンはプロセスに従ってリリースが行われます。こうしたプロセスがあることによって、Kritaに出来る限りの機能を追加しつつ、安定化を行えるようになっています。

Kritaを起動した時のスプラッシュには、リリースタイプと数字が表示されています。これを見れば、どの種類のビルドなのかがわかります。Kritaの開発者がコードをまとめて、ダウンロード用のKritaの新しいバージョンを作った時にビルドが生成されます。

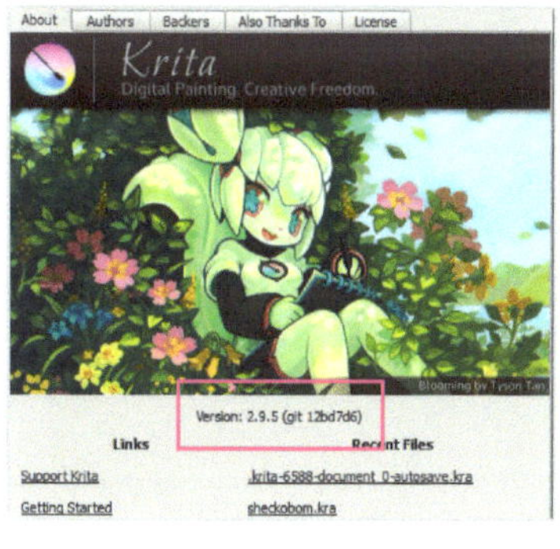

使用しているKritaのバージョンの確認方法:スプラッシュ画面にKritaのバージョンと、コードバージョン(gitナンバー)が表示されます。

新しい機能を追加する時には、開発者は毎日新しいビルドを作成しています。時には開発者は作成したビルドを誰でもダウンロードできるようにkrita.orgで公開します。Kritaの毎回のリリースでは、以下の開発プロセスを取っています。

- **アルファ** – 新しい機能を追加途中のビルドです。バグが見つかったら、開発者はバグの修正を行います。新機能の開発がメインで、コードベースにはバグが増えていくことになります。他のアプリケーションと同様、この段階のビルドは一般向けには公開されないことがあります。Kritaはオープンソースなので、開発者は時にはこの段階のビルドも一般に公開します。Kritaの開発者はこの段階のビルドを**プリアルファ**と呼ぶこともあります。
- **ベータ** – 次のバージョンの機能実装が完了したと開発者が判断した状態のビルドです。この段階では報告されたバグとクラッシュの修正が中心になります。より多くの人がテストできるように、開発者はベータビルドを公開します。
- **リリース候補版(RC)** – ベータをしばらく行って、大部分のバグ修正が完了したと判断したビルドです。報告されたバグをすべて修正できれば理想的なのですが、時間とリソースによる制限によって、現実的にはすべての修正は実現困難です。開発者は残ったバグの優先順位付けを行い、重大なものから修正します。
- **最終リリース** – リリースとしての準備ができたと判断したビルドです。小さなバグは残っているとしても、些細なものか、そもそも作業が大変すぎるものだけです。開発者によるお墨付きがある最終リリースは、安定性を求めるユーザにとっての最良のバージョンです。開発者とウェブサイトでは「安定版」という表現をしています。

コマンドラインからのKritaの使用

ペイントを行うグラフィックユーザインタフェースに加えて、Kritaはコマンドラインツールとしても使うことも可能です。コマンドラインツールは、作業を自動化するために使用できるツールです。スクリプトから自動化できるのでプログラマはこうしたツールを好みます。Kritaのコマンドライン機能はとても限られていて、できることは多くありません。

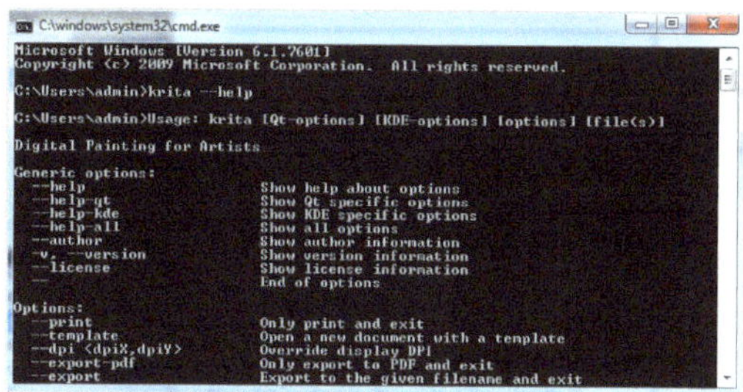

コマンドラインツールはファイル出力の自動化で役立ちます。

コマンドラインツールを使うには、Kritaの実行ファイルの場所を環境変数に追加しておく必要があります。私の場合はWindowsのPATH環境変数に以下の値を追加しました: **C:\Program Files\Krita (x64)\bin**

Kritaの実行ファイルの場所をPATHに追加してから、コマンドプロンプトを開きkrita –helpと入力してみましょう。上の画像のように、コマンドラインツールで利用できるオプションが表示されます。

ここでは簡単な例として、.kraファイルを開いて印刷してみましょう。まず.kraファイルがあるフォルダに移動します。以下のコマンドでsphere.kraファイルを開いて印刷してみます。(実行するとGUIが開きます)

```
krita --print sphere.kra
```

エラーが起きてもコマンドラインにエラー表示はされません。Kritaのコマンドラインツールを拡張したいと思ったなら、ソースコードをチェックしてみてください。コマンドラインツール関連のコードは主にKrita > main.ccとsource > calligra > krita > uiフォルダにあります。

ドキュメントメタデータ

アーティストの中には画像にメタデータを付加したいと思う人もいます。メタデータの入力はメインメニューの**ファイル > ドキュメントの情報**から行います。タイトルや言語といった情報を記入できます。インターネットで作品を共有した時にも画像にこれらの情報が残ります。画像アプリケーションの中にはこの情報を分類で使用できるものもあります。またKritaの設定から作者情報を入力することもできます。

メモリーパフォーマンス

Kritaの動作が遅いときには、パフォーマンス設定を調整する必要があるかもしれません。ドキュメントのサイズを変えると重くなる、という場合もあるかもしれません。例えば、512 px×512 pxでは早いのに、6000 px×6000 pxでは遅いということもあります。Kritaのパフォーマンス情報を確認し、設定の調整を行える箇所は複数あります。

まず、ステータスバーからパフォーマンス情報の確認が可能です。以下の画像では、1500 px×800 pxの画像で、9MBを使用していることがわかります。ステータスバーの画像サイズ表示をクリックすると、詳細情報のポップアップが表示されます。この表示は、なぜKritaが重くなっているのか診断する手助けをすることを目的としています。

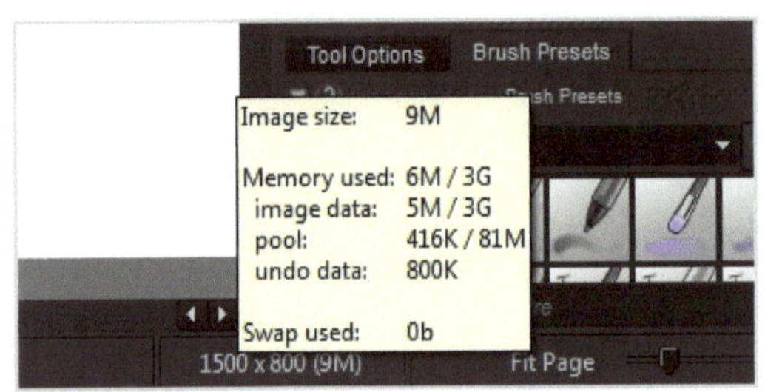

ステータスバーの表示はKritaが遅い理由を診断することを助けます

パフォーマンスの設定は、メインメニューの**設定 > Kritaを設定 > パフォーマンス**から行えます。それぞれの設定内容を見ていきましょう。

- **メモリの上限** - Kritaが使用するメモリ量の上限を設定します。高く設定しすぎた場合、PC全体の動作が重くなる可能性があるので注意する必要があります。
- **Internal Pool(内部プール)** - Kritaが作業用として取り分けるメモリ量を設定します。作業するファイルのレイヤーのメモリ量を指定することが推奨されています。ステータスバーを見てレイヤーの使用するメモリ量を確認しましょう。

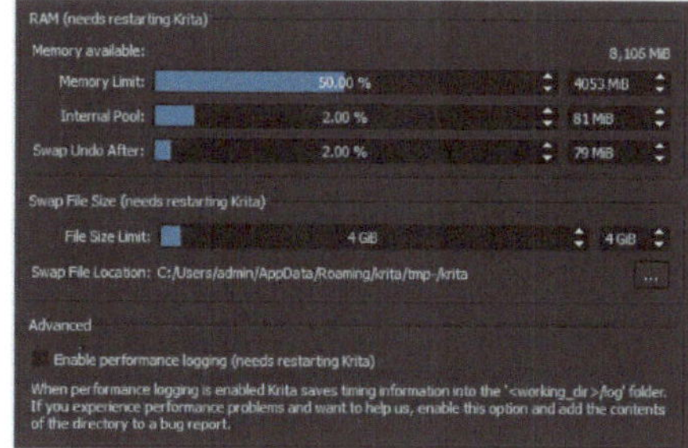

Kritaのパフォーマンスに関する設定の調整が行います。変更結果の反映にはKritaの再起動が必要な項目もあります。

- **Swap Undo After(やり直し履歴のスワップ)** - フィルタの適用といったアクションを行った時に、Kritaはアクションの情報をメモリに記憶します。後でやり直しができるようにするためです。やり直しアクションがメモリを圧迫するようになると、Kritaはアクションをメモリではなくハードディスクに一時的に保存するようになります。この設定はやり直し履歴のためのファイルサイズを指定します。
- **File Size Limit(ファイルサイズ制限)** – Kritaは追加メモリとしてハードディスクを使用します。コンピュータのメモリが足りない場合、ハードディスクのスワップファイルに情報を保存します。この設定はKritaがスワップファイルとして使用するハードディスク容量の上限を指定します。
- **Swap File Location(スワップファイルの場所)** - スワップファイルの保存場所を指定します。
- **Enable performance logging(パフォーマンスログを有効化)** - この設定をオンにするとKritaはパフォーマンス情報をテキストファイルに出力します。開発者と話す場合に役立ちます。この設定を変更してもパフォーマンス自体は向上しません。

これらの設定は、再起動後に効果が反映されます。これらの設定を調整してもパフォーマンスが改善しない場合は、フォーラムやチャットルームで開発者とコンタクトを取ってみてください。

過去バージョンのKritaの入手方法

Krita.orgのダウンロードページから最新の安定版がダウンロードできます。大部分の人にはこのバージョンが適しています。一方で、Kritaの過去のバージョンもダウンロード可能です。特定のバグを避けるために過去のバージョンを使いたい場合には役立ちます。

ダウンロードページの上部に**http://files.kde.org/krita**へのリンクがあります。このリンクからKritaのダウンロードリポジトリに行くことが可能です。OSフォルダを選択してダウンロードしたいバージョンのファイルを探します。Windowsでは、zipファイルはインストールなしに使えるパッケージです。インストール作業は必要なく、ダウンロードして展開後に、binフォルダを開いて、krita.exeを実行することが可能です。このパッケージはポータブル版のようなものです。msiファイルはWindowsアプリケーションでよくある通常のインストーラーです。

設定をデフォルトにリセットする方法

Kritaをカスタマイズしていくと、設定内容がPCに保存されていきます。次回起動した時にも設定は記憶されています。ただ、Kritaが新バージョンになった時など、保存されている設定内容が不具合が起こす場合があります。こうした設定による問題を解決するには、設定をリセットする必要があるかもしれません。設定をリセットするには**Ctrl + Alt + Shift**を押しながらKritaを起動してください。設定ファイルであるkritarcファイルの内容をリセットするかを聞くダイアログが表示されます。**はい**をクリックすると設定がリセットされます。

おわりに

これで素晴らしいデジタル作品を作るのに必要なツールを手に入れたはずです。ただ、良いツールがあったとしても、アートトレーニングと練習の代わりはありません。アーティストとしての成長は一生続く道のりです。常に自分より上手な人と下手な人がいるのです。できることは一歩ずつ進むことだけでです。Kritaのようなアプリケーションはパズル全体の1つのピースなのです。

この本が役に立ったのなら幸いです。私自身も本の作成から多くを学んで成長しました。あなたがこれから描いていく作品を見るのを楽しみにしています。

索引

A

B

C

D

E

F

G

H

I

L

M

T

U

V

W

著者について

Scott Petrovicはアメリカ、ミズーリ州、セントルイス在住のユーザインタフェースデザイナーで開発者です。ScottはKrita開発コミュニティのアクティブメンバーであり、アプリケーションの改良だけではなく、krita.orgの管理も行っています。Scottは2007年にパピュー大学でコンピュータグラフィックの学位を取りました。Kritaへの貢献以外では、Scottは地元のドローインググループ、ゲーム開発者グループ、ウェブサイト関連のグループに参加しています。

訳者について

ぐるぐるは東京在住のソフトウェアエンジニアです。Krita日本語サイト(jp.krita.org)の共同管理人の一人としてニュース記事の翻訳、日本語環境でのKritaの動作テストやバグ報告などを行っています。またKritaを使用してDavid Revoyさんが製作しているオープンソースコミックPepper&Carrot(www.peppercarrot.com)の日本語翻訳も担当しています。個人ブログ(sp-cute.hatenablog.com)でもKritaの使い方と最新情報の紹介、海外チュートリアルの翻訳をしています。

www.ingramcontent.com/pod-product-compliance
Lightning Source LLC
LaVergne TN
LVHW072028110826
845147LV00001BA/1

* 9 7 8 0 9 9 6 8 5 1 7 2 5 *